国家社会科学基金一般项目（17BJY178）

综合与分类相结合个人所得税的再分配效应研究

彭海艳　著

中国财经出版传媒集团
中国财政经济出版社

图书在版编目（CIP）数据

综合与分类相结合个人所得税的再分配效应研究 / 彭海艳著. --北京：中国财政经济出版社，2022.10
国家社会科学基金一般项目（17BJY178）
ISBN 978 - 7 - 5223 - 1747 - 2

Ⅰ. ①综… Ⅱ. ①彭… Ⅲ. ①个人所得税 - 再分配 - 研究 - 中国 Ⅳ. ①F812. 424

中国版本图书馆 CIP 数据核字（2022）第 203806 号

责任编辑：李　冰　　　　责任校对：徐艳丽
封面设计：孙俪铭

综合与分类相结合个人所得税的再分配效应研究
ZONGHE YU FENLEI XIANGJIEHE GEREN SUODESHUI DE ZAIFENPEI XIAOYING YANJIU

中国财政经济出版社 出版

URL：http：//ckfz. cfeph. cn
E - mail：cfeph@ cfeph. cn

社址：北京市海淀区阜成路甲 28 号　邮政编码：100142
营销中心电话：010 - 88191537
天猫网店：中国财政经济出版社旗舰店
网址：https：//zgczjjcbs. tmall. com
北京密兴印刷有限公司印刷　各地新华书店经销
成品尺寸：185mm × 260mm　16 开　13. 5 印张　280 000 字
2022 年 10 月第 1 版　2022 年 10 月北京第 1 次印刷
定价：60. 00 元
ISBN 978 - 7 - 5223 - 1747 - 2
（图书出现印装问题，本社负责调换）
本社质量投诉电话：010 - 88190744
打击盗版举报热线：010 - 88191661　QQ：2242791300

序　言

2019 年，中国建立起综合与分类相结合的个人所得税制，这是税制现代化建设的重要一步。个人所得税制如何进一步完善，才能更好地在国家治理体系和治理能力现代化中充分发挥作用，仍有不少课题值得深入研究。彭海艳教授的著作围绕这些课题，进行较为系统的研究，有重要的现实意义和理论价值。

各国综合与分类相结合的个人所得税制有不同的特点，形成原因各不相同。通过个人所得税制史的考察，可以让我们更清晰更准确地把握这一税制的内涵。彭海艳教授的著作对此进行的探索，对于更全面地把握中国个人所得税制未来改革方向，有启发意义。

比较是财政学研究常用方法。彭海艳教授的著作在统一口径下，对主要国家的个人所得税制进行比较，有利于我们把握个人所得税制的发展趋势。值得注意的是，彭海艳教授的研究不是就税收研究税收，而是将个人所得税研究与公共政策研究有机结合起来。特别是，针对人口这一当今社会的难题，彭海艳教授重点研究生育激励的个人所得税制，实现税收政策研究与人口政策研究的有机融合。

现代个人所得税在促进社会公平上发挥重要作用。严谨的实证分析可以为具体税制的科学设计提供支撑。彭海艳的著作在这方面也进行了有意义的探索。

在一所以教学为主的高校从事科研工作，很不容易。彭海艳教授这些年来，取得了一系列优秀的成果，今又有新著问世，可喜可贺。

是为序。

杨志勇

中国社会科学院财经战略研究院副院长、研究员

2022 年 8 月 21 日星期日

摘　要

个人所得税自1799年于英国首创，至今已有200多年的历史。个人所得税是以个人（自然人）取得的各项应税所得为征收对象的一种税，包括三种课税模式：综合个人所得税、分类个人所得税、综合与分类相结合个人所得税（简称混合个人所得税）。囿于大量的税收豁免和多级超额累计税率结构，综合个人所得税制的设计较为复杂。更为重要的是，随着世界经济一体化的发展，跨国资本的流动日趋频繁，对资本所得适用超额累进税率会导致资本外逃现象更为严重。

20世纪80年代以来，以英美国家为首的世界性所得税减税浪潮改革就是对此最直接的反应。例如，北欧四国（丹麦、挪威、芬兰和瑞典）引进纯粹的混合个人所得税：对劳动所得课征超额累进税，对资本所得课征比例税。资本所得的税率与劳动所得的最低边际税率以及企业所得的税率相同或相近，同时资本所得税基被最大限度地拓宽。尽管发展中国家面临着与发达国家截然不同的经济、政治和税收环境，但选择混合个人所得税制可能是解决许多发展中国家面临不同挑战的正确办法。

改革开放之后，我国社会经济得到了快速发展，居民收入水平日益提高，收入来源呈现多样化态势，收入分配差距也逐步扩大。基尼系数是国际上通用的、用以衡量一个国家或地区收入分配差距的常用指标。1994年以来（除个别年份外），基尼系数几乎都落在了0.4~0.5，超过了国际警戒线0.4。伴随着税收征管水平的不断改善和提高，为了更好发挥个人所得税的再分配效应，我国于2019年迈出了综合与分类相结合个人所得税的步伐。鉴于刚刚引入该税制模式，随着征管和配套条件的不断改善，对其仍有继续改革完善的必要。党和国家对此也高度重视。例如，2020年5月，《中共中央 国务院关于新时代加快完善社会主义市场经济体制的意见》中指出要“建立和完善综合与分类相结合的个人所得税制度”。

众所周知，分类所得税与综合所得税是个人所得税制模式的两极，因而混合个人所得税兼有分类与综合所得税制的优点，能更好地兼顾了税收公平与效率原则，是一种比较理想的税制模式。在实践中，综合与分类相结合个人所得税制的具体形式众多，各有特征，难以对其进行统一的界定。虽然国内外相关成果为本专著后续展开研究奠定了良好的基础，但国外对综合与分类相结合个人所得税的作用机理、国际实践及再分配效应缺乏系统研究，而国内在该领域无论是理论还是实证方面，都还处于起步阶段。

基于以上国际、国内形势和研究现状，围绕着综合与分类相结合个人所得税的作用机理、国际实践和再分配效应等内容展开：梳理了综合与分类相结合个人所得税的历史变迁，厘清了综合与分类相结合个人所得税的内涵；探讨了我国个人所得税制模式变迁的动态进程、现状及存在的主要问题；全面论证综合与分类相结合个人所得税的作用机理；提炼发达国家和发展中国家世界性个人所得税制改革的典型特征；实证分析我国综合与分类相结合个人所得税的再分配效应及内在运行机制。同时，构建最优劳动所得税模型并获取最优解集；根据实证分析结果，结合国际经验和专家咨询意见，提出改革与完善我国综合与分类相结合个人所得税的政策建议。

在研究方法上，融合团队智慧，耗费大量的精力，深入系统地研读国内外大量相关文献，开展实地调查，收集整理大量宏观数据与微观数据，围绕综合与分类相结合个人所得税的作用机理、国际观察和再分配效应这条主线，采用规范分析与实证分析相结合、宏观分析与微观分析相结合以及系统分析与重点分析相结合的方法，运用了诸如数学、统计学、计量经济学、公共经济学和社会学等多学科知识，厘清了综合与分类相结合个人所得税的内涵，提炼了世界性个人所得税改革的典型特征，较为全面、客观和科学地评价了我国个人所得税的再分配效应及作用机制，为构建最优个人所得税制提供了有益借鉴与启示。

获得了以下富有创意性的结论：第一，综合与分类相结合个人所得税内涵随时间演进得到了极大拓展，不同的税制类型及具体参数设计决定了最终效果的迥异，这实质也是在税收公平与效率原则之间的权衡取舍。在不同国家和同一个国家的不同时期，应与时俱进深化对其理解和应用。第二，单一税不是一种独立的税制模式，也不是世界性个人所得税改革的蓝图，而北欧四国对混合所得的分离方法和对资本所得税率结构的设计也发生了改变，纯粹的综合与分类相结合个人所得税制模式已发生了明显偏离。第三，许多 OECD 国家在劳动所得税中向有子女家庭提供了减轻税收负担的正向激励，且更注重于中低收入家庭，但也产生了新的横向不公平。第四，大多数 OECD 国家对资本所得课税侧重效率目标，也兼顾一定程度的税收公平，但对资本所得的税收待遇差异在一定程度上也导致了税收横向不公平。第五，我国综合与分类相结合个人所得税的再分配效应是正向的，但效果非常有限，仅为 0.0167。其中：直接效应为 0.0166，占总体效应的比重为 99.40%，主要源自劳动所得税以及劳动所得税的基本宽免的作用。第六，通过个人所得超额累进税率获取更高公平性乃至提高社会福利水平的传统观点并不完全成立，最低社会保障与比例税率结合的方式也许是更好的选择。模拟最低社会保障和比例税率最优变动解集。其中：最大社会福利水平为 4.9182，总体消费为 224.04，总体收入为 224.14，平均税率为 0.23，最低社会保障为 48.8。

关键词：综合与分类相结合个人所得税；劳动所得税；资本所得税；税收再分配

目录

第一章 引 言

第一节 选题背景及研究意义

个人所得税（Personal Income Tax，PIT）自1799年于英国首创，至今已有200多年的历史。个人所得税是以个人（自然人）取得的各项应税所得为征收对象的一种税。通常存在三种课税模式：综合所得税制、分类所得税制、综合与分类相结合个人所得税制（简称混合个人所得税制）①。囿于大量的税收豁免和多级超额累计税率结构，综合个人所得税制的设计较为复杂。更为重要的是，随着世界经济一体化的发展，跨国资本的国际流动日趋频繁，对资本所得适用超额累进税率会导致资本外逃现象更为严重。

20世纪80年代以来，以英美国家为首的世界性所得税减税浪潮改革就是对此最直接的反应。例如，北欧四国（丹麦、挪威、芬兰和瑞典）引进纯粹的混合个人所得税（Dual Income Tax，DIT），并获得了极大成功，成为许多欧洲国家所得税改革的蓝图（Genser & Reutter，2007）②。之后，奥地利、比利时、意大利和葡萄牙等国也推出了类似的税制改革。尽管发展中国家面临着与发达国家截然不同的经济、政治和税收环境，但混合个人所得税制可能是解决许多发展中国家面临不同挑战的正确办法（Bird & Zolt，2011）。

众所周知，综合与分类相结合个人所得税制处于所得税制模式的两极，因而中间存在着众多同时拥有不同程度分类因子和综合因子的税制类型，更好地兼顾税收效率与公平原则，是一种更为理想的税制模式。在实践中，不同综合与分类相结合个人所得税制各有特征，难以进行统一的归类界定。例如，有学者将其细化为“综合分类所得税”和“分类综合所得税”；经济合作与发展组织（OECD）在报告中将其分为：“半综合所得税”“半二元所得税”“二元所得税”。虽然国内外相关成果为后续研究

① 按照普拉斯切特（1988）的观点，混合个人所得税制即为二元个人所得税。不过，也有许多学者将二元所得税视为混合个人所得税制的一种具体形式。第二章第一节将对混合个人所得税模式的内涵及特征进行详细阐述。

② 除了北欧国家的二元所得税制改革备受青睐外，大国俄罗斯和一些东欧国家实行的单一税制改革也备受关注。第三章第一节对单一税能否成国世界性个人所得税改革的蓝图进行了更为细致的探讨。

奠定了良好的基础，但国外对综合与分类相结合个人所得税制缺乏系统的理论和实证分析，而国内在该领域无论是理论还是实证方面，都还处于起步阶段。

相对于西方发达国家来说，新中国个人所得税制发轫的时间较晚。总体来看，大致经历了三个重要的发展阶段：所得税统一之前的“分税种”课税时期（1950 年—1993 年）、所得税统一之后的“分类课征”时期（1994 年—2018 年）以及综合与分类相结合个人所得税制时期（2019 年至今）。一个国家选择什么样的个人所得税制模式，受该国的经济发展水平、税收征管能力及技术条件的制约。改革开放之后，我国社会经济得到了快速发展，居民收入水平日益提高，收入来源呈现多样化，收入分配差距也逐步扩大。基尼系数是国际上通用的、用以衡量一个国家或地区收入分配差距的常用指标。1994 年以来（除个别年份外），基尼系数几乎都落在了 0.4 ~ 0.5，超过了国际警戒线 0.4。随着税收征管水平的不断改善和提高，为了更好发挥个人所得税的再分配效应，2019 年我国最终迈出了综合与分类相结合个人所得税制步伐。鉴于刚刚引入综合与分类相结合个人所得税制模式，随着征管水平的不断提高和配套条件的进一步改善，对其仍有继续完善的必要。2020 年 5 月，《中共中央 国务院关于新时代加快完善社会主义市场经济体制的意见》中指出要“建立和完善综合与分类相结合的个人所得税制度”。2021 年，“十四五”规划中也指出要“完善综合与分类相结合的个人所得税制度”。

基于以上国际、国内形势和现状，综合与分类相结合个人所得税在世界范围内备受瞩目，我国对此也最终迈出实质性步伐。深入研究综合与分类相结合个人所得税制具有以下理论与实践意义：

第一，兼顾公平与效率是综合与分类相结合个人所得税制改革的基本目标。将收入分配差距控制在一定范围之内，是全面实现建设小康社会，构建和谐社会的前提条件和主要任务之一。如何通过个人所得税制来缩小收入分配差距，实现不同阶层和不同地区的公平协调发展，已成为亟待解决的现实课题之一。我国《个人所得税法》第七次修正，在税制模式、免征额、专项附加扣除、税率结构等方面都回应了公众期望，具有重大的进步意义。此外，基于全球化和经济增长的长远目标，需为流动资本和高级人才提供较为有利的税收环境。例如，我国“十四五”规划中提及“为海外科学家在华工作提供具有国际竞争力和吸引力的环境”。目前，我国对综合与分类相结合个人所得税制设计仍较为粗糙，对其利弊需要进一步论证研究，对其再分配效应也有待科学检验，在此基础上优化其政策设计。

第二，丰富发展综合与分类相结合个人所得税制基本理论。与综合所得税或分类所得税相比，对综合与分类相结合个人所得税的学术研究相对较少：在历史演进中，综合与分类相结合个人所得税制内涵的变化，利弊的比较以及政策优化的设计都被忽视了。因而深入挖掘其作用机理以及拓展最优模型，都具有极其重要的学术价值。此外，单一税制与混合个人所得税的区别以及可能的联系，也需要进一步探讨，这有利于厘清大家对混合个人所得税制模式问题上的模糊认识。

第三，深入考察综合与分类相结合个人所得税的国际实践，获取重要借鉴和启示。实际的税制常常会偏离其理论模型，因而有必要对典型发达国家和发展中国家综合与分类相结合个人所得税制的实施效果及成因深入考察，为我国综合与分类相结合个人所得税制的改革提供重要的借鉴和启示，也可为国外相关研究提供借鉴和参考。同时，从国际比较的视角鲜明地刻画出我国个人所得税制设计的典型特色。

最后，为进一步改革完善我国个人所得税制提供现实依据。事实上，综合与分类相结合个人所得税的主要差别不仅在于收入来源的组合方式，还在于税前扣除及税率结构的设定差异，因而实施效果常常大相径庭。通过对我国综合与分类相结合个人所得税的再分配效应及影响因素的实证考察和优化模拟，可为政府将来出台综合与分类相结合个人所得税改革方案提供数量化的、科学的现实依据。

第二节 国内外文献简要回顾与述评[①]

一、国外文献简要回顾与述评

关于个人所得税制模式的选择，早期的一些税收顾问通常倾向于选择综合所得税制，并经常不加鉴别地建议不发达国家以综合所得税制代替分类所得税制或综合与分类相结合个人所得税（简称混合个人所得税）。而 Nielsen（1980）是提出以混合个人所得税制代替综合所得税制的第一个人。20 世纪 80 年代末 90 年代初，北欧四国率先推行二元所得税制改革之后，许多国家纷纷效仿，其逐渐进入到众多学者的研究视野中[②]。

Sørensen（1994，2008）、OECD（2006）将纯粹的混合个人所得税的优点归纳为：考虑了资本的流动性、提高了税收中性、考虑了通货膨胀、减少了避税空间以及减少对储蓄的歧视等方面，认为它事实上更符合真正的海格—西蒙斯综合所得税制的哲学思想。Genser & Reutter（2007）认为尽管混合个人所得税制存在执行上的困难，但将其视为欧盟所得税协调的蓝图是值得的。Schratzenstaller（2004）将研究范围拓展到了欧洲之外的发达国家，例如美国和日本。Bird & Zolt（2011）则认为混合个人所得税为发展中国家在解决税收竞争的同时保持一定的累进性提供了更大的灵活性。

当然，纯粹的混合个人所得税制也存缺陷。Sørensen（1994）将致命弱点称为阿喀琉斯之踵。因为自主经营者的所得同时包括劳动所得和资本所得成份，需要通过

① 为了保证章节内容的完整统一性以及避免述评内容的重复，本部分只进行简要述评。本专著在其他章节将展开与主题对应的文献述评，因而在此不赘述。

② 北欧纯粹的二元所得税是混合个人所得税的一种理想形式，其引发了对世界性（混合）个人所得税改革的讨论和重视，在此进行简要的文献综述。

“所得分离模型”将之分离，存在将高税负的劳动所得转化为低税负的资本所得的逃税激励。对“所得分离模型”相关参数的修改设计也是各国研究的重点之一（Panteghini，2001）。

虽然混合个人所得税制越来越流行，但大多数研究只对实施结果展开定性分析或简单描述，而定量实证分析成果相对较少。Kristjánsson（2010）提出了不同于综合所得税的再分配效应的定量分析框架，同时把水平不平等和重新排序的影响也纳入分解分析中。受之启发，Lambert & Thoresen（2011）探讨了纯粹的混合个人所得税的总体不平等效应，发现挪威2006年之前的混合个人所得税不平等性增加。Pirttilä & Selin（2011）采用1993年芬兰的税收改革数据。研究发现税制改革对总体所得税基有很小的正向效应。Kristjánsson & Lambert（2015）拓展了纯粹混合个人所得税累进性的测量方法。考察了总收入对所得增长反应的混合个人所得税累进性效应，证实了累进性如何有助于再分配。Harju & Matikka（2016）则证明2005年芬兰股息所得税改革，极大地改变了对所得转移的激励。

而如何设计最优混合个人所得税呢？Nielsen & Sørensen（1997）分析了最优混合个人所得税，认为对资本征收比例税与对劳动所得征收累进性，这种不对称的处理可以使税制达到最优。相反，虽然Apps & Rees（2015）证实了对资本所得征税的一般规则，但他对最优混合个人所得税制结构表示极大的怀疑。

此外，Mirrlees（1971）研究了影响最优劳动所得税税率的相关因素，开创了权衡最优非线性所得税公平与效率的数学方法。之后，大多数研究集中于：一方面，继续研究最优非线性所得税。通过放松Mirrlees模型假设，分析社会福利函数（Kaplow，2003）、技能分布形式（Diamond，1998；Li et al.，2013）、效用函数形式（Tuomala，2010）和劳动供给弹性（Tuomala，1984）等诸多因素，对最优非线性所得税率的影响。另一方面，直接研究最优线性所得税模型。发现最优线性税率对于目标、约束、方法、函数假设以及其他因素也都很敏感，这些要素通常也不容易固定下来（Stern，1976；Creedy，2009）。最优线性所得税只考虑了效率，一定程度上牺牲了公平。基于此，部分学者将税率级次放宽到2级（Slelnrod & Yitzllaki，1991）或四级（seaz，2002）。

二、国内文献简要回顾与述评

我国从“九五”计划开始，顶层设计层面就多次将综合与分类相结合的个人所得课税模式列为改革目标。伴随着《个人所得税法》的历次修订，学界对其课税模式和制度设计的研究也兴趣高涨。主要体现在税制模式探讨、国际比较借鉴和税收征管强化等几个方面。例如，对综合与分类相结合个人所得税制改革目标的探讨（高培勇，2011；贾康，梁季，2014；马海涛、任强，2016）；对发达国家（杜莉，2007；崔志坤，2012；张天姣，2017；李凌、王婷，2020）或发展中国家（李林木等，2015）综合与分类相结合个人所得税制实施状况进行比较分析，得到有益借鉴和启示；对具体方案设计展开分析（崔志坤，2010；李林木，2012），寻找适合中国国情的税制模式。不过，以上分析大多基于定性分析。陈建东（2014）从收入分布函数模拟的视角，设计出2%、7%、15%和25%的四级超额累进税率方案。2019年，我国迈出综合与分类相结合的个人所得税步伐之后，学界大多集中于新个人所得税法的改革效应及主要问题的研究（杨东莹，2020）。

此外，在最优所得税方面，主要围绕对最优所得税理论的述评（郭庆旺，1995；杨斌，2005；彭海艳，2014）和对最优所得税模型政策指导意义的探讨（吴俊培等，2002；邓子基等，2010），而缺乏对最优所得税理论的拓展和模拟优化研究。聂佃忠等（2011）提出含有负所得税的最优非线性所得税模型，修正了Mirrlees税收函数。周伟，武康平（2011）基于拉弗曲线，分析了不同经济发展阶段中个人所得税对个体行为激励的影响，王首元，孔淑红（2013）利用比例效用理论，构建符合效率与公平原则的简单最优所得税理论新模型。李香菊，郑春华（2018）运用最优非线性所得税理论，计算和分析家庭不同年工资薪金收入分布情况、不同社会福利函数的个人所得税最高边际税率及其影响因素，认为兼顾效率和公平的社会分配目标下，现行45%的最高边际税率存在下调空间。李燕，卢迪，刘婧（2019）构建了具有加性可分的效用函数、规模报酬不变的柯布道格拉斯生产函数的新古典经济增长模型，采用Ramsey方法对最优资本所得税和劳动所得税进行了动态研究。发现随着经济的发展，最优资本所得税下降并趋向于零，最优劳动所得税上升并趋向于某个正数。

综上所述，国内外相关成果为后续研究奠定了良好的基础，但国外对综合与分类相结合个人所得税制缺乏系统的理论研究，实证研究也相对比较缺乏。而国内在该领域无论是理论还是实证方面，都还处于起步发展阶段。因此，本专著深入系统地研究以下问题：我国个人所得税的历史演进、现状及问题分析；综合与分类相结合个人所得税制的作用机理；综合与分类相结合个人所得税制的国际实践；我国综合与分类相结合个人所得税制的再分配效应及影响机制；我国综合与分类相结合个人所得税制的改革措施。

第三节　研究对象、基本思路、主要内容与分析框架

一、研究对象

除非特别说明，本专著研究对象为个人所得税，不涉及企业所得税和社会保障税。例外情况主要有：在第四章关于世界性单一税改革的分析中，部分单一税国家实现了单一个人所得税率与企业所得税率的统一改革。为了更好地比较劳动所得与资本

所得的税负差异，还计算了税收楔子，即考虑了雇员和雇主的社会保障缴纳对劳动所得负担的影响。此外，（税前）总收入界定为年度货币性和福利性收入总收入。从统计的角度来看，总收入包括工资性收入、经营性收入、财产性收入和转移性收入①。

二、基本思路

如图 1－1 所示，按照“提出问题—分析问题—解决问题”的思路展开，具体围绕着综合与分类相结合个人所得税“作用机理、国际观察和再分配效应”三个层面的内容。即以其作用机理与国际观察为基础，重点分析税收再分配效应及影响机制，为我国综合与分类相结合个人所得税将来的改革提供理论与实践依据。与已有的大多数定性分析不同的是，除理论分析外，主要采用指标测量法、比较分析法和数理模型法，期冀得到更为客观科学的研究结论，为进一步改革与完善我国综合与分类相结合个人所得税制提供数量化的现实依据。

三、主要内容与分析框架

第一章，引言。引出选题背景及研究意义，简要回顾国内外相关文献，界定研究对象，梳理基本思路和分析框架，概括主要研究内容和方法，并指出研究创新与不足之处。

第二章，中国个人所得税制的历史演进、现状及存在的主要问题。在对个人所得税制内涵及特征探讨的基础上，梳理我国个人所得税制模式的历史演进，明晰其演进逻辑和动态变迁特征；回顾我国统一后的分类个人所得税制状况及存在的主要问题，厘清其改革背景和重要推力；探讨综合与分类相结合个人所得税制现状及存在的主要问题，把握其重要改革成果以及今后进一步改革完善的可能方向。

第三章，综合与分类相结合个人所得税制的作用机理。厘清作用机理是选择何种具体税制模式的关键所在。各国税制模式的选择，都可归结为税制设计中对公平与效率目标的权衡。综合与分类相结合个人所得税税制也不例外，这也是其发挥作用的机理。最后，对综合与分类相结合个人所得税制在实践中的缺陷进一步分析，尤其是对混合所得分离方法的利弊进行了深入探讨。

第四章，综合与分类相结合个人所得税制的国际观察。综合与分类相结合个人所得税制只是提供了一个总体框架，详细结果很大程度上取决于这些框架如何以具体的税收参数来充实。将从世界性单一税发展状况及改革趋势、北欧四国二元所得税发展状况及改革趋势，OECD 国家资本所得税和劳动所得税的主要特征和发展趋势等几个

① 关于工资性收入、经营性收入、财产性收入和转移性收入的各自内涵可参照《中国价格及城镇居民家庭收支调查统计年鉴》对它们的界定。

方面来探讨，期冀得到若干借鉴和启示。

第五章，综合与分类相结合个人所得税的再分配效应及影响机制分析。在对国内外文献梳理的基础上，首先推导综合个人所得税制再分配效应及分解公式，以及纯粹综合与分类相结合个人所得税制的再分配效应分解公式。然后，运用微观数据实证分析我国分类个人所得税，以及综合与分类相结合个人所得税制的再分配效应及影响因素。最后，劳动所得税是公平性的主要来源，是更复杂更关键的设计部分。在构建最优劳动所得税模型的基础上，运用微观数据比较分析无税、比例税和累进税三种税率结构下最大社会福利水平，并进一步延伸分析其演进的路径及原因。

第六章，中国综合与分类相结合个人所得税制的改革措施。在遵循综合与分类相结合个人所得税制设计的基本原则基础上，借鉴国际经验，结合中国的现实国情，优化设计混合个人所得税制，理清全面的财税政策调控机制和发展方向。

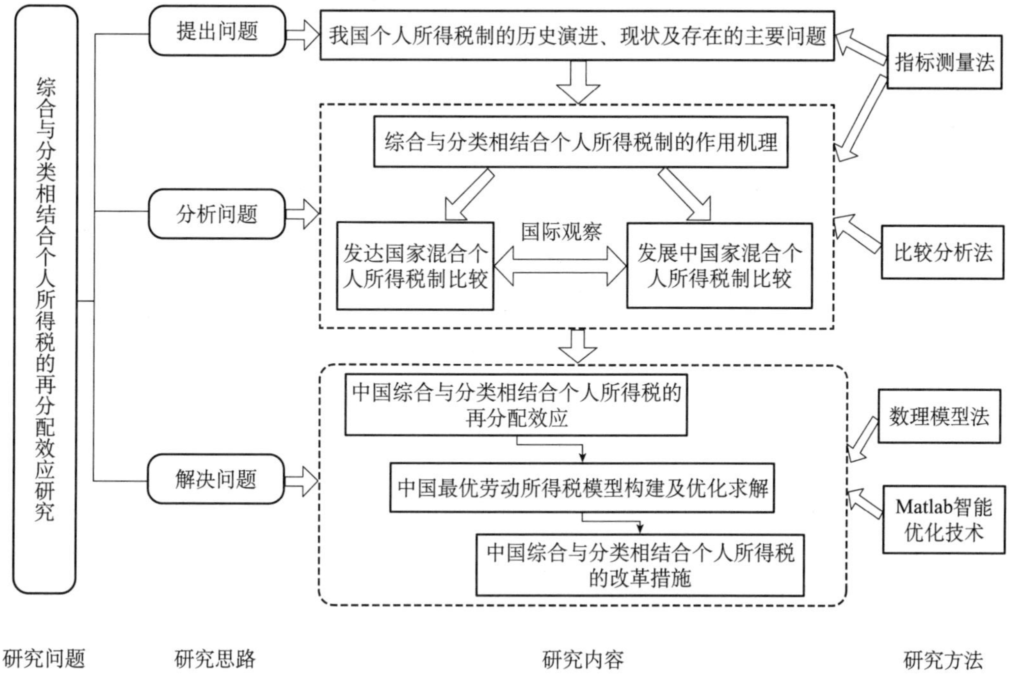

图1-1　总体框架

第四节　研究方法、创新与不足

一、研究方法

为达到说理透彻，论述有力，主要综合运用了以下研究方法。

（一）规范分析与实证分析相结合

规范分析是实证分析的理论基础，实证分析可为规范分析提供现实依据。第一章、第三章、第五章的第一节和第三节主要聚焦规范分析，第二章、第四章、第五章的第二节和第四节主要侧重于实证分析。通过规范与实证分析的有力结合，期冀达到论证有理有据的目标，全面把握综合与分类相结合个人所得税的作用机理、国际实践和再分配效应，为我国个人所得税制的改革与完善提供借鉴参考。此外，分析中还综合运用了诸如数学、计量经济学和公共经济学多学科的理论知识。

（二）宏观分析与微观分析相结合

一方面，运用宏观数据，对我国和国外个人所得税的收入规模进行分析。另一方面，运用北京大学中国社会科学调查中心的中国家庭追踪调查（China Family Panel Studies，CFPS）微观数据和中国健康与营养调查（China Health and Nutrition Survey，CHNS）微观数据，通过 Stata 计量软件，对我国分类个人所得税的再分配效应，综合与分类相结合个人所得税的再分配效应及作用机制进行实证分析。同时，构建最优工资薪金所得税数理模型，借助于 Matlab 编程技术，优化求解最优所得税模型，获得最优劳动所得税的动态解集。

（三）系统研究与重点研究相结合

综合与分类相结合个人所得税制内涵丰富，改革与完善综合与分类相结合个人所得税制也涉及税收公平与税收效率问题，因而本专著研究内容丰富。但是，为避免面面俱到，不分主次，在研究中兼顾了研究的整体性和重点性。例如，对综合与分类相结合个人所得税再分配效应及分解的重点研究，等等。

二、创新与不足

（一）创新

虽然国内学者对综合与分类相结合个人所得税制也展开了较多讨论、观点也很丰富，但对综合与分类相结合个人所得税的前世今生、国内外实践的认识并不清晰，甚至出现以偏概全的现象。

1. 选题创新

目前，收入分配问题日益严重且出现新动态，迫切需要找到解决的路径。同时，世界经济一体化的发展带来了严重的国际税收竞争问题。将收入分配、国际竞争以及税制改革问题相结合，聚焦于综合与分类相结合个人所得税制改革与完善，是解决税收公平与效率这两大问题的最佳选择。20 世纪 80 年代以来，诸如北欧的二元所得税和中东欧的单一税制的出现，加速了对个人所得税制模式改革的步伐，综合与分类相结合个人所得税制成为世界性个人所得税改革的主流。但对综合与分类相结合个人所得税再分配效应的规范与实证相结合的系统性研究较为缺乏。本专著以综合与分类相结合个人所得税的作用机理和国际考察为基础，对中国综合与分类相结合个人所得税的再分配效应进行了科学论证。

2. 方法创新

研究中采用了多种方法，包括定性分析与定量分析，规范分析与实证分析，宏观分析与微观分析，同时注重将国外综合与分类相结合个人所得税制的设计经验与中国经济发展的实践相结合，将历史轨迹的追溯与现实环境的契合相结合，这在专著的对应部分都给予了具体体现。例如，对综合与分类相结合个人所得税制的国际探讨，对综合与分类相结合个人所得税的再分配效应及影响机制分析，对最优劳动所得税模型构建及模拟，都进行了规范与实证相结合的原创性研究。

3. 观点创新

系统分析了综合与分类相结合个人所得税的作用机理、国际实践及再分配效应，得到了一些有意义的结论。例如，综合与分类相结合个人所得税制内涵随时间演进得到了极大拓展，不同的类型及具体参数设计决定了最终效果的迥异，这实质也是在税收公平与效率原则之间的权衡取舍；许多 OECD 国家在劳动所得税中向有子女家庭提供了减轻税收负担的正向激励，且更注重于中低收入家庭，但也产生了新的横向不公平；大多数 OECD 国家对资本所得课税侧重效率目标，也兼顾一定程度的税收公平，但对资本所得课税差异在一定程度上也导致税收横向不公平；通过个人所得超额累进税率获取更高公平性乃至提高社会福利水平的传统观点并不完全成立，最低社会保障与比例税率结合的方式也许是更好的选择。

（二）不足

本专著主要运用了中国家庭追踪调查（China Family Panel Studies，CFPS）微观数据和中国健康与营养调查（China Health and Nutrition Survey，CHNS）微观数据，并以田野调研为补充。由于样本容量的有限性以及部分数量的缺失，不可避免地损失了一些有用的相关信息。此外，本专著的研究对象为个人，因而家庭将是今后的研究方向之一。本专著的研究重点并不是新出台的专项附加扣除，其可能带来的横向公平问题也是今后的研究重点之一。

第二章

中国个人所得税制的历史演进、现状及存在的主要问题

我国个人所得税制的前世今生如何？在对个人所得税制内涵及典型特征探讨的基础上[①]，通过以下三个方面的内容来获取答案：梳理我国个人所得税制模式的历史演进，明晰其演进逻辑和动态变迁特征；回顾我国统一后的分类个人所得税制状况及存在的主要问题，厘清其改革背景和重要推动力；探讨综合与分类相结合个人所得税制现状及存在的主要问题，把握重要改革成果和今后需进一步改革完善的方向。

第一节　个人所得税制的内涵及典型特征

个人所得税制有哪些可供选择的模式？当前涌现了一些特点鲜明的个人所得税制模式，例如，单一税。但是，纯粹的单一税很少存在，其实质也是传统个人所得税制模式的某种变形[②]。从结构或形态上来看，个人所得税制模式仍可分为传统的三种类型：分类所得税、综合所得税或混合个人所得税（普拉斯切特，1993）。

一、分类个人所得税制的内涵及典型特征

分类个人所得税制在1799年于英国首创，是历史上最为久远的税制模式。其对不同性质的所得分别规定了不同的税基和税率。在这种税制模式下，同一个纳税人的诸如工资薪金、股息利息、资本利得和经营所得等都是按照各自独立的方式纳税，因而纯粹的分类所得税制可视为由一整套相互并列的独立税种构成。分类个人所得税最初目的是对不劳而获的资本所得课征比劳动所得更重的比例税。目前，纯粹的分类个人所得税制已发生明显的变异和偏离，通常对劳动所得和资本所得分别课征累进税和比例税。实行纯粹分类所得税制的国家（或地区）已不多见，主要包括亚洲的约旦、也门、黎巴嫩、斯里兰卡，非洲的埃塞俄比亚、苏丹、索马里等。

分类个人所得税制的主要优点有：容易征收，方便管理，可采用源泉扣缴法一次性征收，从而减少征纳成本和提高征管效率；对不同性质的所得区别对待课税，可以

---

① 本专著的研究主题为综合与分类相结合个人所得税制，对各种类型的内涵及典型特征都进行了更为深入的阐述。

② 第四章第一节对单一税制理论及在世界范围内的实践有细致的探讨。

贯彻特定的政府意图，提高宏观经济运行效率。而分类个人所得税制的主要不足有：对不同所得适用不同的税收待遇，因而违背了横向公平原则。假设总体净所得相同的两个纳税人 A 和 B，存在以下两种场景：其一是如果纳税人 A 存在某类负值的净所得，由于负值所得不能在其他正值所得中弥补，因而要缴纳更多的税。其二是如果纳税人 A 有多项所得来源，分项课征意味着最终承担更低的税。总而言之，在分类个人所得税制下，没有按纳税人真正的能力课征，无法有效实现税收的横向公平与纵向公平目标。还容易诱导纳税人的恶意避税行为，造成经济效率的损失。

二、综合个人所得税制的内涵及典型特征

1891 年，德国最早设计了累进的综合所得税制，这对后世产生了重要影响。值得一提的是，1842 年，英国将分类个人所得税转向比例的综合所得税（标准税）。1909 年，在比例的综合所得税基础上，对超出一定标准的总所得征收累进附加税，即形成双层综合课税特征。1973 年，英国废止了单独计征并管理的标准税和附加税，合成统一的综合所得累进税（普拉斯切特，1993）。与分类所得税制相反，综合所得税制通常从总所得中减去各项扣除后，按照统一的税率征税。

理论上来看，综合所得税可采用比例税率或超额累进税率。不过，综合所得税的公平性目标往往通过累进税率来实现。否则，与分类课税相比，综合所得课税没有比较优势，这实质遵循了税收的纵向公平原则。当然，综合所得税制也遵循了横向公平原则，因为同等收入同等对待。此外，纳税人更难通过对收入分离来展开避税活动，可以减少税务部门反避税的管理成本。

在实践中，综合所得税的公平性目标并没有办法完全实现。主要原因如下：一是综合所得税制含有大量的税前扣除政策，其税收价值随着收入增加而增加，税收公平性也可能因较大的税基侵蚀而被部分抵消。囿于大量复杂的税收减免政策规定，综合所得税制的主要特征已经越来越模糊，距离同等收入同等对待的目标也渐行渐远（杜莉，2007）。二是综合所得的课税范围也受到限制。理论上来说，海格西蒙斯界定的真正综合所得税隐含的税基，包括消费的市场价值加上权责发生制下净财富的变化。但在实践中，通常对实现的所得课税。例如，许多国家不对自有住房的推算所得课税（部分其他耐用消费品也存在类似的处理）。三是虽然许多国家将附加福利纳入课税范围，但通常对其按低价值核算课税，这诱导了大量的税收套利行为。

此外，综合所得税制也很难实现税收效率目标。一方面，对资本与劳动所得一视同仁，没有考虑两者的跨境流动性差异。资本所得通常更容易通过转移到境外，以及不向税务机关报告真实所得来逃避税收，导致经济效率的扭曲。另一方面，虽然综合所得税制更能体现公平税负的特点，但通常要求高度有效的税收征管技术条件与之相匹配。从逻辑上和时间顺序上来看，每类所得的独立划分都发生在获取综合所得之前。

近年来，许多发达国家对现存综合所得税制的强烈不满已经显露出来，导致了广泛的个人所得税制改革运动。例如，扩大税基与降低边际税率相结合；在综合所得税中将部分资本所得独立出来课征，即转向综合与分类相结合个人所得税制模式。事实上，即便在税收征管手段较为完备的美国，理想的综合所得税制也从来没有实现过。

三、综合与分类相结合个人所得税制的内涵与典型特征

如前所述，综合与分类相结合个人所得税制是一种更为理想的税制模式。现实中，“半综合”“半二元”和“二元”等混合个人所得税制类型各有其特征。结合已有的研究成果，厘清综合与分类相结合个人所得税制的内涵、具体类型及优缺点，是后续研究的重要基础。

（一）综合与分类相结合个人所得税制的内涵界定

众所周知，综合与分类相结合个人所得税制模式是传统三大税制模式[①]之一。那么究竟什么是综合与分类相结合个人所得税制呢？它兼具了分类所得税制与综合所得税制两者的特点，或者说如果不能完全归为分类个人所得税制，也不能完全归为综合个人所得税制，则应归为综合与分类相结合个人所得税制。如果仅仅这样界定的话，则很难获取有效的信息。从理论逻辑上来说，综合与分类相结合个人所得税制设计有两条路径：一种是综合所得课税与分类所得课税的叠置。另一种是综合所得课税与分类所得课税的并列。前者为交叉型混合个人所得税，后者为并列型混合个人所得税（席卫群，2009）。虽然部分学者并没有明确给出明确的界定，但依据文中论述可获取其对此的观点或看法。当然，还需考虑对综合所得与分类所得课税的具体税制要素设计。简言之，综合与分类相结合个人所得税的不同类型及参数设计决定了其最终的效果。

梳理已有文献发现，综合与分类相结合个人所得税制在国外经历了漫长的发展历程，其内涵也得到了不断拓展、深化，总体上呈现出从交叉型到并立型的发展趋势。这也许是部分学者对综合与分类相结合个人所得税的基本概念界定迥异，甚至出现偏差的重要原因之一。例如，乔梁（2009）认为二元所得税把总收入分为资本所得和劳动所得两部分，并把它们视为不同的税基，又称之为分类综合所得税制或混合个人所得税制。李波（2009）将综合与分类相结合个人所得税制划分为交叉型、并立型（二元税制）、附加型三种具体类型。对此，有两点值得商榷：一是分类综合所得税（附加税）实际属于交叉型混合个人所得税的范畴。二是北欧二元税制通常是并立型混合个人所得税的一种类型。事实上，这种以偏概全的现象屡见不鲜。当然，对混合个人

① 虽然在社会经济发展过程中也呈现了一些新的个人所得税制模式，譬如部分中东欧国家采用的单一税制以及北欧国家采用的二元所得税。但通过后文的分析，我们仍可将其归于三大传统所得税制模式范畴之内。

所得税制类型的划分并不是绝对的，同一个国家不同时期的所得税制模式也是动态变化的。因此，需要从历史的语境中寻找根源，加以甄别并清晰引用。

（二）交叉型混合个人所得税制

交叉型混合个人所得税是指对同一类所得进行两次独立课税。在这种征税模式下，分类征收与综合征收相互联系，相互交叉。更进一步，结合分类课征与综合课征的先后逻辑顺序，可分为两种：分类综合所得税和综合分类所得税。需要指出的是，综合综合所得税是两次综合课征，也可视为复合所得税，本质上仍属于综合所得税的范畴。例如，英国的1909年版、阿根廷的1932年版、法国的1959年版乃至现代版，都属于这种双层综合所得税模式。当然，如果第二次综合课征仅局限于某一类所得，则应归为综合分类所得税。在实践中，存在大量介于两者之间的各种情形，因而对某国个人所得税制模式归类出现不同的情况也属正常。

1. 分类综合所得税制

何谓分类综合所得税制？它是指按纳税人的各项所得先分类源泉扣缴税款，然后再综合纳税人全部净所得，对超过一定标准的净所得数额，课以综合所得税。当然，分类课征和综合课征的具体参数设计可能存在较大差异。

分类综合所得税制的优点主要有：兼有分类与综合两种税制的优点，也贯彻了税收待遇统一性与税基综合性原则。具体而言，通过定性与定量的区别对待原则来体现税收公平。共同点均是以所得的边际效用递减规律为依据，差别主要体现在，前者对分类所得课以差别税率以实现政府特定的政策目标；后者对综合税基课以累进税率以贯彻量能负担的公平原则。尤其是当标准数额较低时，这是一种相对理想且适用性较强的所得税制类型。

而缺点主要有：它表面上属于分类所得税与综合所得税两种模式的结合体，但在公平与效率方面都不可能超越这两种税制模式。伴随着综合所得课税复杂的税前扣除问题，还要处理重复课税问题。此外，综合课征部分所带来的影响视情况而定。如果标准数额过高，则该模式靠近分类所得税制，较难起到公平分配的作用。如果标准数额过低，则该模式类似于综合所得税制（此时分类课征时已缴纳的税款准予抵扣，多退少补），这要求对应较高的税收征管水平（王红晓，2009；李倩，2013；张天姣，2017）。因此，虽然分类综合所得税在理论上较为先进，但在实际操作中也存在一定的困难。

在实践中，最早的分类综合所得税是法国1917年的版本。先是对不同来源所得适用不同的比例税率，资本所得适用比劳动所得更高的税率。而综合所得累进税仅限于少数比较富裕的纳税人，因此限制了筹集财政收入和收入再分配作用的发挥。经过多次修改后，直到1947年，法国的分类综合所得税才被双层综合所得税代替（与英国双层所得税制类似）。其他殖民国家也纷纷效仿法国，例如，意大利1925年版、西班牙 1964 年版。值得一提的是，虽然只有很少几个类别，比利时在一战之后也采用了法国的分类综合所得税。不过，在分类的专业劳动所得税中引进了累进税率。大多数拉美国家也采用分类综合所得税，但最终大多被综合所得税所取代。1964 年，墨西哥也采用了分类综合所得税，具体情况是对低收入者征收两种单独的分类税（劳动所得和资本所得各有其税率），对高收入者征收单一的综合所得税。

目前，只有尼泊尔实行分类综合所得税。具体征税办法为：工资所得适用 10%、20% 和 30% 的三级超额累进税率，部分投资所得适用比例税率，一定规模以内的经营所得适用推定的定额税，超过 200 万卢比以上的应税总所得适用 36% 的综合附加税。

以上历史演进过程表明，分类综合所得税制在具体设计上已发生了较大的变化。在分类课征方面，最初以对不同所得课以不同的比例税率为主，且对资本所得适用更高的比例税率，课征范围也相对狭窄。而现在对此引进了累进税率，且劳动所得比资本所得税负更重。在综合所得课征方面，最初以多级累进税率为主，现在采用比例税率也较为常见。因此，分类综合所得税制模式的内涵发生了较大的改变，对此评价时也不能一言以概之。

2. 综合分类所得税制

综合分类所得税制是指在汇总所得征收综合所得税基础上对某类要素报酬另行征收附加所得税（张天姣，2018；马国强，2018）。如果将所得分为劳动所得和资本所得，对劳动所得的附加课征还是对资本所得的附加课征，以及课征税率的高低反映了政府的不同政策取向。

从税收公平角度来看，综合分类所得税制更接近于综合所得税制，其公平性水平比综合所得税制还高。不过，分类综合所得税则要视具体情况而定。如果综合课征时超额标准定得低，则其公平性低于但可能接近综合所得税制。如果综合课征时超额标准定得高，这实际更接近早期的分类综合所得税制，综合部分仅课征附加税，此时更接近分类所得税制，因而它的公平性远低于综合所得税制，但稍高于分类所得税制。所以，有的学者不做区分地认为交叉型混合个人所得税制更接近综合所得税制的观点值得商榷（罗妙成，2010）。

从税收效率角度来看，综合分类所得税需要先综合课征（也可先源泉扣缴），然后分类附加课征（虽然增加的边际成本并不需要太多），因而对征管水平的要求相对较高，同时对经济会产生更多的扭曲。此外，综合课征时超额标准的确定也会对征管水平和经济扭曲产生不同的影响。如果超额标准定得过低，则越多的纳税人涉及综合课征模式，无疑对征管水平的要求也较高，还会对更多的纳税人行为产生扭曲。如果超额标准定得过高，则仅少数高收入者涉及综合课征模式，征管水平要求相对低一些，对经济的扭曲也相对较小，但对收入再分配的调节功能也更弱。

在实践中，法国在 1947 年到 1959 年间采用了双层综合所得税制。1959 年以后改为单一个人所得税制，同时创设补充税（特殊分类）（何代欣，2013），因而应归为综合分类所得税制。目前，美国、捷克实行了综合分类所得税制[①]。2020 年，美国（联邦）个人所得税中，单身纳税人的综合所得适用 10% ~37% 的 7 级超额累进税率。年应税总所得超过 20 万美元的部分适用 3.8% “净投资所得”附加税。“净投资所得”的定义虽宽泛，但不包括贸易、经营所得和个人服务的报酬。2019 年，捷克对年应纳税所得额按 15% 的单一比例税率征收个人所得税，对超过年平均工资四倍的受雇所得、商业和专业所得（1438992 捷克克朗）征收 7% 的附加税。以上分析表明美国主要对投资所得课以重税，而捷克对劳动所得和混合所得课以重税。当然，美国对综合所得适用累进税率，而捷克对综合所得适用比例税率，这对各国收入分配差距的影响无疑迥异。换言之，虽然都是综合分类所得税，但前者侧重于公平，而后者更侧重于效率。

（三）并立型混合个人所得税制

并立型混合个人所得税制共同的特征是对不同的所得归类并分别课税，因而只需要课征一次，形成的是分类与综合不交叉的并立结构。在传统的综合所得税制下，那些在生命周期的早期阶段将相对大部分收入储蓄起来的纳税人实际受到了歧视，而在并立型混合个人所得税制下，通过降低全部或部分资本所得税率可以缓解这种歧视。

相比较而言，该类型既能在一定程度上保证量能负担，又在征管操作上较为方便。重点在于哪些所得综合课征？哪些所得分类课征？从所得的性质来看，常见的有二分法，例如劳动所得与非劳动所得。或者三分法，例如劳动所得、经营所得和投资所得。对此，也有学者将之归为分类所得税（二元所得税或三元所得税）（张天姣，2018；马国强，2018）。按照对所得课税的综合程度，将之视为混合个人所得税也是应有之义。可分为“半综合”“二元”和“半二元”三种并立型的综合与分类相结合个人所得税（李林木，2012；黄伟展，2015）。

1. 半综合所得税制

半综合所得税制的基本特征是将应税所得划分为普通所得与专项资本所得。即对大部分普通所得综合课税，对某些特殊的资本所得单独课税，强调以“综合”为主，“分类”为辅的特点。其中普通所得通常适用多级超额累进税率（少数情况适用单一比例税率），专项投资所得（典型情况为股息和利息）通常按比例税率课征（少数情况适用累进税率）。因而具有与综合课征一样较好的公平性特点，兼有分类课征一样的高效率优点。这种模式应视为对综合所得税制的部分违反，而不是有意识地取代综合所得税制模式（普拉斯切特，1993）。

---

① 严格来说，捷克并不是纯粹的综合分类所得税制，因为综合课征中还有部分特殊所得（主要是投资所得）单独适用 15% 的比例税。2021 年起，捷克取消了附加税，综合所得适用的 15% 单一比例税率也转变为 15% 和 23% 的两级超额累进税率，诸如股息、利息等部分消极投资所得单独适用 15% 的最终预扣税，因而此时视之为半综合所得税制更为确切。

历史上，比利时1984年版个人所得税可归为半综合所得税制，其中金融证券所得需缴纳25%的最终预扣税。目前，丹麦、意大利、奥地利、德国等国家实行半综合所得税制。例如，在丹麦，普通所得适用8%、40%和56%的3级累进税率，诸如股息等专项所得适用27%的比例税率，另对所得超过49900克朗部分追加课税15%；在意大利，普通所得按23%~43%的5级超额累进税率征税，符合条件的股息与利息等专项所得缴纳26%的最终预扣税；在奥地利，普通所得适用25%~50%的5级超额累进税率，股息、利息和某些不动产所得分别适用27.5%、25%和30%的比例税率；在德国，普通所得适用14%~45%的4级超额累进税率，符合条件的股息与利息等专项所得适用25%的比例税率，加上团结附加税则为26.375%①。

2. 纯粹的二元所得税制

20世纪80年代末，北欧四国（丹麦、挪威、芬兰和瑞典）逐步引进纯粹的二元所得税（DIT）并获得了极大成功，成为许多欧洲国家所得税改革的蓝图（Genser & Reutter, 2007）。什么是纯粹的二元所得税呢？现代财政学将生产要素分为劳动与资本两部分（土地也纳入资本范畴），而经营所得同时具有劳动所得和资本所得性质，将之分离为劳动所得和资本所得，分别与单独的劳动所得和资本所得合并后，对劳动所得课征累进税率，对资本所得课征比例税率，且与劳动所得的最低边际税率，企业所得税税率相等或相近②。纯粹二元所得税的主要指导思想是将对劳动所得的累进课税与对资本所得的比例课税相结合，从而达到减少税收扭曲和实现收入再分配的双重目标。

理论上来说，纯粹二元所得税具有一系列的优点：推进税收中性，缓解或消除通货膨胀对税基的侵蚀，减少税收套利，减少对资本外逃的诱导（Sørensen, 2001, 2005）。这为纯粹二元所得税的实施提供了一个相当有力的理由。但是，经营所得兼有劳动所得和资本所得的特征，如何将其分离是纯粹二元所得税制推行上致命的弱点（Sørensen, 1994）。对此，北欧国家纷纷推出所得分离模型（Split - Model），最初情况为③：挪威采用了总资产法，芬兰和瑞典采用净资产法，丹麦则可在两种方法中选择。采用的基本规则是：按总资产或净资产的一定比例回报确认为资本所得，而剩下部分为劳动所得。但是，所得分离模型也面临以下诸多问题：经营资产类型的界定、资产价值的确定、适当资产回报率的选择，以及金融资产和负债是否包括在估算资产

---

① 以上数据及政策来源于中国居民赴各国投资税收指南。意大利截止时间为2020年6月，奥地利截止时间为2020年5月，德国截止时间为2020年9月。

② 事实上，北欧四国存在两种类型的二元所得税制模式，其中丹麦、芬兰和瑞典为并列的二元所得税制，即劳动所得与资本所得分别按累进税率和比例税率课征。而挪威采用的是叠置的二元所得税制，即对所有净所得征收比例税，并对超过一定门槛以上的劳动所得累进课征，实质为交叉型混合个人所得税制中的综合分类所得税。

③ 所得分离模型也可能适用于封闭公司的积极股东（如至少拥有三分之二股票的股东），因为积极股东会通过工资和股息两种收入分配方式的选择来避税，在此不赘述。

回报的基数内，等等（Sørensen，1998）。

经过30余年的发展，在北欧四国，不仅纯粹二元所得税制模式发生了偏离，对应税率也发生了较大的改变。在对各个目标的权衡过程中，纯粹二元所得税制发生明显偏离，主要原因有二：其一是所得分离模型导致了税制的复杂化，增加了征管和遵从成本。还带来了新的避税行为，造成了经济效率损失。其二是初次收入分配差距进一步扩大，需加大对（资本）高收入者的调节力度。因此，在实践中，纯粹二元所得税的推进受到了极大的制约。

3. 半二元所得税制

在实践中，大多数OECD国家可能将个人所得税界定为“半二元”（或“半综合”）税收制度，纯粹的二元所得税和综合所得税是不存在的，半二元所得税是更有效率的选择。“半二元”所得税制对不同类型的所得使用不同名义税率，通常对某些形式的资本所得所得课以较低比例税率，对其他形式的普通所得课以较高的累进税率。虽然对“半二元”和“半综合”个人所得税制之间的界限划分并不容易，但通常半二元所得税制对大多数资本所得课以较低的比例税，而半综合所得税只对少数资本所得课以较低的比例税。

与纯粹二元所得税制相比，半二元所得税并不对经营所得分离。大多数国家，经营所得单独课征累进税或与劳动所得一起课征累进税，也有国家对其课征企业所得税。半二元所得税制对综合所得部分与分类所得部分单独课征，因而也能有效地提高征管效率。此外，对资本所得单独课征也较好地保障了经济效率。因为资本所得的供求弹性通常大于劳动所得的供求弹性，尤其是在现代开放的经济条件下。对综合所得课征部分，通常规定一个自主申报的标准数额。对于那些收入未达到该标准的纳税人来说，虽遵从自愿综合申报的规定，但基本上不需要综合申报纳税。这在很大程度上有利于减少需综合课税的人数，从而降低税务机关的征管成本（张天姣，2017）。

实际上，半二元所得税制在很多场景中演变成了“多元”所得税制，与分类所得税制的差别只是程度上的不同而已，因而一定程度上也存在分类所得税制的弊端。首先，半二元所得税的多元分类征收导致税制设计上更为复杂，可能会导致纳税人的遵从成本上升。其次，多元分类课征模式也会导致横向税负不公平，最终造成所得之间互相转换和逃税现象的普遍存在，这对国家财政收入的稳定性和收入分配的公平性尤为不利。

历史上，德国（普鲁士）1808年版个人所得税是半二元所得税。目前，实行半二元所得税的国家非常多[①]。例如，在荷兰（2021年起），所得分为三类：第一类收入（劳动所得、经营所得和自有住房估算所得等），适用37.05%和49.50%的2级超

① 除冰岛外，数据及政策来源于中国居民赴国外投资税收指南。荷兰的数据截止时间为2019年6月，越南的数据截止时间为2020年5月，阿尔及利亚的数据截止时间为2020年9月。冰岛数据源自Worldwide Personal Tax and Immigration Guide（2020－21）。

额累进税率，第二类收入（实质性股权收入的股息、利息和资本利得），适用26.25%的比例税率，第三类收入（储蓄利息和资本利得），适用30%的比例税率；在越南，经常所得（工资薪金、奖金、提供劳务所得等）适用5%～35%的7级累进税率，而非经常所得（例如，资本投资所得、资产转让所得、等）适用差别比例税率；在阿尔及利亚，劳动所得（工资薪金、经营所得在3000万阿尔及利亚第纳尔以上）适用20%～35%的3级超额累进税率，投资所得（股息、利息）适用差别比例税率；在冰岛，劳动所得适用36.94%与46.24%的两级超额累进税率，投资所得适用22%的比例税率（利息所得第一个150000冰岛克朗免税，租金所得减半课税），经营所得适用企业所得税的相关政策①。

四、个人所得税制模式选择之影响因素：多层面考量

1. 个人所得税制的理论基础：源泉说与净增值说

无论何种税制模式，如何界定应税所得历来是大家争论的焦点，并产生了两种对立的理论基础：源泉说与净增值说。那么，分类所得税制和综合所得税制分别对应这两种理论基础吗？事实上，无论是从逻辑还是时间顺序来看，都是先有分类所得概念，然后才有应税总所得概念。每项所得表现特有的经济特征、特有的应纳税额计算的可行性和困难。因此，两种所得税制类型与两种理论基础之间并没有必然的联系。分类所得税制和综合所得税制的选择并不是根据概念的宽窄，而是根据应税所得是分类计税还是综合计税来区分的。当然，也不能完全否认两种所得税制类型与两种理论基础之间存在一定的关联性。

在综合所得税制下，自然要求一个尽可能广泛的税基概念，否则对纳税人所得的累进课征会产生极大的不公平和扭曲。“净增值说”是一个非常宽泛的界定，认为增加的净资产都应纳入课税范畴。西蒙斯对课税范围进行了重新定义，采用减法而不是加法计算应税所得额，则扣除后的剩余所得应全部纳入课税范围，这能够全面地反映纳税人的能力（Zee，2005）。但是，现实中存在的困难限制了它的充分应用，因而分类课征成为综合课征中的例外而出现。

而分类所得税制与“源泉说”理论之间也存在一定的联系。该理论的代表人物是英国学者弗里克·纽马克，他认为固定的永久性收入来源才是应税所得，或者连续取得的所得才是真正意义上的所得。同时，秉承课税不应侵蚀税基的理念，未将资本利得和非固定性、非规则性的所得（例如彩票奖金、遗产所得）纳入课税范围。随着“源泉说”理论本身的拓展和修订，应税所得课征范围也进一步扩大，因而并不需要改变分类所得税制模式本身。但是，在分类所得课征中，引进诸如累进税和人性化扣除等综合所得税特征时，引发了分类所得税制模式亟须改革的困境之一。因为当我们

① 企业所得税通常是综合课征的，这一做法避免了将企业利润在资本所得与劳动所得之间分割的麻烦。

打着调节收入分配的旗帜引进这些要素时，可能在不同收入来源的纳税人之间产生了更大的不公平，该问题在收入来源日益多样化，劳动所得比重逐步下降的现实中进一步恶化，因而在分类所得税制中引进综合因素的呼声也日益高涨。

在这两种相反的作用力下，混合个人所得税制日益成为许多国家的选择也就不足为怪了，主要差别在于综合或分类的程度，以及对应计算方法的差异而已。正如法国的凯劳克斯强调的，理想的税制模式是将分类课征与综合课征结合起来，从而有效发挥两者的比较优势。在实践中，越来越多的累进因素广泛加入到分类税制中，比例税率也被引进到综合所得税制中。这种结构上的不纯在现代国家的混合个人所得税制设计中表达得淋漓尽致。事实上，在社会经济稳步发展，商品经济体系逐步完善的过程中，资本所得也受经济波动的影响而呈现非规律性，因而都应纳入应税所得范围之内。

2. 个人所得税的课税原则：公平与效率

混合个人所得税制既实行差别比例税，又引入累进税率。因而可能同时克服综合制中的效率问题与分类制中的公平问题，将两种模式的优点兼收并蓄。总体上来说，从税收公平原则来看，综合所得税制模式强于混合个人所得税制模式和分类所得税制模式，且交叉型混合个人所得税制的公平性大于并立型混合个人所得税制的公平性。从税率效率原则来看，分类所得税制模式强于混合个人所得税制模式和综合所得税制模式，且交叉型混合个人所得税制可以提高公民的纳税意识，减少逃税避税行为（王红晓，2008）。

具体而言，一方面，重视税收纵向公平。主要表现在对综合劳动所得的累进课征，这是税制直接累进性来源。同时，重视费用扣除所产生的间接累进性。Atkinson（1973）研究了税前扣除的重要性，认为其可以影响税收累进程度甚至税负大小，是个人所得税调节收入分配的主要来源。需要指出的是，高边际税率对纳税人行为所带来的扭曲、费用扣除过多产生的税制复杂性以及财政收入的损失，导致诸如北欧和中东欧部分国家另辟蹊径，分别实施了纯粹的二元所得税制和单一税制。

同时，也重视税收横向公平。横向公平是指对相同境况的纳税人同等对待。从总体来看，交叉型混合个人所得税制的公平性无疑大于并立型混合所得税制，因为在并立型的个人所得税制下，不同所得适用不同的税率，因而一定程度上损害了税收横向公平性。但是，这是基于静态时点（例如 1 年）的判断，当我们把目光延展到动态的生命周期视角时，结果可能正好相反，对不同所得的税收区别对待更有利于横向公平目标的实现，这实际是税负横向公平的一种补充。

另一方面，重视税收经济效率。20 世纪 80 年代以来，个人所得税的最高边际税率极大地降低，以缓解过高的边际税率对纳税人行为带来的扭曲，对经济运行效率产生的破坏。在开放经济条件下，综合所得税制导致了大量的跨境避税乃至逃税行为，造成税制的不公平性。伴随着税收征管水平极大地提高，这是否意味着各国都可以选择综合所得税制呢？分类所得税制固然具有便于计算、征收简便、有利于源泉控制的特点，但综合所得税制也并非高不可攀（邢会强，2019）。当然，早期的综合课税范围及其实际有效性与现代的综合课征已不可同日而语。尤其是电子商务的发展对经营所得的确定造成了极大困难，产业结构的调整也带来了更多隐蔽性的服务收入来源，科学技术的发展还带来了价值难以评估的无形资产等所得来源。

事实上，对税收公平与效率的权衡也体现了时代特征，对应着不同类型的混合个人所得税制。18 世纪 60 年代工业化初期，收入差距主要源自较低的劳动所得和较高的资本所得之间。因此，对劳动所得课以低税，对资本所得课以高税，有利于缓解无产阶级和资产阶级之间的矛盾。伴随着工业经济的进一步发展，低收入者与高收入者之间的收入差距不再完全来自劳动所得与资本所得的差距，低收入者与高收入者之间的社会矛盾也不再直接代表无产阶级与资产阶级的矛盾。最为重要的是这种低收入者与高收入者之间的收入差距与社会矛盾，不利于社会稳定与经济发展（马国强，2018）。

当然，税制模式的选择往往不能完全割裂历史。部分国家采用了过渡的分类综合所得税制模式。由于课征对象非常有限，因而更靠近分类所得税制。这与当时的收入分配差距相对较小和征管水平相对较低也息息相关。20 世纪 50 年代后，混合个人所得税制国家开始转向综合所得税制。到了 20 世纪 80 年代，许多综合所得税制国家又引进分类因素，形成并立型混合个人所得税制（综合与分类的程度不同也反映了不同的混合所得类型），整体表现的是对分类所得的轻税思想，侧重于效率目标。该模式更具有灵活性，可根据所得性质和国家政策需要对所得区别对待。少数国家实施的交叉型混合个人所得税制，更多体现的是对部分所得附加课征的重税思想，侧重于公平目标。

3. 个人所得税的征管技术手段：源泉扣缴与自主申报

如前所述，并立型混合个人所得税的主要特点是分类与综合课征相互不交叉，因而征管上也是并立型的。具体而言，分类所得税主要通过最终预缴方式缴税，而综合所得税通过预扣税与自主申报相结合的方式缴税。该征管模式比较简单，兼顾了量能课税和保障征管效率。尤其是在累计预扣税制下，如果雇员仅有一处劳动所得来源，则由雇主代扣代缴的税款基本上等于雇员年度内应缴纳的税款，通常并不需要雇员自主申报纳税，仅需雇主按年或分期向税务机关报送其向雇员支付的所得和扣缴税款等方面的详细信息（李华、朱洁，2011）。因此，累积扣缴法可以极大地减少自主申报纳税人的数量，也极大地降低了主管税务机关的工作量，提高了工作效率。

交叉型混合个人所得税制主要特点是对同一所得两次独立课税，因而在征管上必须执行源泉扣缴与自主申报相结合的方式。对单一收入来源的低收入者可以不要求其年终进行自主申报纳税，但对有多项收入来源的纳税人来说，即使其汇总所得达不到自主申报的数量要求，通常也要求汇总申报纳税。事实上，该税制更靠近综合所得课税模式，有效实现了源泉扣缴，防止偷税漏税，达到税收收入均衡入库的目标。同时，纳税人汇总申报纳税，对扣缴义务人是否如实地履行扣缴义务也能够起到较好的促进作用。以此为基础，税务机关可以对纳税人与扣缴人提供的信息进行交叉稽核。

因此，源泉扣税制不是任何所得课税模式的专属，它确保了个人所得税税收收入的及时入库。例如，美国的综合课征特征较为明显，大约 70% 的税款源自代扣代缴。对于符合条件的某些所得，部分国家允许纳税人在综合课税和最终预扣税之间自由选择。例如，日本居民对大部分所得综合课征，但对一些小额的特殊项目也采用最终预扣税方式，一定程度上体现了税收的公平性，也降低了征管成本和提高了税务部门的征管效率。

4. 个人所得税的课税环境：国际竞争与国际合作

从历史根源来看，大多数 OECD 国家倾向于对资本所得和劳动所得综合课征累进税。20 世纪 80 年代和 90 年代起，许多 OECD 国家纷纷对（部分）资本所得单独课征较低的比例税，因而混合个人所得税制广泛受到青睐。主要原因在于税收负担成为影响资本流动的重要因素之一。开放经济情况下，资本跨境自由流动导致了各国间税收竞争激烈，其带来的后果是国家财政收入的稳定性受到很大的挑战。正如 OECD 顾问奥特预言："没有国际合作，不久的将来对所得和资本的课税都将不复存在，政府只能依赖消费税了。"

2008 年全球金融和经济危机后，伴随着日益严重的收入和财富不平等，提高对资本所得课税的呼声日益高涨。应对全球财富征收累进税，以减缓不平等的螺旋式增长，有效地调节全球经济，确保财富在社会中的公平分配（Piketty，2014）。近几年来，税收透明和税务信息交换的全球论坛工作也如火如荼地展开，信息交流协定网络的覆盖面也迅速扩大，包括应请求交换信息和自动交换信息（100 多个国家承诺 2018 年自动交换金融账户信息）。此外，税基侵蚀和利润转移（Base Erosion and Profit Shifting，BEPS）① 项目被誉为"百年来国际税收领域根本性变革"，这种国际范围内的联动性和协同性改革还将继续。

因此，在开放的经济条件下，混合个人所得税制中综合与分类的程度、税基确定和税率具体参数的选择，在税收竞争与税收合作中动态变化。资本所得课征的制约因素也许时过境迁，OECD 国家对资本所得课征政策也因时而动。

第二节　中国个人所得税制模式的历史演进及成因分析

我国个人所得税制萌芽于清朝末期。1909 年草拟的《所得税章程》是最早涉及

① 税基侵蚀和利润转移是指跨国企业利用国际税收规则存在的不足，以及各国税制差异和征管漏洞，最大限度地减少其全球总体的税负，甚至达到双重不征税的效果，造成对各国税基的侵蚀。

的所得税法律文件中，提及了课征个人所得税，但该章程还没有审议通过之时封建政权便被推翻了。与肇始于1799年的英国个人所得税制相比，中国个人所得税制落后了110年。1937年，国民政府第一次真正在中国历史上开征了个人所得税，课征范围包括薪给报酬所得、公债利息所得及其他所得。1943年，国民政府公布了第一部所得税法。囿于国民政府的政治腐败和征管水平不高，再加上经济落后导致居民纳税能力不强，所得税法名不副实，没有得到很好的贯彻实施。因此，近代中国个人所得税制的发展基本陷于停滞状态（王勇，2008）。

1949年新中国成立之后，我国个人所得税制才开始步入崭新的发展时期。从个人所得税制模式的演进来看，大致可以划分为三个重要阶段："分税种"的所得分类课税时期、统一的分类所得税时期、综合与分类相结合个人所得税制时期。

一、"分税种"的所得分类课税时期（1949年—1993年）

（一）所得"分税种"课征的缓慢发展期（1949年—1980年）

1950年1月30日，为了保障革命战争的供给，照顾生产的恢复、发展以及国家建设的需要，以简化税制、合理负担为原则，政务院颁布了《全国税收实施要则》，规定在全国实行14个税种，其中与个人相关的所得税有三个：薪给报酬所得税、存款利息所得税、工商业税中针对坐商、行商、摊贩之所得的课税。在这一阶段，并没有统一的所得税法，只是针对个别所得的专门课税规定。

薪给报酬所得税是指对个人的工资薪金和津贴等收入征收的一种所得税。由于当时我国居民的工资薪金收入水平较低，劳务报酬等收入也不多，稿费甚至被认为是"资产阶级法权"而在"文革"时期被取消。因而薪给报酬所得税的征收不具有现实可能性，实际没有开征（宋凤轩，2007）。不难发现，"薪给报酬所得税"实质包括了工资薪金所得、劳务报酬所得和稿酬所得，属于综合劳动所得的范畴，这是新中国首次提出的最具个人所得税制性质的税种。

1950年1月，政务院颁布的《全国税政实施要则》中，存款利息所得税是一个税种，只针对存款利息所得课征。1950年12月9日，政务院颁布的《利息所得税暂行条例》，把税种名称改为利息所得税，将征税范围拓展到存款的利息所得，公债、公司债和其他证券的利息所得，以及股东职工对企业垫款的利息所得三类，采用单一比例税率5%。1959年，政府降低了存款利息率，利息所得税因而停征，课征时间前后不足10年，期间每年大约有1000万元的税收收入（金鑫、刘志诚、王绍飞，1991）。

城乡个体工商业户所得税主要针对个体户的生产经营所得和其他所得课征。虽然对个体工商业者征收所得税的办法几经修改，也曾一度涵括在工商所得税中，但对其从未停止过征收。1964年以前，按全额累进税率纳税（级次高达21级），最高税率为

34.5%；1964 年—1979 年仍采用全额累进税率纳税（级次降为 14 级），但最高税率增加到 62%，且可加征 1～4 成。这种限制性的税收政策，导致其税收收入比重微乎其微。例如，1956 年、1965 年和 1975 年，个体经济缴纳的各种税收占全国税收总额的比重分别为 3.2%、2.3% 和 0.8%（刘佐，1999）。

（二）所得“分税种”课征的迅速发展期（1980 年—1993 年）

1. 1980 年的个人所得税法：分类所得课税模式

随着改革开放政策的逐步推进，我国的税收制度建设也有了新进展。其中，个人所得税制作为对外开放的一项重要举措先行出台。因为随着各方面交流工作的日益增强，来华的外籍人员也不断增加，而他们的收入水平通常较高。为了在对外开放中维护国家主权和保障本国的税收利益，我国按照来源地税收管辖权这一国际惯例，对外籍人员来源于我国的所得课税。1980 年 9 月 10 日，人民代表大会通过并公布了《中华人民共和国个人所得税法》。同年 12 月 14 日，财政部进一步公布了《中华人民共和国个人所得税法实施细则》，标志着个人所得税法正式登上新中国税制的舞台。

该税法主要适用于外籍人员（也包括少数高收入的中国居民），正向列举了 6 类所得：（1）工资、薪金所得；（2）劳务报酬所得；（3）特许权使用费所得；（4）利息、股息、红利所得；（5）财产租赁所得；（6）其他所得。其中：第（1）类所得为经常、连续、稳定的所得，适用 5%～45% 的 6 级超额累进税率，每月收入减除费用为 800 元；第（2）至第（6）类所得都分别适用 20% 的比例税率，除第（4）和第（6）类所得外，都按次纳税。如果每次收入不满 4000 元，减除费用为 800 元；如果每次收入在 4000 元以上，减除费用为每次收入的 20%；利息、股息、红利所得和其他所得，按每次收入额纳税，没有费用扣除的相关规定①。

《个人所得税法》在我国的确立，适应了当时经济社会发展的需要，对维护我国的基本税收权益和国际间的平等互利原则都有着积极的意义。该法本着适当调节收入差距、公平税负、合理负担的原则，采用了分类课征模式，具有扣除额宽、税率低、征税面小和计算简便的特点。

2. 1986 年的城乡个体工商业户所得税：单税种的综合课征模式

改革开放之后，我国个体经济得到了快速发展，在解决劳动力就业、增加居民收入和活跃市场经济等方面都起到了积极作用，是社会主义公有制经济必要的和有益的补充。1980 年，国务院批准财政部出台政策，对个体工商业户的所得税负做适当调整，规定可暂不执行全额累进和加成课征方式。此外，将征收管理和征税办法的权限也下放给地方，与集体企业所得税负相当的原则下，地方可自行确定税负的标准。

但是，具体执行过程中也暴露出了一系列问题：居民之间收入差距过大、地区之

① 以上政策规定来自 1980 年《中华人民共和国个人所得税法》及其实施细则。

间税负不公平、税收征管困难，等等。1986 年 1 月，国务院发布了相关政策，将城乡个体工商业户所得税又开始独立为一个税种，对纳税人的生产经营所得和其他所得综合课征十级超额累进税率。其中：最低一档为全年应纳税所得额 1000 元以下的部分，边际税率为7%。最高一档为全年应纳税所得额3 万元以上的部分，边际税率为60%。还规定全年应纳税所得额超过 5 万元时，对超过部分加征 1 ~4 成（杨志勇，2018）。虽然个体工商户的边际税率仍较高，但从全额累进税率结构转向超额累进税率结构，极大地改进了税收的公平性，减少了对纳税人行为的扭曲，更好地激发了个体经济的活力。

3. 1987 年个人收入调节税：混合所得课税模式

在改革开放初期，中国居民与外籍人员之间的收入差距较大，各种收入来源也不完全相同。如果对他们按照统一的税法来征收，显然不符合当时的客观实情。在这种背景下，1987 年国务院又颁布了政策，适用于中国公民（已征收个人收入调节税的少数中国公民除外），征税对象有 8 类：（1）工资薪金收入；（2）承包、转包收入；（3）劳务报酬收入；（4）财产租赁收入；（5）专利权转让、专利实施许可、非专利技术提供、转让取得的收入；（6）投稿、翻译取得的收入；（7）利息股息红利收入；（8）其他收入。其中（1）至（4）项合并为综合收入，超过地区计税基数三倍以上的部分，按照 20% ~60% 的 5 级超倍累进税率征收。对于地区计税基数，可根据实际情况进行调整。其他应税所得分别按次征收，适用 20% 的比例税率。与前两部法律、法规相比，个人收入调节税采用了混合个人所得税制模式，因而更加注重税收公平性。

由此可见，我国此阶段实际上存在针对不同纳税人的三个税种：个人所得税法（课税对象为外籍人和少数中国居民）、城乡个体工商户所得税暂行条例（课税对象为城乡个体户）、个人收入调节税暂行条例（课税对象为大多数中国居民），形成了内外有别的两套税制，三个税收法律法规并存、彼此之间不交叉的课税局面。在此期间，个人所得税收入快速增长。1980 年仅为 0.0016 亿元，1993 年已增长到了 46.73 亿元（见表 2 -1）。

表 2 -1　　1980 年—1993 年个人所得税制收入规模及增长

时间	个人所得税		个体工商户所得税		个人收入调节税		合计	
	收入额（亿元）	比上年增长（%）	收入额（亿元）	比上年增长（%）	收入额（亿元）	比上年增长（%）	收入额（亿元）	比上年增长（%）
1980	0.0016						0.0016	
1981	0.05	3025.00					0.05	3025.00
1982	0.10	100.00					0.10	100.00
1983	0.17	70.00					0.17	70.00

续表

时间	个人所得税		个体工商户所得税		个人收入调节税		合计	
	收入额（亿元）	比上年增长（%）	收入额（亿元）	比上年增长（%）	收入额（亿元）	比上年增长（%）	收入额（亿元）	比上年增长（%）
1984	0.34	100.00					0.34	100.00
1985	1.32	288.24					1.32	288.24
1986	2.66	101.52	2.59				5.25	297.73
1987	3.31	24.44	3.56	37.45	0.3		7.17	36.57
1988	2.36	-28.70	5.17	45.22	1.15	283.33	8.68	21.06
1989	2.11	-10.59	9.03	74.66	5.98	420.00	17.12	97.24
1990	4.03	91.00	10.66	18.05	6.44	7.69	21.13	23.42
1991	5.27	30.77	13.00	21.95	6.84	6.21	25.11	18.84
1992	6.30	19.54	15.76	21.23	9.37	36.99	31.43	25.17
1993	8.60	36.51	21.29	35.09	16.84	79.72	46.73	48.68

资料来源：根据《中国税务年鉴》《中国财政年鉴》历年数据及计算得到。

二、“统一的”分类所得课税时期（1994年—2018年）

随着社会主义市场经济体制的逐步建立，分税种的所得课税制度不符合公平税负的治税思想，尤其是内外有别的课征制度严重违背了横向公平课税原则。为了有利于形成公平合理的收入分配机制，客观上要求统一完善个人所得税制。1993年10月31日，《关于修改中华人民共和国个人所得税法的决定》中规定：我国的所有税收居民和有来源于我国所得的非税收居民，均适用统一的分类个人所得税法。

新分类个人所得税法扩大了税基，将应税项目归为11类：（1）工资、薪金所得；（2）个体工商户的生产、经营所得；（3）企事业单位的承包经营、承租经营所得；（4）劳务报酬所得；（5）稿酬所得；（6）特许权使用费所得；（7）利息、股息、红利所得；（8）财产租赁所得；（9）财产转让所得；（10）偶然所得；（11）其他所得。其中，第（9）和第（10）项所得为此次新增加的应税项目，主要应对居民收入来源多样化特征更为明显的现实需求。

截至2019年之前，我国先后对《个人所得税法》进行六次修订，但遗憾的是，基本上是在1994年个人所得税制统一改革之后的框架内进行“微调”，并未触及到我国分类税制模式本身。“微调”主要表现有（见表2-2）：第一，调整征税范围。为了鼓励消费和投资，合理调节个人收入以及增加财政收入，将储蓄存款利息纳入征税范围；为了发挥税收对高收入者的收入调节作用，促进资本市场长期稳定健康发展，堵塞税收漏洞，对个人转让上市公司限售股取得的收入课税。第二，提高免征额水平。为了适应收入水平提高和缓解通货膨胀的影响，更好地调节收入分配差距，持续提高免征额水平，从每月 800 元到 1600 元、2000 元、3500 元和 5000 元。第三，调整税率结构。为了降低低收入者税负，工资薪金所得税超额累进税率从 9 级调整为 7 级，第一级税率由 5% 向下调整为 3%；为了增加个人储蓄存款收益，发挥国家宏观调控的作用，将储蓄存款利息所得税的适用税率最初由 20% 调减为 5%，直至暂免征税。第四，其他方面。为了缓解地方财力相对不足的现实困境，中央与地方按 60% 和 40% 比例分享个人所得税收入；为了培养纳税人依法诚信纳税意识，强化对高收入者的税收调节力度，缓解收入分配不公的矛盾，规定年应纳税所得额 12 万元以上纳税人自行申报纳税，等等。

表 2-2　　1994 年—2018 年个人所得税制改革的主要内容及税制要素

年份	执行日期	主要内容	税制要素
1994	1 月 1 日	统一的个人所得税制。工资薪金税率调整为 9 级，个体工商户适用 5 级	税制模式 税率结构
1999	11 月 1 日	对储蓄存款利息的所得征收 20% 的比例所得税	征税范围
2007	1 月 1 日	规定年所得 12 万元以上纳税人自行申报纳税	征管方式
	8 月 15 日	储蓄存款利息所得个人所得税的适用税率由 20% 调减为 5%	税率结构
2006	1 月 1 日	工资薪金所得税免征额由每人每月 800 元提高至 1600 元	免征额
2008	3 月 1 日	工资薪金所得税免征额由每人每月 1600 元提高至 2000 元	免征额
	10 月 9 日	暂免征利息所得税	征税范围
2010	1 月 1 日	个人转让上市公司限售股取得的收入征收个人所得税	征税范围
2011	9 月 1 日	工资薪金所得税免征额由每人每月 2000 提高至 3500 元，税率级距和税率结构进行了调整，后者调整为 3% ~45% 的 7 级超额累进税率。个体工商户生产经营所得和承包承租经营所得的适用税率级距和税率结构也进行了调整	免征额 税率结构
2014	1 月 1 日	企业年金和职业年金列入专项扣除	专项扣除
2017	7 月 1 日	商业健康保险支出每月限额 200 元	其他扣除
2018	5 月 1 日	税收递延型商业养老保险支出（试点）	其他扣除
2018	10 月 1 日	工资、薪金所得的费用扣除标准由每月 3500 元提高到 5000 元	免征额

资料来源：根据相关税收政策整理得到。

三、综合与分类相结合个人所得税课税时期（2019 年至今）

2018 年 8 月 31 日，我国正式通过了新修订的《个人所得税法》，这是自 1994 年以来最大的一次修订，改革的最大亮点是放弃了实施近 40 年的分类所得课税模式，采用了混合个人所得课税模式（2019 年 1 月 1 日起正式实施）。因此，在我国长期占据统治地位的分类所得课税模式，正式退出了历史的舞台。

新个人所得税法将个人所得来源归为9类：（1）工资、薪金所得；（2）劳务报酬所得；（3）稿酬所得；（4）特许权使用费所得；（5）经营所得；（6）利息、股息、红利所得；（7）财产租赁所得；（8）财产转让所得；（9）偶然所得。其中，纳税人取得（1）至（4）类所得（以下称为综合所得），按纳税年度合并纳税，税率范围仍保持为3% ~45%的7级超额累进税率。扩大了最低三档税率对应的级距，缩小了第四档税率对应级距。纳税人取得的第（5）至（9）类所得分类课税。其中，经营所得适用5% ~35%的5级超额累进税率，剩余4项所得都适用20%比例税率。调整或删除部分项目，例如，删除原兜底条款“其他所得”，以更好地遵循税收法定原则①。

四、我国个人所得税制模式的演进特征及成因分析

（一）新中国成立以来我国个人所得税制模式的演进特征

众所周知，个人所得税制模式一般可划分为三种类型：分类所得税制、综合所得税制和混合个人所得税制。事实上，分类制按其表现方式不同可分为：（1）依据所得划分税种的分类制；（2）依据不同所得划分适用不同税率的分类制；（3）按分类表为基础的分类制（徐进，1996）。结合前面的分析可以判断，1994年之前的分类个人所得税模式可归属类型（1），1994年到2019年间统一之后的个人所得税模式可归为类型（2）。当然，对于纳税人来说，如果所得适用税率相同，这两种课税方式下的税收负担并没有本质的差别。

具体而言，1978年改革开放之前，受高度集中的计划经济体制的影响，薪给报酬所得税实际并未开征、利息所得税课征时间短暂、城乡个体工商户经营所得税全额累进课征，因而对个人所得税实施逐步强化的限制，总体税收收入基本忽略不计。虽然“薪金报酬所得税”包含了综合课征成分，但实际没有真正实施，课税范围也较为狭窄。此阶段可视为依纳税人不同所得来源“分税种”课征的缓慢发展时期，实质上不是现代意义上的个人所得税制模式。

1978年到1994年期间，分类税制模式有点复杂，首先不同的纳税人适用不同的税法或条例。而对同一类纳税人，又根据收入来源区别定性分类课征或混合课征。其中：1980年个人所得税制首次以税法的身份出现，只不过主要适用于外籍人员。1987年个人收入调节税主要针对中国居民，将四项所得综合征收，初步具有混合个人所得税制的雏形。但是，设计相对粗糙，设立理念并不清晰，也没有将所有的劳动所得涵

① 全国人民代表大会宪法和法律委员会《关于〈中华人民共和国个人所得税法修正案（草案）〉审议结果的报告》对删除“其他所得”作了如下说明：考虑到目前个人所得税法中列明的所得范围已经比较全面，可不必再由国务院或其有关部门确定“其他所得”。全文见 http：//www. npc. gov. cn/npc/xinwen/2018 - 08/31/content_2060145. htm，2021年7月12日访问。

盖在内，却将部分资本所得囊括其中。囿于在征管中遇到的问题，个人收入调节税最先在几个城市试点。1994 年个人所得税制统一之后，就取消了这种综合征收。表明综合和分类相结合的个人所得税制并不适应当时的国情（杨志勇，2018）。

三税并存的混乱局面隐含的横向不公平以及对纳税人行为的扭曲，最终成为 1994 年对分税制改革的导火索，回归到了统一的分类所得课税模式。表明朝着法制化、科学化、规范化以及合理化的方向，我国税制改革迈出了重要的步伐（刘佐，2007）。一般情况下，分类所得税制便于征管，只要收入支付者代扣代缴个人所得税，不需要综合计征，适合当时的税收征管国情。1994 年开始，我国个人所得税收入增长进入“快车道”，以年均 34% 的增幅稳步增长。这是我国经济快速发展、居民收入水平稳步提高、税收征管能力逐步加强，以及居民纳税意识广泛提高等多种因素综合推动的结果。

分类课税模式对不同的所得按不同征收方法计税，有利于实现国家的不同政策目标。但是，与综合课征模式相比，分类课征模式的弊端日益加重，难以全面、完整地反映居民的真实纳税能力。2019 年，对劳动所得的综合课征体现了对劳动者的尊重，有助于实现劳动者之间税负的横向公平，不仅能够有效地消解劳动所得类型过多导致的税收负担差异，也能在一定程度上缓释因操控所得性质引发的个人所得税流失，具有长远的重大意义。可视为“小综合大分类”的混合个人所得税制。

总体而言，贴上综合或分类标签的个人所得税制，并不能清晰反映综合与分类元素的在税制中的结合程度。新中国成立以来，我国个人所得税制经历了：征税范围极其狭窄的分税种分类课税制（2 个税种）、范围扩大的区分纳税人的分税种分类课税制（3 个税种）、统一的分类个人所得税制（11 个税目）、法制化和规范化发展的综合与分类相结合个人所得税制（9 个税目）。

（二）我国个人所得税制模式演进的成因分析

1. 经济体制变迁是影响税制模式选择的关键因素

在计划经济时期，我国始终未能全面开征个人所得税制。发展缓慢的深层次原因主要有二：一是由计划经济体制下国民收入分配制度决定的，即“先扣后分”。国家通过计划手段基本控制了国民收入在国家、企业、个人三者之间的分配。居民收入水平偏低和收入差距偏小，个人所得税制失去了征收的经济和社会基础，不具备开征的基本条件。二是“非税论”、“无税论”等思想一度流行于理论界，把不征收个人所得税作为社会主义制度的优越性进行广泛宣传（刘佐，1999）。此时分税种的分类课征模式，课税范围极为有限。

在改革开放初期，居民收入水平逐步提高，收入来源不断增多。但不同地区，不同纳税人（外籍人员和中国公民）的发展是不同步的，因而推出分税种的个人所得税也适用了现实经济发展的需要。从公平原则来看，内外两套个人所得税制基本适应了国内外居民收入悬殊的现实情况。此时个人所得税制模式也是分类课征模式，但每类纳税人采用的课税模式又不完全相同，尤其是个人收入调节税最初具有混合个人所得税制的特征。

随着社会主义市场经济体制的逐步建立，也正值全球一体化进程加快和国际税制改革的推进。所得分税种课征不符合公平的治税思想，尤其是内外有别的课征制度严重违背了横向公平的课税原则。为了形成公平合理的收入分配机制，客观上要求统一完善个人所得税制，1994 年三税合一的改革应运而生。改革开放之后的几次税制调整，也为此提供了较为丰富的改革经验（焦建国，2001）。此外，课税理论也不断突破，从源泉课税理论逐渐向外扩张到净所得课税理论。例如，将偶然所得纳入了课税范围。统一后的个人所得税制扩大了征税范围，规范了税基，更好地兼顾了税收的效率与公平原则。之后对个人所得税制一系列的“微调”，表明税收制度从刚开始“适应社会主义市场经济体制”的需要转变为“建立与国家治理体系和治理能力现代化相匹配”。

2. 征管水平制约了税制模式的选择

税收征管的目标是促进依法纳税，实现应收尽收。但是，税收制度的复杂程度决定了税收管理的难度，税收管理能力限定了对税种及其课税模式的选择。20 世纪 90 年代起，随着收入分配差距的日益扩大，我国开始倡导建立综合与分类相结合的个人所得税制，并经历了五个五年计划或规划，在一些重要会议也中不断被提起（见表 2－3）。表明该税制模式是适合我国经济发展和人民需求的，但由于税收征管能力、居民纳税意识等各方面的相关配套措施、技术水平还不具备而历经多次搁浅。

长期以来，我国个人所得税制适用分类课征模式，这不利于税收公平目标的体现，也对纳税人行为产生了扭曲。2019 年起，我国最终迈出了综合与分类相结合的个人所得税制步伐，得益于夯实的税收征管基础。主要表现有：以增值税发票管理为中心，1994 年开始实施的金税工程已经进入三期，目前已覆盖所有税种和全部税务工作；2007 年 1 月 1 日开始，规定年所得 12 万元以上纳税人自行申报纳税，培养了纳税人依法诚信纳税意识；2017 年 7 月 1 日，国家税务总局、财政部和央行等部门发布《非居民金融账户涉税信息尽职调查管理办法》以来，中国境内金融机构需按照要求，每年开展金融账户涉税信息尽职调查工作，了解账户持有人的税收居民身份，并报送非居民金融账户涉税信息。在金融账户涉税信息逐步纳入共同申报准则（CRS）合规申报后，越来越多的机构开始把 CRS 申报作为一项重要内容纳入监管范围；个人所得税全员全额扣缴申报和自主申报纳税相结合的征管制度，累计预扣税的实施也极大地提高了征管的效率。

表 2－3　　对个人所得税制模式改革目标的表述

时间	个人所得税制模式的表达
“九五”规划（1996 年）	建立覆盖全部个人收入的“分类与综合相结合的个人所得税制”
“十五”规划（2001 年）	建立“综合与分类相结合的个人所得税制”

续表

时间	个人所得税制模式的表达
“十一五”规划（2006 年）	实行“综合与分类相结合的个人所得税制”
“十二五”规划（2011 年）	逐步建立健全“综合与分类相结合的个人所得税制”
党的十八届三中全会（2013 年）	逐步建立“综合与分类相结合的个人所得税制”
中央政治局会议（2014 年）	逐步建立“综合与分类相结合的个人所得税制”
国务院批发改委工作意见（2015 年）	研究提出“综合与分类相结合的个人所得税改革方案”
“十三五”规划（2016 年）	加快建立“综合与分类相结合的个人所得税制”
“十四五”规划（2021 年）	完善“综合与分类相结合的个人所得税制度”

资料来源：根据相关政府政策整理得到。

3. 功能定位影响了税制模式的选择

纵观个人所得税的历史，西方国家经历了一个较为漫长且艰难的发展过程，并经过不断的变革和发展，才达到今天一个相对成熟的状态（胡怡建等，2017）。总体上由一个最初的临时战争税，主要通过征管要求不高的分类税筹集财政收入，发展到一个充分发挥收入再分配公平目标的稳定综合所得税制，再到当前成为兼顾公平与效率的混合个人所得税制。与西方发达国家个人所得税制的漫长发展历程相比，我国的个人所得税制虽历史短暂，但一直以公平分配作为重要目标。即便在分类课征模式下，也对工资薪金所得、个体工商户所得和劳务报酬所得引进了多级超额累进税率。

尤其是 21 世纪初个人所得税制的不断改革和完善更充分证明了这一点。例如，2009 年 10 月，财政部课题组公布的调查报告《我国个人所得税基本情况》显示，2008 年应纳税所得在 12 万元以上需要自行申报的纳税人数仅 240 万人，占全国纳税人数的比例也只有 3%，但缴纳个人所得税款 1294 亿元，占全部个人所得税收入的 35%，年人均纳税额为 53917 元。相反，12 万元以下纳税人数高达 7760 万人，纳税额为 2428 亿元，人均纳税额仅为 3129 元，这些人的税负远远低于高收入者（贾康、梁季，2011）。表明在分类所得税制下，税收累进性也得到了一定程度的保障。当然，由于平均税率水平严重偏低，导致我国分类个人所得税再分配效应极其有限。

再如，2019 年我国最终迈出了综合与分类相结合的个人所得税制的步伐，并在综合课征部分增加了六项专项附加扣除，将对所有纳税人无差别扣除（免征额扣除）和个性化扣除（专项附加扣除）的结合，真正衡量纳税人在个人和家庭层面的税负能力差异，保障了纳税人基本需要。政策实施结果表明由于部分居民总体税负迅速下降，个人所得税的税收收入在近期内有所下降，但经历一段时期的税源涵养之后，税收收入会稳步提高，从而发挥更好的收入再分配效应。

最后，税率水平的保持或调整也助力于收入再分配的公平目标实现。虽然减税是当前世界性个人所得税改革的总体趋势，但最高边际税率调节收入分配差距的作用也不容忽视。我国综合所得最高边际税率保持为 45%，体现了中央对调节收入分配差距的决心。降低第一档边际税率和扩大级距，较好地减轻了低收入者的税收负担，税负水平更趋合理。当前，我国个人所得税的收入规模相对较小，党的十八届三中全会、“十四五”规划和2035年远景目标是提高直接税比重，尽可能发挥其调节收入分配差距的作用。

第三节　中国统一的分类个人所得税制发展状况及主要问题

1994年到2018年间，我国建立了内外统一的分类个人所得税制，并长期保持这一税制模式。接下来，有必要对这一重要历史阶段进行回顾，探讨个人所得税的总体收入水平、收入结构发展趋势以及存在的主要问题。

一、个人所得税的收入水平总体呈上升趋势，但明显偏低

1994年，我国个人所得税三税合一之后，伴随着国民经济的快速增长，个人所得税的收入水平呈现增长趋势。其在税收收入中的占比也发生了对应的变化，成为重要的税收收入来源之一。如表2-4所示，2001年，我国个人所得税第一次超过国内消费税和关税而成为第三大税种，这一状态一直持续到2008年。2009年到2016年期间，个人所得税收入占比被消费税收入占比反超，位次暂居第四。2017年开始，个人所得税又开始超过消费税，回归第三位次。表明随着近年来“营改增”、减税降费等政策的推进，税制结构更加优化，我国个人所得税的重要地位愈加突显。

从绝对额来看，1994年到2018年间，个人所得税绝对额由72.70亿元增长到了13871.97亿元（2016年开始突破1万亿元）。从相对额来看，虽然个人所得税收入占比波动起伏，但总体呈上升趋势，由1.42%上升到8.87%。由于我国个人所得税制的不断改革，尤其是工资薪金所得的免征额的不断提升，从1994年每月800元，经多次持续提升后，2018年10月达到每月5000元，这一定程度上影响了个人所得税收入的水平和稳定性。

在整个考察期间，我国个人所得税收入呈上升趋势，但占比明显偏低，筹集财政收入和调节收入分配的作用较为有限。例如，1994年，纳税人数为2994万人次，1998年迅速增长到了10964万人次①。当然，由于2006年和2008年，尤其是2011年将减除费用标准提高到每月3500元，纳税人纳税负担普遍减轻，工资薪金纳税比例由28%下降到约7.7%，纳税数量由8400万人减少到2400万人，即调整后大约有6000万人不再需要缴纳个人所得税。2018年，财政部副部长程丽华曾表示，仅测算

① 根据《中国税务年鉴》（1995年—2007年）历年数据计算整理得到。

免征额提高到每月5000元来看，纳税人比例将由44%降至15%。截至2018年年末，全国就业人员为77586万人，其中城镇就业人员43419万人。可计算得到个人所得税改革之后，纳税人数约为6512万人。

表2-4　　1994年—2018年我国主要税种占税收总额比重（%）

时间	增值税（含营业税）占比	消费税占比	企业所得税占比	个人所得税占比	关税占比
1994	58.09	9.51	13.82	1.42	5.32
1995	57.43	8.97	14.55	2.18	4.83
1996	58.11	8.98	14.02	2.80	4.37
1997	55.97	8.24	11.70	3.16	3.88
1998	56.18	8.80	9.99	3.66	3.38
1999	51.96	7.68	7.60	3.87	5.26
2000	51.04	6.82	7.95	5.24	5.96
2001	48.50	6.08	17.19	6.50	5.49
2002	48.93	5.93	17.48	6.87	3.99
2003	50.36	5.91	14.58	7.08	4.61
2004	52.14	6.22	16.38	7.19	4.32
2005	52.21	5.68	18.57	7.28	3.70
2006	51.47	5.42	20.23	7.05	3.28
2007	48.34	4.84	19.24	6.98	3.14
2008	47.25	4.74	20.61	6.86	3.26
2009	46.19	8.00	19.38	6.64	2.49
2010	44.05	8.29	17.54	6.61	2.77
2011	42.28	7.73	18.69	6.75	2.85
2012	41.91	7.83	19.53	5.78	2.77
2013	41.66	7.45	20.29	5.91	2.38
2014	40.81	7.47	20.68	6.19	2.39
2015	40.36	8.44	21.72	6.90	2.05
2016	40.05	7.84	22.13	7.74	2.00
2017	39.05	7.08	22.25	8.29	2.08
2018	39.34	6.80	22.59	8.87	1.82

数据来源：《中国税务年鉴》和《中国统计年鉴》（1995年—2019年）相关数据计算整理得到。

与其他国家相比，我国个人所得税的收入水平又如何呢？如表2-5所示，20世纪80年代末以来，在许多发达国家，个人所得税占税收收入的比重呈现不同程度的下降趋势，但比重仍相对较高。例如，OECD国家平均水平在20%以上，其中最高的为北欧福利国家丹麦，平均高达50%以上。虽然经济欠发达国家比发达国家低很多，但低于中国目前水平的国家却为数不多。例如，巴西个人所得税占比从1990年的

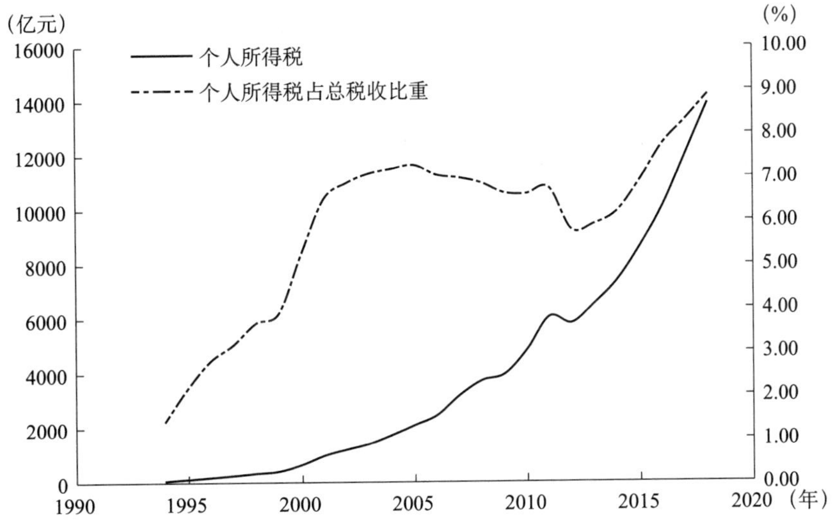

图 2－1　1994 年—2018 年我国个人所得税收入变动趋势

1.21% 上升到了 2018 年的 8.47%，这与我国大体相当。泰国、非洲和南非的个人所得税比重都比我国更高，尤其是南非的个人所得税占比高达 30% 以上。表明我国个人所得税的税负严重偏低，也反映了其存在较大的增长空间。当然，个人所得税的税收负担取决于收入分配状况、生产力发展水平、政府职能范围和税制结构等的综合作用。

表 2－5　　发达与相对不发达国家个人所得税占税收比重比较（%）

国家＼时间	1990	1995	2000	2005	2010	2015	2016	2017	2018
澳大利亚	43	40.61	37.71	39.59	38.6	41.38	40.76	40.31	41.1
奥地利	21	20.75	22.02	21.85	22.36	24.14	21.6	21.68	22.23
比利时	32	32.67	31.38	29.04	28.23	28.19	27.66	27.22	27
加拿大	40.8	37.54	36.81	35.49	35.02	36.78	35.8	35.93	36.22
智利	5.58	5.22	7.64	5.18	6.83	9.84	8.76	9.66	6.7
捷克		12.78	12.92	12.26	10.23	10.75	11.22	11.49	12.21
丹麦	54.1	54.85	52.71	50.02	51.99	55.1	53.19	53.15	54.37
爱沙尼亚		23.34	21.97	18.44	15.87	17.2	17.27	17.33	16.54
芬兰	34.7	31.1	30.62	30.64	29.54	30.24	29.58	29.16	28.85
法国	10.7	11.34	17.94	17.97	17.02	18.78	18.84	18.56	20.55
德国	27.6	27.48	25.31	22.81	24.08	26.55	26.59	27.16	27.2
希腊	14.1	11.43	12.98	13.73	12.45	15.74	15.23	16.13	16.07
匈牙利		16.13	18.57	17.91	17.39	13.48	13.2	14.05	14.65
冰岛	26.9	31.13	34.76	34.84	36.52	36.7	26.66	38.1	39.75
爱尔兰	33.1	31.98	31.92	30.64	31.61	32.11	32.02	31.64	31.16

续表

国家＼时间	1990	1995	2000	2005	2010	2015	2016	2017	2018
以色列		26.53	29.08	21.84	17.95	19.45	19.81	20.67	20.63
意大利	26.3	26.01	24.83	25.38	26.87	25.96	25.65	25.71	25.6
日本	27.8	22.33	21.05	18.28	18.62	18.86	18.59	18.81	19.08
韩国	20	18.11	14.64	13.3	14.22	17.18	17.58	17.86	18.41
拉脱维亚		16.36	18.82	19.32	21.62	19.7	20.32	21.12	19.19
卢森堡	24.1	22.13	18.48	19.06	20.94	24.49	24.67	23.66	23.46
墨西哥				18.03	18.27	20.63	20.39	21.38	21.18
荷兰	24.7	19.19	15.06	17.58	21.5	20.52	18.49	21.55	20.53
新西兰	48	45.04	43.07	41.06	37.75	37.17	36.78	37.79	37.53
挪威	26.2	26.33	24.21	22.21	23.68	28.04	27.63	26.53	25.29
波兰		22.47	13.17	13	13.88	14.38	14.49	14.6	15.11
葡萄牙	15.9	18.6	17.42	16.48	17.62	21.28	19.86	18.86	18.72
斯洛伐克		8.91	9.9	9.47	9.34	9.46	9.94	9.87	10.46
斯洛文尼亚		14.61	14.62	13.9	14.68	13.64	14.02	13.72	14.27
西班牙	21.7	23.84	19.26	18.59	22.09	21.63	21.5	21.81	22.15
瑞典	38.4	33.29	33.43	31.74	28	29.23	29.91	30.07	29.41
瑞士	32.5	33.75	29.61	32.44	31.68	30.98	30.94	30.2	30.66
土耳其	26.8	21.57	22.24	14.71	14.03	14.62	14.64	14.53	15.42
英国	29.4	28.84	28.98	28.63	28.56	27.16	27.12	27.29	27.33
美国	37.7	36.28	42.22	35.2	34.78	40.38	40.24	38.98	41.12
OECD 平均数	27.6	24.34	24.03	22.7	22.48	23.54	22.98	23.39	23.51
巴西	1.21	1.1	0.97	0.99	7.01	7.78	8.07	8.39	8.47
南非	32.2	40.62	41.17	29.2	31.13	33.58	33.68	34.35	34.55
泰国			11.81	9.86	10.03	10.45	10.9	10.32	9.84
非洲					15.39	17.17	18.22	17.73	17.47

数据来源：OECD 数据库。

二、个人所得税的收入结构与所得来源结构不匹配

为了更好地把握个人所得税的收入结构，将其归为劳动所得税、经营所得税和资本所得税三大类（见图 2－2），这与 2019 年我国综合与分类相结合的个人所得税制模式相一致。接下来，结合三类所得税的收入结构（见图 2－3），判断不同所得来源税收负担的合理性。2000 年到 2018 年间，劳动所得税占比呈上升趋势，期间波动起伏，由 45.09% 上升到 71.85%，这与工资性劳动所得占比变动不匹配。工资性收入占比由

1998 年的 53.4% 上升到 2004 年的 60.98%，然后下降到 2018 年的 56.08%；经营所得税占比呈下降趋势，由 23.30% 降为 6.73%，这与经营净收入占比呈下降趋势较为一致，从 1998 年的 31.65% 下降到了 2018 年的 17.07%；资本所得税占比由 29.16% 下降为 20.04%，期间波动幅度较大。这与财产性收入占比呈稳定的上升趋势不完全一致，由 1998 年的 2.07% 上升为 2018 年的 8.43%。表明工资性收入的税收负担相对较重，财产性收入的税收负担相对较低，而经营性收入占比和经营所得税占比变动较为匹配，都呈下降趋势。需要指出的是，我国转移性收入占总收入的比重迅速上升，从 1998 年的 12.81% 上升到了 18.27%。将之加入到工资性收入占比中，则两者合计数高达 74.38%（2018 年），这在一定程度上缓解了工资性收入税收负担过重的状况，只是税收负担完全由劳动者的工资性收入承担，而退休者的养老金等转移性收入享受了免税的优惠政策。

表 2-6　　2000 年到 2018 年个人所得税分项目结构比重（%）

项目 时间	工资、薪金所得	个体工商户生产、经营所得	企事业单位承包、承租经营所得	劳务报酬所得	稿酬所得	特许权使用费所得	利息、股息、红利所得	财产租赁所得	财产转让所得	偶然所得	其他所得	税款滞纳金、罚款收入
2000	42.87	20.12	3.19	2.08	0.14	0.02	28.70	0.31	0.14	1.29	0.84	0.31
2001	41.23	16.07	2.70	1.90	0.12	0.02	34.94	0.20	0.17	1.66	0.71	0.28
2002	46.36	15.29	1.95	1.87	0.11	0.05	31.72	0.16	0.14	1.67	0.34	0.33
2003	52.32	14.15	1.79	1.98	0.13	0.03	26.96	0.00	0.30	1.51	0.27	0.37
2004	54.13	14.18	1.56	1.99	0.13	0.03	25.64	0.21	0.32	1.28	0.20	0.34
2005	55.50	14.15	1.32	2.09	0.11	0.02	24.54	0.20	0.47	1.07	0.21	0.32
2006	52.57	13.60	1.25	2.00	0.10	0.03	27.16	0.24	1.34	1.17	0.24	0.30
2007	54.97	12.56	1.16	1.96	0.08	0.03	24.94	0.24	2.29	1.16	0.41	0.21
2008	60.31	12.81	1.39	2.14	0.07	0.02	18.42	0.26	2.65	1.15	0.57	0.22
2009	63.08	12.20	1.64	2.26	0.06	0.02	14.16	0.28	4.24	1.29	0.55	0.21
2010	65.29	12.56	1.27	2.25	0.06	0.02	11.14	0.29	5.29	1.15	0.50	0.18
2011	64.45	11.30	1.36	2.28	0.06	0.03	10.91	0.33	7.67	1.12	0.35	0.16
2012	61.67	10.25	1.54	2.62	0.06	0.04	12.99	0.42	8.32	1.33	0.56	0.20
2013	62.70	8.84	1.87	2.67	0.07	0.03	11.11	0.43	10.35	1.19	0.57	0.18
2014	65.34	7.06	2.09	2.81	0.06	0.06	10.55	0.48	9.57	1.27	0.52	0.19
2015	65.23	5.60	1.77	3.08	0.06	0.04	10.49	0.46	11.40	1.16	0.49	0.22
2016	66.65	4.70	1.46	3.54	0.06	0.05	8.88	0.52	12.66	0.90	0.39	0.19
2017	67.76	5.01	1.03	4.05	0.07	0.05	8.45	0.62	11.56	0.90	0.29	0.22
2018	67.26	5.71	1.03	4.51	0.08	0.08	8.31	0.63	11.03	0.90	0.23	0.23

数据来源：根据《中国税务年鉴》（2001 年—2019 年）历年相关数据整理计算得到。

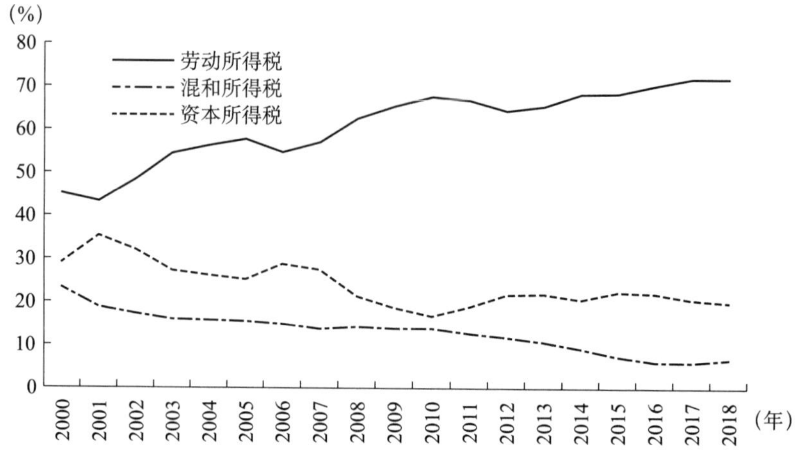

图 2－2　2000 年—2018 年间个人所得税收入结构

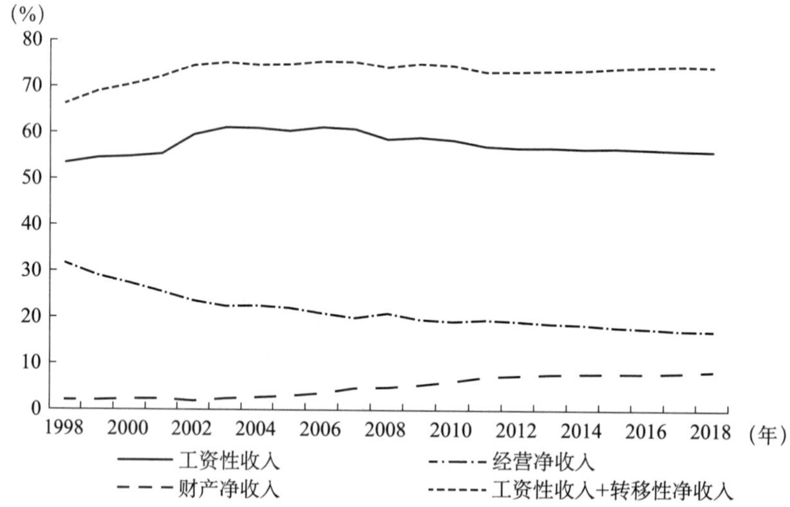

图 2－3　不同所得来源占可支配收入比例变动趋势

三、个人所得税的地区结构：发达地区与不发达地区

从区域分布来看，我国个人所得税的负担表现又如何呢？如表 2－7 所示，从个人所得税税收负担总体变动来看，基本都呈上升趋势。不过部分地区出现增长暂缓或稍有下降的情况，主要原因是与 2006 年、2008 年、2011 年和 2018 年免征额的稳步提高密切相关。以 2018 年为例，从总体来看，北京个人所得税税负最高，为 6.02%，河南个人所得税税负最低，为 0.53%。值得一提的是西藏，其个人所得税税负在 2012 年高达 8.49%，位列第一，把排在第二的上海（3.94%）远远甩在背后。2018 年为 4.26%，位列第三。究其主要原因：这是西藏工资收入水平增长较快和 GDP 总额增长相对缓慢综合作用的结果。

表 2 - 7　　1999 年—2018 年 31 个地区个人所得税宏观税负变动趋势（%）

地区＼时间	1999	2000	2001	2002	2003	2004	2005	2006	2007	2008	2009	2010	2011	2012	2013	2014	2015	2016	2017	2018
北京	2. 11	2. 62	2. 71	2. 83	2. 85	3. 03	3. 03	3. 15	3. 44	3. 87	3. 67	3. 83	4. 21	3. 94	4. 22	4. 50	5. 20	5. 57	5. 75	6. 02
天津	0. 61	0. 88	1. 17	1. 23	1. 22	1. 28	1. 20	1. 19	1. 40	1. 20	1. 19	1. 16	1. 15	0. 96	1. 01	1. 14	1. 24	1. 35	1. 57	1. 72
河北省	0. 31	0. 50	0. 71	0. 72	0. 66	0. 65	0. 70	0. 64	0. 67	0. 66	0. 62	0. 58	0. 59	0. 47	0. 48	0. 48	0. 53	0. 56	0. 68	0. 73
山西省	0. 60	0. 88	0. 81	0. 86	0. 75	0. 73	0. 81	0. 80	0. 86	0. 88	0. 92	0. 87	0. 95	0. 89	0. 96	0. 92	0. 71	0. 67	0. 77	0. 83
内蒙古	0. 32	0. 50	0. 57	0. 59	0. 57	0. 61	0. 64	0. 61	0. 68	0. 71	0. 76	0. 84	0. 94	0. 75	0. 66	0. 57	0. 63	0. 73	0. 87	0. 91
辽宁省	0. 31	0. 46	0. 65	0. 72	0. 68	0. 77	0. 76	0. 70	0. 72	0. 68	0. 54	0. 58	0. 57	0. 40	0. 38	0. 38	0. 38	0. 51	0. 60	0. 60
吉林省	0. 34	0. 57	0. 70	0. 77	0. 73	0. 74	0. 77	0. 68	0. 72	0. 68	0. 64	0. 67	0. 70	0. 56	0. 54	0. 63	0. 61	0. 71	0. 78	0. 84
黑龙江	0. 26	0. 45	0. 64	0. 69	0. 68	0. 70	0. 71	0. 64	0. 72	0. 67	0. 60	0. 60	0. 68	0. 52	0. 62	0. 61	0. 59	0. 61	0. 65	0. 72
上海	1. 22	1. 49	1. 83	2. 34	2. 68	2. 75	3. 03	3. 10	3. 39	3. 64	3. 73	3. 80	4. 10	3. 94	4. 07	4. 33	4. 85	5. 26	5. 65	5. 89
江苏省	0. 33	0. 50	0. 67	0. 77	0. 81	0. 88	0. 89	0. 94	1. 07	1. 04	1. 02	1. 09	1. 21	1. 04	1. 11	1. 18	1. 29	1. 24	1. 13	1. 26
浙江省	0. 33	0. 50	0. 78	0. 86	0. 93	0. 94	0. 95	0. 99	1. 04	1. 05	1. 06	1. 05	1. 14	1. 03	1. 02	1. 09	1. 24	1. 35	1. 52	1. 59
安徽省	0. 33	0. 41	0. 53	0. 54	0. 53	0. 54	0. 58	0. 57	0. 62	0. 61	0. 57	0. 65	0. 65	0. 52	0. 56	0. 63	0. 60	0. 61	0. 73	0. 77
福建省	0. 51	0. 62	0. 88	0. 84	0. 83	0. 82	0. 79	0. 83	0. 84	0. 78	0. 73	0. 71	0. 72	0. 65	0. 67	0. 66	0. 64	0. 72	0. 75	0. 74
江西省	0. 22	0. 42	0. 59	0. 63	0. 65	0. 67	0. 69	0. 64	0. 64	0. 57	0. 54	0. 54	0. 69	0. 51	0. 50	0. 57	0. 63	0. 67	0. 87	1. 01
山东省	0. 19	0. 33	0. 49	0. 50	0. 44	0. 43	0. 42	0. 42	0. 44	0. 39	0. 38	0. 40	0. 41	0. 36	0. 36	0. 36	0. 38	0. 39	0. 50	0. 54
河南省	0. 24	0. 39	0. 57	0. 59	0. 57	0. 56	0. 52	0. 49	0. 50	0. 45	0. 43	0. 44	0. 45	0. 35	0. 37	0. 42	0. 42	0. 44	0. 48	0. 53
湖北省	0. 24	0. 33	0. 59	0. 62	0. 60	0. 61	0. 66	0. 64	0. 66	0. 62	0. 57	0. 54	0. 62	0. 55	0. 58	0. 59	0. 66	0. 71	0. 86	0. 86
湖南省	0. 28	0. 41	0. 66	0. 68	0. 65	0. 63	0. 64	0. 66	0. 66	0. 62	0. 58	0. 59	0. 61	0. 53	0. 52	0. 52	0. 54	0. 59	0. 67	0. 74
广东省	0. 50	0. 79	0. 96	1. 05	1. 07	1. 04	1. 03	1. 01	1. 04	0. 99	0. 93	0. 95	0. 97	0. 80	0. 84	0. 89	0. 98	1. 03	1. 17	1. 27
广西	0. 43	0. 63	0. 94	0. 92	0. 92	0. 89	0. 91	0. 78	0. 82	0. 69	0. 65	0. 68	0. 63	0. 46	0. 48	0. 48	0. 52	0. 55	0. 68	0. 75

续表

时间 地区	1999	2000	2001	2002	2003	2004	2005	2006	2007	2008	2009	2010	2011	2012	2013	2014	2015	2016	2017	2018
海南省	0.96	1.01	1.09	1.04	1.00	0.98	0.99	0.95	1.02	0.93	0.93	0.97	0.97	0.66	0.92	0.96	1.15	1.32	1.62	1.64
重庆市	0.38	0.60	0.83	0.84	0.87	0.83	0.77	0.78	0.86	0.77	0.81	0.83	0.87	0.72	0.73	0.76	0.80	0.83	0.94	1.09
四川省	0.28	0.45	0.61	0.65	0.67	0.69	0.75	0.77	0.90	0.82	0.78	0.84	0.86	0.77	0.83	0.85	0.91	0.97	1.03	1.10
贵州省	0.38	0.59	0.77	0.89	0.95	1.05	1.11	1.18	1.28	1.29	1.36	1.49	1.46	1.18	1.07	0.88	0.79	0.74	0.90	1.17
云南省	0.32	0.53	0.74	0.82	0.82	0.81	0.86	0.91	1.01	1.02	1.04	1.12	1.16	0.90	0.86	0.94	0.81	0.89	1.06	1.22
西藏	0.25	0.33	0.41	0.36	0.38	0.00	0.45	0.38	0.43	0.45	0.41	0.98	3.34	8.49	3.52	2.56	2.07	2.82	3.55	4.26
陕西省	0.25	0.45	0.66	0.66	0.66	0.45	0.65	0.70	0.77	0.78	0.82	0.88	0.89	0.73	0.75	0.66	0.74	0.76	0.90	1.05
甘肃省	0.20	0.43	0.62	0.66	0.66	0.85	0.67	0.64	0.66	0.64	0.66	0.67	0.70	0.60	0.58	0.58	0.70	0.71	0.92	0.93
青海省	0.24	0.40	0.50	0.51	0.50	1.04	0.47	0.56	0.67	0.63	0.72	0.64	0.67	0.47	0.56	0.68	0.59	0.62	0.85	0.97
宁夏	0.38	0.66	0.85	0.77	0.73	0.76	0.91	0.85	0.95	0.84	0.83	0.82	0.89	0.71	0.72	0.68	0.77	0.78	1.09	0.90
新疆	0.52	0.70	0.88	0.98	0.84	0.73	0.89	0.88	1.09	1.09	1.18	1.26	1.45	1.20	1.28	1.30	1.49	1.59	1.49	1.52
东部三大直辖市	1.36	1.70	2.01	2.32	2.48	2.58	2.67	2.75	3.03	3.21	3.16	3.21	3.42	3.19	3.33	3.56	4.05	4.40	4.71	4.98
东北三省	0.30	0.48	0.66	0.72	0.69	0.74	0.74	0.68	0.72	0.68	0.58	0.61	0.63	0.47	0.48	0.50	0.49	0.60	0.66	0.70
其他东部地区	0.35	0.54	0.75	0.80	0.81	0.81	0.81	0.82	0.87	0.83	0.80	0.82	0.87	0.75	0.77	0.81	0.89	0.92	0.99	1.08
中部地区	0.31	0.44	0.62	0.65	0.62	0.62	0.63	0.62	0.64	0.60	0.57	0.58	0.63	0.52	0.55	0.58	0.58	0.61	0.72	0.78
西部地区	0.33	0.53	0.72	0.75	0.75	0.74	0.78	0.78	0.87	0.83	0.85	0.90	0.95	0.82	0.80	0.77	0.81	0.86	0.98	1.09

数据来源：根据《中国税务年鉴》和《中国统计年鉴》（2000年—2019年）各地区个人所得税总额与GDP总额计算得到的宏观税负水平。此外，按区域五分法计算各区域的个人所得税的宏观税负。

接下来，进一步考察个人所得税税负水平的区域差异。按照当前学界比较认可的区域“五分法”来划分：东部包括河北、山东、江苏、浙江、福建、广东，中部包括山西、河南、安徽、江西、湖北、湖南、海南，西部包括陕西、甘肃、宁夏、青海、新疆、西藏、云南、贵州、四川（含重庆）、内蒙古、广西，东部三大直辖市为北京、天津和上海，东北三省为黑龙江、吉林和辽宁。

如表2-7所示，五大区域个人所得税税负总体也呈上升趋势，但区域差异特征显著，主要表现为：东部三大直辖市税负水平远远高于其他区域。东北三省和中部地区是税负最低区域，两者差异不大。其他东部地区和西部地区税负水平基本相等，且税负水平稍微高于最低区域。究其缘由：其他东部地区经济增长较快，工资收入水平也增长较快，因而税负水平相对较高。虽然西部地区经济增长相对缓慢，但工资增长速度也比较快，因而税负水平与其他东部地区比较接近。东北三省和中部地区工资增长相对于经济增长都相对较缓，导致税负水平处于最低水平。当然，税负水平并不是越高越高，也不是越低越好，应与收入水平相匹配，可一定程度上缓解区域收入分配差距。

第四节　中国综合与分类相结合个人所得税制现状及主要问题

一、中国综合与分类相结合个人所得税制的主要内容

与以往依赖提高基本费用扣除不同的是，2018年我国对个人所得税制作了更全面的考量，多元化的专项附加扣除政策同时呈现。对纳税人判定标准、课税模式、税率结构、税收征管等方面也均有较大的改进。通过一系列具体的税收改革措施，总体上大幅度减轻了居民税收负担，规范了纳税人的遵从行为。

（一）缩短居民纳税人停留时间判定标准

根据国际惯例，一般将个人所得税的纳税人区分为居民个人和非居民个人两种类型，对应不同的纳税义务。对于前者就其全球所得课税，不论是现金还是实物形式所得；对于后者仅就来源于该国的所得征税，以堵塞税务缺口，防止税基侵蚀。因此，明确居民与非居民纳税人的判定标准非常重要。我国居民纳税人的判断标准有住所标准和停留时间标准。其中：停留时间标准由税改前的1年调整为183天。由于停留时间标准越长，更容易被用于规避纳税义务。而时间缩短意味着税收管辖权的扩大，中国税收居民的规模也更大，维护了国家的税收利益。目前，国际上许多国家也使用183天作为停留时间判断标准，例如英国、德国和法国。

（二）推出综合与分类相结合个人所得税制模式

将纳税人主要的劳动所得汇总，实行按年综合课税，迈向了综合与分类相结合个人所得税制，是个人所得税制模式历史性的转变，也符合国际税制改革的总体趋势。主要有9个税目：工资薪金所得税、劳务报酬所得、稿酬所得、特许权使用费所、经营所得、股息利息红利所得、财产租赁所得、财产转让所得和偶然所得。其中前面四项综合课征，后面五项分类单独课征。与原来的11个税目相比，删除了兜底项目“经国务院财政部门确定征税的其他所得”。考虑的原因有二：一是当前的个人所得税法中列出的所得范围已较为全面。二是由国务院财政部门确定对其他所得课税，不符合税收法定原则。此外，调整了原“个体工商户的生产、经营所得”为“经营所得”。还调整了“企事业单位的承包经营、承租经营所得”，根据具体情况分别被并入了综合所得或者经营所得。

（三）增设专项附加扣除项目，优化税率结构

如表2-8所示，综合所得的税前扣除项目主要包括：一是基本减除费用。为保障纳税人基本生活的，综合所得每年可享受6万元的基本减除费用[①]。二是社会保险专项扣除。主要包括基本养老保险、基本医疗保险、失业保险和住房公积金等四项扣除。三是专项附加扣除。集中于教育、住房、养老以及医疗等最受社会关注的民生问题六大领域。最后是其他扣除费用。例如，企业或职业年金、符合国家政策规定的商业健康保险、税收递延型商业养老保险和国务院规定可以扣除的其他项目。而在税率方面，扩大了最低3档税率的级距，以降低中低收入者的税负水平。

在分类所得中，经营所得可以扣除成本、费用、税金和损失。如果纳税人没有综合所得，则经营所得也可以进行各项基本费用扣除。经营所得适用原来的五级超额累进税率，但扩大了每一档税率级距；财产租赁所得可以享受税前扣除。如果每月所得在4000元以下，则扣除额为800元。相反，如果每月所得超过4000元，则扣除额为所得的20%；财产转让所得可扣除财产原值和合理的费用；股息利息所得和偶然所得没有税前扣除。

总体而言，虽然个人所得税没有直接降低税率水平，但扩大税率级距也能达到类似的效果。免征额提高和专项附加扣除的引入明显缩小了个人或家庭的税基，尤其是后者着眼于民生问题和社会矛盾。这些改革措施显著减轻了中低收入者税负，进一步增加了他们的可支配收入，有力提升我国个人所得税制度改革的公平性和包容性。

（四）增加了反避税条款

2019年1月1日起，税务机关如果有证据证明纳税人存在法律规定的避税行为，

---

① 工资薪金所得之外的其余三项综合所得收入在享受6万元基本费用扣除之前，可减除20%的费用，稿酬所得在此基础上减除30%的费用。稿酬所得需要长期的智力投入，因而给予一定的税收优惠。

则可以主动依法对个人所得进行纳税调整，要求补缴税款和利息。新《个人所得税法》中增加的反避税条款，来源于《企业所得税法》和《税收征收管理法》的部分条款，涉及企业所得税的特别纳税调整和一般反避税的相关规定。目的是根据税收法定原则，为税务机关防范和打击个人的境内外逃税行为提供法律依据。

另外，当税务机关依法对个人进行纳税调整后，如果属于境外所得，且境外已经缴纳相应的所得税税款，可以向税务机关要求限额抵免国内的应缴税款，避免重复缴税。新增的反避税条款是我国社会主义法治的一大进步，有效地避免税源的损失，堵住了漏洞，表明国家对税收严格管控的积极态度。通过反避税条款与共同申报准则（CRS）的信息交换比对，对境外“不具有合理商业目的”进行避税的纳税人进行了非常严厉的打击。

表 2－8　　　　我国综合与分类相结合个人所得税制主要内容

<table>
<tr><th colspan="2">税基</th><th>税率</th><th colspan="2">税前扣除</th></tr>
<tr><td rowspan="8">综合课征部分</td><td rowspan="8">工资薪金所得
劳务报酬所得
稿酬所得
特许权使用费所得</td><td rowspan="8">3%～45%
（7 级）</td><td colspan="2">基本减除费用：每人每年 60000 元</td></tr>
<tr><td colspan="2">专项扣除：基本社会保险缴纳中个人负担部分，以及个人按国家政策规定缴存的住房公积金</td></tr>
<tr><td rowspan="6">专项附加扣除</td><td>子女教育：12000 万元/年/人</td></tr>
<tr><td>继续教育：400 元/月（4 年）或 3600 元/年</td></tr>
<tr><td>大病医疗：每年累计超过 15000 元的部分，在 80000 元限额内扣除</td></tr>
<tr><td>住房贷款利息：1000 元/月（240 个月）</td></tr>
<tr><td>住房租金：1500 元或 1100 元或 800 元/月</td></tr>
<tr><td>赡养老人：2000 元或分摊不超过 1000 元/人/月</td></tr>
<tr><td rowspan="5">分类课征部分</td><td>经营所得</td><td>5%～35%
（5 级）</td><td colspan="2">扣除成本、费用、税金和损失</td></tr>
<tr><td>股息利息所得</td><td>20%</td><td colspan="2">无</td></tr>
<tr><td>财产租赁所得</td><td>20%</td><td colspan="2">4000 元以上为 800 元，4000 元以上为所得的 20%</td></tr>
<tr><td>财产转让所得</td><td>20%</td><td colspan="2">财产原值和合理费用</td></tr>
<tr><td>偶然所得</td><td>20%</td><td colspan="2">无</td></tr>
</table>

资料来源：新《个人所得税法》。

（五）建立健全与新税制相适应的征管体系

1. 修订了自行申报纳税的情形

自行申报纳税由原来的四条更改为七条（见表 2－9），变化的情况主要有：取消了年所得 12 万元以上需要自行申报的规定；增加了汇算清缴；明确了未扣缴税款的情形；增加了取得境外所得自行申报纳税的义务；增加了注销中国户籍需自行申报纳税的情形；将两处以上取得工资薪金所得需要自行申报的纳税人范围仅限定为非居民纳税人。对应地，对自行申报的时间、地点等也做了相应的修改。

表 2-9　　纳税人自行申报情况汇总

自主申报情形	具体内容
居民个人取得综合所得需要办理汇算清缴	从两处以上取得综合所得，且综合所得年收入额减去专项扣除后的余额超过 6 万元
	取得劳务报酬所得、稿酬所得、特许权使用费所得中一项或多项所得，且综合所得年收入额减去专项扣除后的余额超过 6 万元
	纳税年度预缴税额低于应纳税额
	纳税人申请退税
	享受大病医疗专项附加扣除
取得应税所得没有扣缴义务人	经营所得
	部分偶然所得
取得应税所得，扣缴义务人未扣缴税款	
取得境外所得	
因移居境外注销中国户籍	
非居民个人在中国境内从两处以上取得工资薪金所得	
国务院规定的其他情形	

资料来源：新《个人所得税法》。

2. 增加了协同治税条款

以为纳税人提供便利、降低遵从成本为前提，新《个人所得税法》在专项附加扣除、累计预扣法以及汇算清缴等方面，均具有重要的变化及创新。新《个人所得税法》第十五条明确了公安、人民银行、金融监督管理等部门应当协助税务机关确认纳税人的相关信息（见表 2-10）。明确纳税人、扣缴义务人和税务机关及其工作人员违反税法规定的，将依法律和规定追究责任。通过这些措施，完善了自然人税收征管制度，提高纳税遵从度。

表 2-10　　我国协同治税情况汇总表

部门	协助检验的主要内容
公安、人民银行、金融监督管理等相关部门	确认纳税人身份、金融账户信息
教育、卫生、医疗保障、民政、人力资源社会保障、住房和城乡建设、公安、人民银行金融监督管理等相关部门	向税务机关提供专项附加扣除信息
不动产登记机构	不动产转移登记时，查验与不动产转让相关的个人所得税的完税凭证

续表

部门	协助检验的主要内容
股权登记机关	股权变更登记时，查验与股权交易相关的个人所得税的完税凭证

资料来源：新《个人所得税法》。

3. 建立健全大数据信息系统

长期以来，我国一直推行“金税”工程，通过构建第三方信息共享平台，力求突破各部门间的信息壁垒。在“金税”三期工程中，税务机关对纳税人进行登记、认定、征收等业务管理，是个人所得税征管工作的基础。纳税人可以通过自然人税收管理系统（ITS 系统），通过 APP 办税平台网页端和手机端报送专项附加扣除信息，办理汇算清缴申报等纳税事宜，新的 ITS 系统更加全面和专业。此外，依托阿里云，国家税务总局打造完成了智慧税务大数据平台，基于分布式海量计算技术，速度提高了 2000 多倍。总体上来看，此次改革符合个人所得税制高效征管的国际发展趋势。

二、中国综合与分类相结合个人所得税的收入现状

2019 年，我国个人所得税收入为 10388 亿元，占税收收入的比重为 6.04%，同比下降 25.1%。主要是新冠疫情下经济下滑和个人所得税专项附加扣除新增的综合影响，这也是预期中的结果。2020 年，经济发展仍受到新冠疫情的影响，绝大部分税种收入都下滑。但是，个人所得税收入达到 11568 亿元，逆势同比增长 11.4%，占税收收入的比例上升到 7.5%。究其主要原因：一方面，虽然 2020 年经济受疫情冲击也较大，但我国出台了一系列举措稳定经济增长，经济也快速恢复，居民工资性收入增长与经济增长同步。另一方面，2020 年股市较为火热，带动了居民财产收入的增加。据国家统计局数据显示，年人均财产净收入为 2791 元，同比增长 6.6%，高于同期经济增长速度。可以预期，一旦经济进入新常态增长趋势，税收收入会稳步增长，在实现税负公平距和调节收入分配差距方面将发挥更大的作用。

如图 2-4 所示，新《个人所得税法》实施后，税收结构变动很大。工资薪金所得税占比由 2018 年的 67.26% 下降到了 2019 年的 59.45%，劳务报酬所得税占比也稍有下降，由 4.51% 下降到 4.00%，其他所得税的占比都有不同程度上升，尤其是资本所得税中的股息、利息、红利所得税的占比，由 8.30% 上升到 11.95%，财产转让所得税的占比由 11.03% 上升到 14.59%。从劳动所得税、经营所得税和资本所得税三大类别来看，2018 年三者比例分别为 71.93%、6.73% 和 19.97%，2019 年三者对应比例分别为 63.63%、7.03% 和 27.45%。表明劳动所得的税收负担已极大下降，尤其是工资薪金所得。

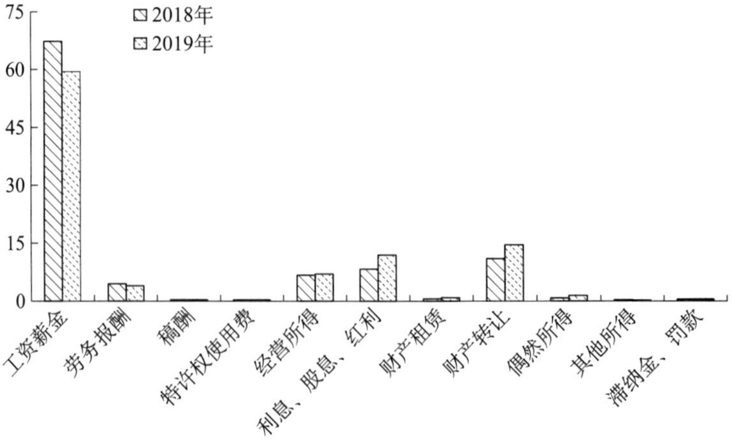

图 2－4　2018 年与 2019 年个税收入结构变动比较

三、中国综合与分类相结合个人所得税的公平性改进

我国综合与分类相结合个人所得税制如何影响纳税人的税收负担？是否更加符合公平课税原则？事实上，这个问题较为复杂，不能一概而论，要针对不同的收入来源、不同的收入群体以及不同收入水平进一步分析。

（一）不同劳动所得实际税收负担的变动趋势分析

2019 年 1 月 1 日起，个人所得税制发生了重大改变，包括税制模式、税前扣除以及税率结构等诸多方面，因而不同收入来源的税收负担也发生了改变。为量化改革前后的政策效应，现做如下假设（不考虑“三险一金扣除”，不考虑据实限额扣除的医疗保险费用）。现实中纳税人面对的场景众多，选取最小的税负变化和最大的税负变化两个场景。假设场景 1 是只享受基本费用扣除的单身纳税人，从每月 3500 元提高到 5000 元。场景 2 为已婚单职工纳税人，除享受每月 3500 元提高到 5000 元的基本费用扣除外，还享有子女教育附加扣除每月 1000 元，赡养父母专项附加扣除每月 2000 元，房贷利息专项附加扣除每月 1000 元，即税前扣除合计数从每月 3500 元增加到 9000 元。接下来，比较分析改革前后两个场景中纳税人的税收负担差异。

1. 工资薪金所得税改革前后税负比较

工资薪金所得是指个人因任职或者受雇而取得的各种所得。图 2－5 分别给出了场景 1 和场景 2 情况下，纳税人的税收负担在改革前后的变化情况。表明不论何种场景，纳税人的税收负担在改革后都明显降低了。在场景 1 中，实际税负的变化呈倒“U”形，即税负的变化先呈上升趋势，到达最高点 8.12%，此时每月收入为 17000 元。然后，税负差距开始呈下降趋势。类似地，在场景 2 中，实际税负的变化也呈倒“U”形。税负差异的最高点为 11.33%，此时每月收入为 21000 元。这实际是额外

4000 元税前扣除带来的平移效果。对于中低收入者来说，尤其是低收入者，实际税率降低的程度非常有限，这与场景 1 和场景 2 在低收入区间时，税收负担差异率非常小是完全吻合的。表明低收入者来从增加的税前扣除中只能获取较少的税收利益，甚至不能获取任何税收利益。

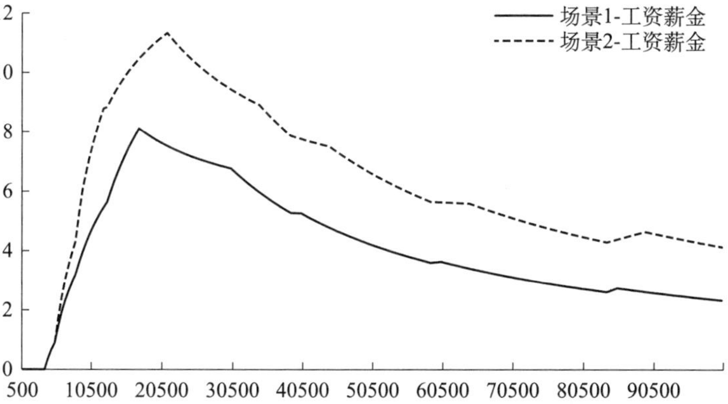

图 2－5　工资薪金所得实际税负变动趋势比较

2. 劳务报酬所得改革前后税负比较

劳务报酬所得是指个人独立从事各种非雇佣劳务取得的收入。改革前后，劳务报酬课税政策发生了很大变化，即从之前的 20% 到 40% 的三级超额累进税率，转变为 3% 到 45% 的七级超额累进税率，税前扣除也对应发生很大变化，因而其变动结果更为复杂。如图 2－6 所示，在场景 1 中，实际税负的变化大体呈倒“U”形，且上升区间非常狭窄，即税负变动急剧上升，再缓慢下降。在月收入为 4000 元到 6000 元区间时，最高税负差异率为 16%。在收入为 63000 元时，税负变动达到另一个最高点 11.03%。原因是在综合课征制下，劳务报酬所得有额外 5000 元的免征额，且此处对应的边际税率也由 40% 降为 30%。场景 2 也有类似的情形，月收入在 4000 元到 11000 元区间时，最高税负差异点也为 16%。场景 1 和场景 2 的上升阶段基本重合，表明税前扣除的增加对较低的劳务报酬者来说也是无效的。

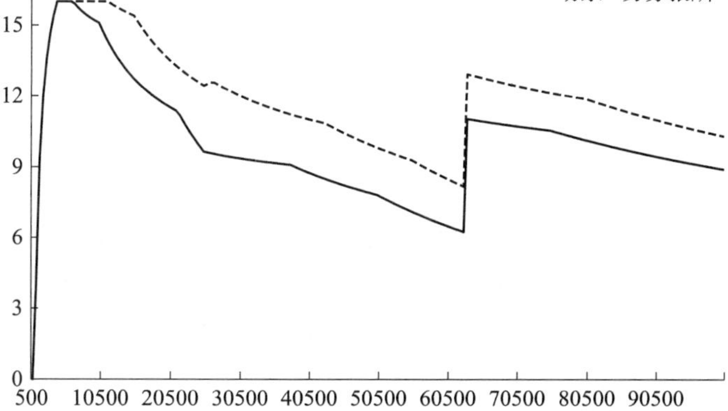

图 2－6　劳务报酬所得实际税负变动趋势比较

3. 稿酬所得改革前后税负变化比较

稿酬所得是指个人因其作品出版、发表而取得的收入。当前，对稿酬所得的费用扣除政策保持不变，体现了政策的稳定性和连续性，这对发展知识经济和促进我国经济转型升级、实现高质量发展尤其重要（白彦锋，2018）。2019 年实施综合课征之后，稿酬所得适用综合课征政策，同时保留应纳税所得额税前扣除和减免的优惠政策。

如图 2－7 所示，场景 1 中，实际税负的变化也呈倒“U”形，迅速上升到最高点，月收入为 4000 元到 6000 元区间时，税负差异保持为最高点 11.2%。场景 2 也有类似的情形，月收入为 4000 元到 16000 元区间时，最高点也为 11.2%。场景 1 和场景 2 的上升阶段基本重合，表明税前扣除的增加对低稿酬者也是无效的。与劳务报酬所得相比，稿酬所得在改革前后最大税负差异更小。原因在于稿酬所得在改革前的税收待遇就优于劳务报酬所得，而且其采用的是 20% 的比例税，没有出现像劳务报酬所得那样复杂的税负变化情形。

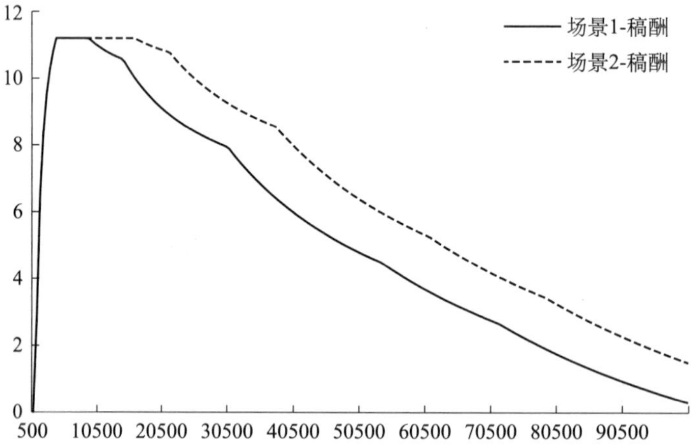

图 2－7　稿酬所得实际税负变动趋势比较

4. 特许权使用费改革前后税负比较

特许权使用费是指个人提供专利权、商标权、著作权、非专利技术以及其他特许权的使用权取得的所得。如图 2－8 所示，在场景 1 中，实际税负的变化呈倒“U”形，迅速上升到最高点，月收入为 4000 元到 6000 元区间时，税负差异最高点为 16%，这与劳务报酬所得税负差异的最高点相同。场景 2 情形也类似，月收入为 4000 元到 11000 元区间时，最高点也为 16%。场景 1 和场景 2 中税负差异的上升阶段基本重合，表明税前扣除的增加对较低的特许权作用费所有者也是无效的。此外，与劳务报酬所得和稿酬所得相比，特许权使用费的税负差异负值出现在更低收入水平处。场景 1 和场景 2 分别在每月收入 74000 元左右和 86000 元左右时，税收负担开始增加。

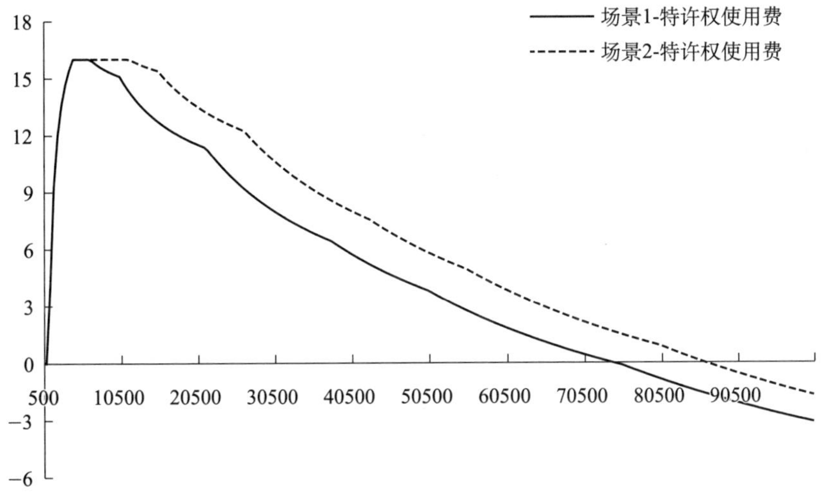

图 2-8　特许权使用费所得实际税负变动趋势比较

（二）经营所得实际税收负担的变动趋势分析

经营所得的应纳税所得额采用了类似于企业所得税税基确定的方法来确定。这次改革将所有税率级距都扩大了 1 倍到 5 倍。例如，最高边际税率所对应的年应纳税所得额从 10 万元提高至 50 万元。如图 2-9 所示，年应税所得在 15000 元以内时，实际税负没有变化。税负差异率先迅速增加，然后缓慢增加到年应纳税所得额 300000 元附近，达到最高值 13.58%（90000 元到 100000 元之间出现暂时的下降）。最后，应纳税所得额超过 300000 元时，税负减轻率逐步减少。

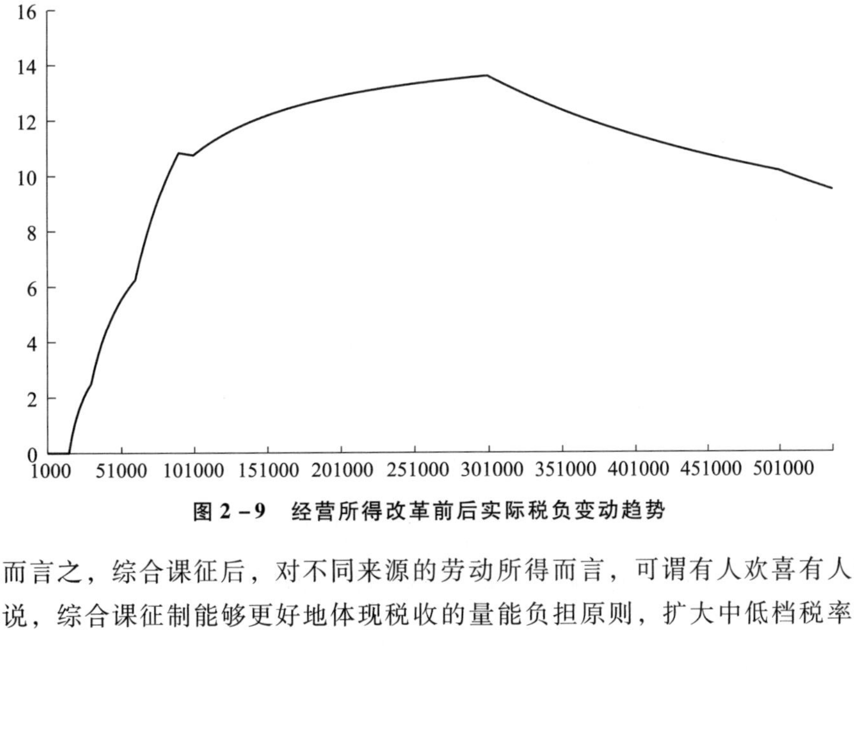

图 2-9　经营所得改革前后实际税负变动趋势

总而言之，综合课征后，对不同来源的劳动所得而言，可谓有人欢喜有人忧。理论上来说，综合课征制能够更好地体现税收的量能负担原则，扩大中低档税率级距有助于增加中低收入者的可支配收入，体现了对中低收入群体的照顾政策。但就单一的劳动收入来源来说，税负变动的程度并不一致，总体上呈现倒“U”形。尤其是对于劳务报酬所得、稿酬所得或特许权使用费而言，税负变动情况较为复杂。例如，当收入极高时，这些劳动所得的税负反而会增加，因为改革前其对应的最高边际税率分别为40%、20%和20%，都低于综合所得的最高边际税率45%①。

四、中国综合与分类相结合个人所得税制存在的主要问题

（一）居民身份停留时间判定标准存在避税空间

目前，我国自然人居民身份停留时间判定标准为在一个纳税年度内在中国境居住累计等于或大于183天。“一个纳税年度内”的条件设置可能会造成法律漏洞，容易被纳税人通过人为安排规来避税。事实上，目前许多国家在这方面考虑了反避税政策。例如，美国判定自然人税收居民身份的停留时间标准是，当年在美国停留31天或31天以上，并且在当年以及前2年在美国停留的天数加权后的结果等于或大于183天。权重系数的具体规定为：当年权重系数为1，上一年权重系数为三分之一，前一年权重系数为六分之一。

（二）所得的课税归属类型不甚清晰

1. 特许权使用费归属劳动所得值得商榷

一般来说，特许权使用费是财产收入的一种支付，而不是商品经营的支付。将特许权使用费所得纳入综合所得课税范围，本身并没有问题，关键是将之归为劳动所得值得商榷。事实上，如何对特许权使用费课税存在很多种方式。有的国家将之作为资本所得单独分类课征，例如，冰岛。有的国家将之作为普通所得综合课征。例如，奥地利、阿根廷和加拿大。还有的国家将之视为经营所得课征。例如，瑞典②。鉴于我国目前大多数纳税人拥有的特许权使用费水平较低，将之认定为劳动所得，适用更低档的边际税率，值得肯定。但从长远来看，高水平的特许权使用费会适用更高的边际税率，对我国的创新发展可能会形成一定的障碍。我国经济已由粗放的增长阶段转向高质量的发展阶段，创新是高质量发展的核心驱动力。

2. 对经营所得如何课税也值得探讨

众所周知，获取的经营所得既有资本要素又有劳动要素的投入，对之如何课税也有很大的探讨空间。在实践中，经营所得课征方式更是多样化，常见的情形主要有：

---

① 稿酬所得可按照应纳税额减征30%，因而改革前后适用实际最高（边际）税率为14%和31.5%。

② 源自 the Worldwide Personal Tax and Immigration Guide（2019—2020）。

一是与普通所得综合累进课征[①]。例如，洪都拉斯（拉丁美洲国家）、纳米比亚、北马其顿。二是将其分解为劳动所得与资本所得分别课征。例如，芬兰。三是与企业所得税一样课征，因而通常适用比例税率。还有的国家可以选择，例如，在波兰，经营所得既可综合累进课征，也可选择单独的比例课征。而我国的经营所得单独适用五级超额累进税率，经营所得的平均税负水平与综合所得的平均税负水平存在差异，产生横向税负不公平。如图 2 – 10 所示，年应税所得额在 122.5 万左右之前，经营所得的平均税负大于综合所得，此时平均税负为 27.9% 左右。

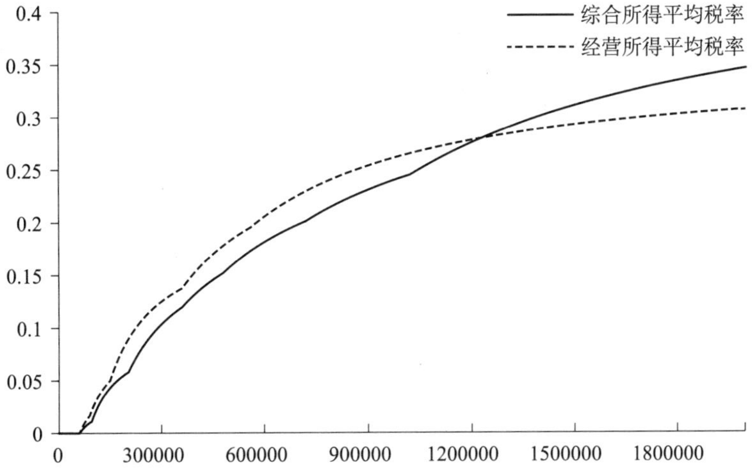

图 2 – 10　综合所得与经营所得平均税率比较

3. 同一所得可能的多种类型属性造成了征纳困境

在税收政策法规中，对应税所得项目的列举通常较为清晰。但是，在不同的业务环境中，部分所得的类型归属可能并不相同，这无疑加大了征管难度和纳税人的遵从成本。例如，某建筑 A 公司雇佣小张使用自己的挖掘机提供建筑服务，为期一个月，价款总额为 40000 元（假设不含税）。可能存在 3 种不同类型的合同：挖掘机租赁合同、劳务合同和承包合同，小张对应的所得归属分别是财产租赁所得、劳务报酬所得和经营所得，应扣缴的税款分别为 6400 元、7600 元和 520 元[②]。当然，该问题是无法完全避免的。因为即便在综合所得税制下，也需要首先界定清楚所得类型，只是对最终税负的影响相对更小而已。

---

① 从世界各国个人所得项目类别的归属来看，经营所得与专业所得通常放在一起。其中：专业所得通常存在两种情况：一种是登记注册类型的专业所得，通常与经营所得等同处理。另一种非注册类型的，则与我国界定的劳动报酬所得类似。鉴于问题的复杂性和问题研究的相关性，本专著不再对此展开讨论。

② 对未办理税务登记证件，临时从事生产、经营的自然人纳税人，在申请开具发票时，对其取得的经营所得，统一按开具发票金额（不含增值税）的 1.3% 核定征收个人所得税。

（三）基本费用扣除可能进一步加剧社会不公平

1. 基本费用扣除标准及扣除方式不利于实现纵向公平

目前，我国的基本费用扣除方式是固定持续式①，即不论收入水平的高低，所有纳税人每年均可享受6万元的基本费用扣除。但是，能否真正享受到全部的扣除，这取决于个人收入水平的高低。以2019年为例，全国城镇非私营单位就业人员年平均工资为90501元，城镇私营单位就业人员年平均工资为53604元。可计算得到基本扣除费用占平均工资的比例分别为66.30%和111.93%。表明大量的低收入者并没有从基本费用扣除的提高中受益（额外的专项附加扣除也形同虚设），而中高收入者能够享受到更多的减税利益。最终的结果是个人所得税的收入规模增长受到极大的制约，也很难发挥有效的收入再分配作用，甚至出现逆向调节效果。

2. 基本费用扣除设计相对粗糙而产生横向不公平

首先，基本费用扣除的享受主体是个人。对于收入相同的双职工和单职工家庭来说，双职工家庭实际享受了翻倍的基本费用扣除，这无疑导致了横向不公平。其次，基本费用扣除实际考虑了城镇居民人均基本消费支出、每个就业者平均负担的人数以及居民消费价格指数的因素②。这也意味着部分高收入家庭享受了重复扣除。与低收入者相比，高低收入者的每一就业者负担系数（包括本人）是更低的。以2012年为例，最高收入户是1.6，最低收入户为2.5，平均系数为1.9。最后，基本费用扣除以统一的方式考虑家庭基本负担，而没有考虑许多家庭可能存在诸如身体残疾、离婚等情况。

从理论上来说，可设置累退的基本费用扣除，同时建立动态调整机制，以及综合考虑家庭的不同特征。例如，2020/2021税收年度，英国个人所得税的年标准免税额为12500英镑。如果申请婚姻津贴和盲人津贴，那么免税额会更多。但是如果净收入超过100000英镑，那么每超过2英镑，免税额将减少1英镑，直至变为零③。又如，2020年—2021年度，在发展中国家印度，60岁以下、60岁到80岁，以及80岁以上纳税人的年基本免税额依次递增，分别为25万卢比、30万卢比和50万卢比。

（四）专项附加扣除也可能进一步加剧社会不公平

遵循税收的横向公平原则意味着需要根据纳税人的不同境况进一步区别对待。理论上来说，税收横向公平理论可以拓展延伸。例如，利息支出、医疗费用支出和教育支出等。因为这些支出在家庭预算中占有较重要的地位，是家庭重要的经济负担

---

① Jacobs（1966）提出的定额式基本宽免有四种选择：起征点式、持续式、递减式以及抵免式。即从广义上将抵免视为豁免的一种形式。作者认为将豁免归为宽免和抵免两大类别，起征点式、持续式、递减式三种基本形式，更符合理论逻辑和各国具体实践。这也是本专著一以贯之的观点。

② 理论上来说，应按照当年零售物价指数对税率级距和扣除额进行通货膨胀调整。

③ 中国居民赴英国投资税收指南（2020年）。

来源。

1. 专项附加扣除方式不利于实现社会公平目标

从绝对规模来看，专项附加扣除可采用据实扣除、限额内据实扣除和定额扣除等方式。如前所述，定额式也含有起征点式、持续式和递减式三种基本范式。通常（限额内）据实扣除的鉴别成本较大，道德风险也很高，因而税收遵从与征管成本较高，适用范围相对狭窄。而定额扣除相对简单，但如何确定额度标准非常关键。此外，专项附加扣除也可采取相对规模形式。例如，英国个人所得税中的“婚姻宽免”，为基本费用扣除额的10%。优点在于不会产生额外的政策制定成本，能够随着基本费用扣除的变化而灵活自动地调整。

而在一个纳税年度内，纳税人发生的与基本医保相关的医药费用支出，扣除医保报销后个人负担（指医保目录范围内的自付部分）累计超过15000元的部分，由纳税人在办理年度汇算清缴时，在80000元限额内据实扣除，其余五项支出均为固定持续式扣除。这与收入的高低和实际费用的发生都没有关系，导致税收与收入、费用脱节，没有完全体现“扣除”的应有之义，也无法体现量能负担原则。此外，专项附加扣除都适用绝对扣除，将来可尝试其他的扣除形式。

2. 专项附加扣除设计中存在的其他不公平问题

（1）赡养老人支出设计相对粗糙。主要体现在以下几个方面：忽视了赡养对象的健康状况、年龄差异、养老方式的不同；没有考虑被赡养人数量的差异，一位或多位老人的扣除限额均相同，难以客观反映纳税人在赡养老人方面的真实支出；纳税人只能对符合条件的自己父母进行专项附加扣除，这会导致现实中一些新的不公平问题的出现。例如，家庭A夫妻两人都有收入10000元，家庭B有同等收入，但仅夫妻一方工作赚取收入20000元。当双方家庭都是独生子女时，家庭A夫妻双方各扣2000元，家庭B只有夫妻一方扣2000元，导致B类家庭面临更重的经济负担。

如前所述，赡养老人支出还存在重复扣除之嫌。事实上，当前我国养老问题主要由社会保险解决。“赡养老人”扣除不宜作扩大化理解，有工资、退休金或者其他收入的老人赡养费用不应扣除（白彦锋，2018）。一般来说，社会保险通过在缴纳时扣除，领取时课征的方式来激励参保意识。我国的基本养老保险无论是缴纳环节还是领取环节都是免税的，更有利于保障老人的基本生计需求。而对于需要赡养老人的低收入群体来说，每月收入本身达不到5000元，无法享受赡养老人支出专项扣除所带来的税收利益比，这实际可能会加剧社会收入分配的不公平。

（2）住房贷款利息支出未体现地区差异。根据《个人所得税专项附加扣除暂行办法》规定，只对住房租金支出扣除设置了三档扣除以反映地区差异。但没有对住房贷款利息支出实行区域的差别对待。由于经济发展不平衡，不同地区的房价存在较大差距。2019年，35个大中城市每平方米住宅的平均销售价格是13800元，最高地区是北京 38433 元，最低地区银川的 6440 元，最高与最低价格比为 5.97 倍①。而住房贷款利息支出统一按照每月 1000 元的扣除标准，对于偏远地区可能较为充裕，但对东部发达地区来说却微不足道。在世界上许多国家，对利息支出常适用（限额）据实扣除方式。

（3）子女教育费用扣除设计较为简单。既没有考虑小孩的年龄差异，也没有考虑小孩的健康状况。随着人们生活水平的提高以及对孩子教育重视程度的加深，小孩的养育成本越来越成为我国家庭支出的重要组成部分。《中国生育成本报告》（2022 年）指出，中国家庭养育一个孩子到 18 岁的平均成本为 48.5 万元，为人均 GDP 的 6.9 倍。一个孩子上大学四年的平均养育成本为 14.2 万元。城镇一个孩子、二个孩子和三个孩子的家庭平均养育成本分别为 63 万元、50 万元和 38 万元，农村对应家庭数据分别为 38 万元、30 万元和 23 万元。第七次全国人口普查结果显示，2020 年我国总和生育率仅 1.3，低于国际上认的“警戒线”1.5，一旦持续降至其下，就有跌入“低生育率陷阱”的风险。

（4）继续教育扣除支出涉嫌重复扣除。内生经济增长理论指出，技术进步等经济体中的内生变量是经济增长的决定性因素。其中，获取新“知识”、刺激新知识运用于生产和提供运用新知识的资源是经济增长的最核心因素。人的知识技术都属于人力资本，而人力资本的提升主要源自教育和培训。表明新增的继续教育专项附加支出对于提升人力资本具有重要的现实意义。不过，按照《企业所得税法》政策规定，自 2018 年起，企业发生的职工教育经费支出不超过工资薪金总额 8% 部分，准予税前扣除；超过部分，准予在以后纳税年度结转扣除。因此，要防止企业和个人继续教育费用的“重复扣除”问题（白彦锋，2018）。

（五）税收征管中仍存在诸多问题

1. 纳税人税收遵从成本较高

我国新增的专项附加扣除采用的是事后问责来替代繁琐的事前信息采集，但在许多情况下纳税人需要提供留存资料仍是不争的事实，这增加了纳税人的遵从成本和掌握提供相关资料的焦虑感。这些资料是协同治税的支付扣缴方开出的，由其提供也更方便和真实，应在协调治税扣缴方之间建立大数据库共享这些资料和信息。考虑到这会增加扣缴方的遵从成本，从将来政策落地的角度来看，可将基本费用扣除与专项附加扣除合并，规定最高综合扣除标准。例如，2018 年美国税收制度中，对联合申报的纳税人免征额从 13000 美元大幅提高到了 24000 美元，以避免附加扣除可能导致的繁琐申报过程和征管成本（白彦锋，2018）。

2. 对纳税人和预扣预缴单位的激励措施缺乏

目前，我国的《税收征管法》只规定了违法行为的处罚措施，而没有对应的奖励

① 根据《中国统计年鉴》（2020）计算得到。

政策，仅对扣缴义务人履行扣缴义务有2%的手续费返还。今后，国家应出台这方面的奖励措施。例如，对于连续几年无不良记录的优质纳税人，可赋予一定程度的税收优惠政策。在此基础上，与各个行业之间联动起来，让优质纳税人成为他们的VIP客户，可优先处理纳税、银行等相关业务，降低纳税人在社会生活中成本，让优质纳税人成为人们追求的一种生活新目标。

3. 部分综合所得的预扣税额偏高

预扣预缴的主要目的是税源管控，防范纳税人逃税漏税和保证国家财政收入筹集的稳定性。理想状态下，各期预扣预缴的税款和年终汇算清缴时应负担的税款相等或者相差不大。目前，我国综合所得的预缴较为复杂，其中工资薪金所得实施累计预扣法，如果纳税人只有工资薪金所得，预扣税即为最终税款，不会对纳税人造成更重的负担。然而，劳务报酬所得、稿酬所得和特许权使用费所得按照改革前的适用税率征收预扣税，且这三项所得预缴申报时不能扣除基本费用和其他专项扣除费用。如若纳税人这三项综合所得的金额相对较小，那么预扣税额可能会远远超过年终汇算清缴时纳税人实际应纳税额。虽然最终会多退少补，但是预扣税额被国家在较长一段时间内占用而没有得到利息补偿，实质是对个人财产的一种侵犯，这也会增加税务机关汇算清缴的工作量。

当然，与增值税和企业所得税等高比例的税种相比，个人所得税还只是一个小税种。虽然出台的专项附加扣除聚焦于部分社会民生问题，但不能希望都能通过增加个人所得税的税前扣除来解决这些问题。此外，对处于社会收入分配顶端的富豪来说，资本利得是其收入的重要来源，在个人所得税中按“财产转让所得”税目课税，最高比例税率也只有20%，这就意味着其实际税负低于这个数值，因而优化劳动所得和资本所得之间的税收负担也是今后改革的重要方向。

第三章

综合与分类相结合个人所得税制的作用机理

对税制模式的选择，都可归结为税制设计中对公平与效率目标的权衡。综合与分类相结合个人所得税制也不例外，这也是其发挥作用的机理。如前所述，综合与分类相结合个人所得税制介于分类所得税制和综合所得税制之间，存在无数种可能，因而先要对理想的综合与分类相结合个人所得税制界定，为今后的改革指明方向。最后，对综合与分类相结合个人所得税在实践中的缺陷有必要进一步分析，尤其是对混合所得分离方法利弊的探讨。

第一节　理想的综合与分类相结合个人所得税制

1917 年，法国税制改革设计师凯劳克斯指出，理想的个人所得税制是“把两种税制（综合所得税制与分类所得税制）捏在一起，并使其与国情相适应”。具体而言，何谓理想的综合与分类相结合个人所得税（简称混合个人所得税）呢？关于这个问题，有必要先厘清其与二元所得税两者的关系。在已有的研究中，有的将两者表述为等价关系，有的表述为包含关系。本专著倾向于前者，认为“二元”兼有两层含义：一是综合与分类两种课税模式的结合。二是对劳动所得与资本所得两种所得的区别课税。事实上，两层含义之间并不是割裂的，之所以要将综合与分类相结合，重要目标是对劳动所得和资本所得课税的区别对待。如前所述，北欧二元所得税制实际隐含了交叉和并列两种混合个人所得税制。最初只是根据实践的需要选择了交叉的分类综合所得税制，显然这并不是综合与分类相结合个人所得税制的全部内涵。将经营所得分离为劳动所得和资本所得是一种理想模式，在当时的税收征管环境中也不可能实施。在实践中，这种结合的程度是基于各国不同的公平与效率目标权衡取舍的结果。

本专著认为在理想的综合与分类相结合个人所得税制下，应将全部所得分为劳动所得和资本所得两大类。如图 3 - 1 所示，劳动所得通常包括工资薪金、实物福利、养老金、社会保障转移支付收入和经营收入（劳动所得部分）等项目，为了获取一定的横向公平和纵向公平，可以包括一系列的税率级次（超额累进税率）和各种税前扣除。资本所得则一般包括利息股息、租金收入、自有住房估算租金收入以及经营收入（资本所得部分），对其征收比例税率。同时，最大限度地拓宽税基。为挣取劳动所得和资本所得所花生的成本费用也能够从两个税基中扣除。在北欧国家，引进二元所得税制的一个关键点为在综合所得税制下，住房贷款利息支出可以在税前充分扣除，这为过渡借贷提供激励，极大地减少了资本所得税收入。从这个意义上来说，在混合个人所得税制中，不允许或限制负的资本所得抵消正的劳动所得是应有之义。

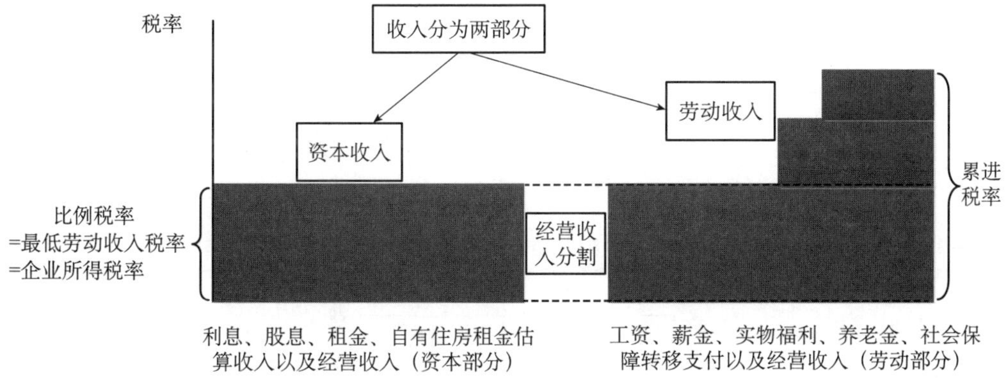

图 3－1　理想的综合与分类相结合个人所得税制模式

第二节　综合与分类相结合个人所得税制的公平原则

公平原则是个人所得税制设计中需要考虑的首要原则，是出于道德上的考虑和政治上的判断。通常广为接受的公平原则为横向公平与纵向公平。对于横向公平，需要明确“平等”的定义（例如，所得还福利的平等，初始禀赋还是结果的平等，特定时间点还是整个生命周期内的平等）以及“平等”的税收设计（例如，绝对平等还是相对平等）①。对于纵向公平，如何对待不平等是一个价值判断问题。分配公正的概念可能介于两个极端观点之间：功利主义（社会福利是个人福利的总和）和罗尔斯主义（社会福利是最不富裕者的福利）。每个人对待不平等可能有不同的看法，这隐含了对不同程度累进税制的选择（Zee，2005）。

一、生命周期视角：缓解对推迟消费或早获所得的税收歧视

税收公平应根据一个“时点”还是“生命周期”来判断呢？在综合所得税制下，对资本的课税会对推迟消费者或更早取得所得者产生歧视。因为从生命周期的视角来看，他们的税收待遇是不同的，此时需要缴纳更多的税收（kay，1990）。例如，部分纳税人会通过较多的储蓄来实现生命周期内平稳的消费，而通过储蓄投资获得的利

---

① 在综合与分类相结合个人所得税制下，个人的税收负担不仅取决于总收入，也取决于收入结构，因而此时很难应用横向公平标准（sørensen，1994）。

息、股息等资本所得需缴纳综合所得税。

如表3－1所示，假设在生命周期中的时期1和2，两个纳税人A和B具有完全相同的工资所得2000元，但是纳税人B选择在时期1缴纳所得税款后，将税后所得存储（利息所得需缴所得税）起来，然后延期至下一期再消费。假设所得税率为50%，利息率为10%，贴现率为5%。结果表明，纳税人A缴纳税额为2000元，而纳税人B纳税的税额为2050元，两者对应的现值分别为1952.4元和2000元。因此，从生命周期视角来看，纳税人B缴纳了比纳税人A更多的税款，尽管事实上两人在每个时期都拥有完全相同的所得（Sørensen，1994）。

表3－1　　综合所得税制下“早期”与“晚期”消费者的税收待遇比较

项目	A		B	
	时期1	时期2	时期1	时期2
1. 工资所得	2000	2000	2000	2000
2. 利息所得	0	0	0	100
3. 税收（1. +2.）×50%	1000	1000	1000	1050
4. 储蓄	0	0	1000	-1000
5. 消费（1. +2. -3. -4.）	1000	1000	0	2050
税收现值	1952.4		2000	

又如表3－2所示，假设纳税人A和B都延期到下一期再消费，且生命周期内的工资现值也相同。所不同的是，纳税人A比纳税人B更早获得所得。由于对利息所得征税，最后发现纳税人A缴纳税额的现值更大。

表3－2　　综合所得税制下“早期”与“晚期”所得者的税收待遇比较

项目	纳税人A		纳税人B	
	时期1	时期2	时期1	时期2
1. 工资所得	2000	0	0	2100
2. 利息所得	0	100	0	0
3. 税收（1. +2.）×50%	1000	50	0	1050
4. 储蓄	1000	-1000	0	0
5. 消费（1. +2. -3. -4.）	0	1050	0	1050
税收现值	1047.6		1000	

以上分析表明，在综合所得税制下，推迟消费或更早获得所得都会产生额外的税收，会扭曲纳税人的行为决策。从生命周期的视角来看，这违反了税收的横向公平原则。综合所得税对那些在生命周期的早期阶段进行储蓄投资的纳税人产生了歧视，即对储蓄投资所得双重征税。因为首先对赚取收入征税，然后对储蓄回报再征税，这使

得未来消费相对于当前消费来说更加昂贵。在混合个人所得税制下，对资本所得单独课以较低的比例税，可以推动生命周期意义上横向公平目标的实现（Sørensen，1994）。不过，许多学者对此持不同意见。例如，马斯格雷夫曾指出，积累所产生的利息所得是一个新增长，对其征税不是重复征税。

二、通货膨胀视角：缓解对非指数化的税收歧视

在综合所得税制下，通常对包括通胀溢价的全部名义资本回报课税。但是，通胀溢价只是对名义资产价值被侵蚀的一种补偿，不应作为综合所得税基（Sørensen，2005）。在通货膨胀的经济环境中，名义资本所得增加，将纳税人推到更高的税率级次（称之为税率爬坡），导致平均税率上升，这显然是不公平的结果。如果一个国家长期存在高通货膨胀问题，应实施广泛的税制指数化处理，尽量减少通货膨胀引起的不良后果（Zee，2005）。如果对名义资本所得与劳动所得进行综合课证，这意味着对资本所得过度征税。假设 m 为资本所得的实际税率，t 为名义税率，r 为税前名义回报率，p 为通货膨胀率。则实际税率可以表示为：

$$m = \frac{t \times r}{(r - p)} \tag{3-1}$$

如果资本的名义回报率为10%、通货膨胀率为5%以及名义税率为50%，则按式（3－1）可以计算得到资本所得的实际税率为100%，这意味着没收了资本的全部真实回报。

在实践中，由于涉及许多税收管理上的困难，政府也试图保障财政收入的灵活性。因而各国很少对此进行系统的通货膨胀调整，或者只是对税率级距和某些税收扣除进行周期性的指数化调整。在混合个人所得税制下，对资本所得适用比劳动所得更低的税率是解决这个问题的实用办法，这在一定程度上缓解了如果政府没有对资本所得进行通货膨胀调整而引起的过度课税问题。而挣取的劳动所得却没有类似的问题。因为劳动所得本质上是对现金流的课税，可对通货膨胀起到自动的指数化调整。

需要指出的是，各国在实践中通常不会对所有的资本所得都课税。例如，自有住宅的推定租金所得，某些股息、利息所得。其次，如果某国经济从高通货膨胀转变为低通货膨胀，也就失去了前面所说的强大说服力。最后，通货膨胀对不同类型资产的影响是不相同的，其对银行账户价值的破坏程度远远大于股票价值。从长远来看，通货膨胀对房地产价值可能根本没有破坏的影响，这也许是房地产投资备受青睐的重要原因之一。

三、投资形式视角：缓解对非人力资本投资的税收歧视

在综合所得税制下，对人力资本投资所得和实物资本投资所得的税收待遇实质是

不同的。为了说明这一点，假设纳税人 A 和 B 在时期 1 具有相同的技能，因而具有相同的潜在工资 2000 元。假设人力资本税前回报等于金融投资税前回报，皆为 10%，所得税率为 50%。

如表 3－3 所示，在时期 1，纳税人 B 决定工作，获得实际工资所得 2000 元，缴纳所得税后，将全部税后所得用于金融投资。在时期 2，纳税人 B 获得实际工资 2000 元和投资回报 100 元。缴纳所得税之后，得到可消费的所得为 2050 元。而纳税人 A 虽然有相同的机会但选择了不同的投资方式。在时期 1，纳税人 A 放弃了潜在工资 2000 元，决定通过教育来增强他将来的劳动技能。在时期 2，除了非技能的实际工资 2000 元外，还获得教育投资所带来的额外工资 2200 元，合计 4200 元。扣除所得税之后，纳税人 A 在时期 2 可消费的所得为 2100 元。

表明尽管纳税人 A 和 B 在时期 1 时面对相同的机会以及税前投资回报，却在时期 2 缴纳税款之后面临不同的消费水平。主要原因在于：在教育期间放弃的人力资本的机会成本可以立即从应税所得中扣除。相比之下，实物资本的投资成本只能通过折旧随时间推移而缓慢扣除（Sørensen，1994）。即在综合所得税制下，在确定劳动所得和资本所得各自的税基时，人力资本投资所得享受了税收优惠待遇。

表 3－3　　综合所得税制下人力资本投资与金融投资的税收待遇比较

项目	纳税人 A		纳税人 B	
	时期 1	时期 2	时期 1	时期 2
1. 潜在工资所得	2000	4200	2000	2000
2. 实际工资所得	0	4200	2000	2000
3. 利息所得	0	0	0	100
4. 税收（2. +3.）×50%	0	2100	1000	1050
5. 金融投资	0	0	1000	-1000
6. 消费（2. +3. -4. -5.）	0	2100	0	2050

与实践中的综合所得税制相反，真正的海格—西蒙斯所得税是对纳税人的消费加上所有资产所得的课税，自然包括增加的人力资本存量。理论上来说，时点 t 的应纳税所得额 Y_t 可以表示为：

$$Y_t = w_t + H_t - H_{t-1} \tag{3-2}$$

式（3－2）中，w_t 为当前的工资所得，H_t 为 t 末期的人力资本存量。当然，实践中不可能执行将人力资本变化包含在税基中的真正综合所得税制。一是测量人力资本本身就是不可能克服的困难。二是需要对新生婴儿征收大额税收，因为他们出生时增加了大量的人力资本。对此，Kaplow（1993）证明，如果对每年应纳税所得额根据年龄的增加而调整，则纳税人的实际税负会增加，整个生命周期内所支付税款的现值正好等于 Y_t 为税基支付税款的现值。调整因子的表达式为：

$$1 + \frac{ar}{(1+r)} \tag{3-3}$$

式（3－3）中，a 代表年龄，r 为折现率。Kaplow 还指出，对于工资所得实际税率随年龄的增加而增加这一做法，存在对普通纳税人解释的困难性，对后期工作努力的纳税人也会产生严重的负激励效应。

在现实中，综合所得税制并没有将人力资本存量的这种变化包含在税基中。对劳动所得比资本所得课征更高的税是另一种解决思路，累进的劳动所得确保了与对人力资本投资回报的税负相同或相近。这与混合个人所得税制的特征不谋而合。事实上，对劳动所得单独课征高率还基于以下理由：许多国家为劳动者提供了相当慷慨的社会保障，减少了工资所得可能面临的风险，而部分资本所得通常面临着更高的风险。

四、资本所得类型视角：缓解对资本所得的税收歧视

理论上来说，资本所得是“劳动所得”的对称，具有多种累积形式：股票、基金和债券等有价证券投资所得；房地产投资等不动产类资本所得；黄金等贵金属的投资所得；钱币、艺术品等珍贵收藏品的投资所得。在实践中，各国根据具体情况和政策目标赋予部分资本所得税收优惠待遇。例如，大多数国家对自住住房的估算回报和退休储蓄回报免税，还有部分国家对普通股息、利息和资本利得免税。

因此，在混合个人所得税制下，对没有享受优惠政策的资本所得按相对较低的比例税率课税，可缓解对不同资本所得的税收歧视，减轻不同资本所得类型内部的横向税收不公平。此外，可将资本所得税税率设计为公司所得税税率，并通过归集抵免等方法，实现公司所得税与个人资本所得税的一体化，消除经济性双重课税，这样保留公司利润的动机也消失了，而这是综合所得税制下所面临的最大挑战之一。

五、税收纵向公平视角：缓解对非套利避税行为的歧视

税收纵向公平是对所得课税的基本原则。首先，在混合个人所得税制下，对资本所得适用低税率削弱了税收体系的纵向公平性，因为资本所得倾向于集中在高收入阶层群体。不过，资本所得适用低比例税率也能够消除部分税收套利现象，一定程度上改善税收纵向公平。Lindencrona（1993）证明当所有纳税人面对相同的资本所得税率时，家庭成员间财富转移以避税的程度也极大地减少。因为适用高税率级次的纳税人常常出现大规模的税收套利行为。

其次，对资本所得适用低比例税率，可能更容易扩大税基，即对资本利得和其他形式的资本回报征收相同的低税。至少在挪威和瑞典引进二元所得税体系时，伴随着明显更紧的资本利得课税政策，丹麦也有类似的情况。例如，瑞典引进二元所得税制后，高收入阶层的总体税收负担增加，资本所得税的累进性提高。可见，混合个人所

得税制也能实现较好的纵向公平目标。

最后，在综合所得税制下，对资本所得的额外负担可能会导致纳税人拒绝出售其股权，产生“锁定效应”。进而无法将利润用于更具生产性的投资，产生效率低下的结果（Sørensen，2001）。如果政策制定者坚持要对资本所得适用高边际税率，他们可能不得不接受各种各样的豁免或让步，这实质也是对税收纵向公平的侵蚀。如果对不同性质收入的纳税人适用不同的边际税率，他们可以利用税率差异来避税。当然，通过遗产与赠与税来达到再分配目标，比通过对名义资本所得征收高边际税率，可能是更可靠的政策工具。

第三节　综合与分类相结合个人所得税制的效率原则

在讨论了税收横向和纵向公平原则的各个方面之后，现在转向税收制度的第二个基本原则，效率方面。

一、最优所得税视角

从代表性消费者的最大效用来看，对资本所得征收与劳动所得相同的税收通常是没有效率的（Atkinson & Sandmo，1980；King，1980）。相反，如果必须通过扭曲税来筹集一定的财政收入，则应对劳动所得和资本所得课税不同，因为劳动供给和储蓄分别对税后真实工资和税后真实利率的敏感性存在差异。如果税后要素价格变化对劳动供给产生较小的替代效应，但对储蓄产生相对更大的替代效应，次优理论表明应对劳动所得征收比资本所得更高的税率。

此外，在资本可以完全自由流动的小型开放国际经济中，如果税务机关能够对境外投资行为实行监控并对资本所得课税，对资本所得免税（至少在边际）以及将税负集中于劳动所得已被证明是最优的（Razin & Sadka，1989）。如上所述，这一主张源自传统观点，认为对具有完全弹性的生产要素征税是无效和低效的。当资本可以无代价地转移到国外而逃避国内税时，税收负担无论如何都要由不流动的国内生产要素承担，对国内资本要素的征税只会导致资本外逃。伴随着资本的逃离，本国经济将以无效率的低资本密集型生产而告终，因而直接对本国劳动所得征税将是更好的策略。

在实践中，北欧国家的税收改革已经降低了对金融资产回报（主要是利息）适用的边际税率。即便经营利润的法定税率下降了，税基的拓宽已经提高了物资投资的边际有效税率。虽然物质资本的有效流动性下降了，但金融资本国际化流动性开始增加。考虑到对投资组合中的外国来源所得执行居民管辖权的实际困难，对境内和境外资本所得税率的差异似乎具有理论的合理性。此外，如果资本国际流动性进一步增加，割裂资本所得税率和劳动所得税率之间的联系，那么各国政府将更容易在未来下调资本所得税率，这有利于世界经济一体化下对资本收益课税的国际协调。

当然，投资涉及的调整成本使得物质资本不能完美地流动，即便是金融资本。表明政府也的确有空间和能力对资本回报课税。尽管资本流动性与对外国来源所得课税的困难性，导致资本所得税率小于劳动所得税率，但仍不可能将资本所得税率降至为零。

二、重新审视人力资本争论

人力资本投资作为实物投资和金融投资的替代品而存在，可能为混合个人所得税制进一步提供税收效率论证。如前所述，在综合所得税制下，与人力资本投资相比，对金融（和物质）投资所得课税被视为歧视。在一系列简化的假设下，可以证明对高水平劳动所得征收附加税来抵消这种扭曲确实是最佳的次优选择。换句话说，在存在人力资本投资的情况下，混合个人所得税制可能比综合所得税制更有效率。

此外，对资本所得课征比例税，对劳动所得课征累进税还有其他的效率理由。例如，许多专家认为，对劳动所得征收累进税可能会缓和工会组织要求提高工资的要求，从而减少非自愿失业的数量。当然，考虑到教育的机会成本不仅有放弃的劳动所得，还包括放弃的休闲和其他诸如学费等成本，那么对人力资本投资回报课征比例税的效率理由一定程度上被削弱了。

三、财政收入争论

理论上来说，对资本所得适用低税率似乎会减少国家的财政收入，因而在保持财政收入不变的假设条件下，需要对劳动所得课征更高的边际税率。但在北欧国家实践中，这种假设可能具有高度误导性。丹麦、挪威和瑞典这些国家的税收体系的传统特征为：利息支出可自由扣除；资本所得存在大量税收优惠，尤其是养老储蓄回报和自有住房回报。长期以来，资本所得税与其说是政府财政收入的来源，不如说是造成政府大额财政损失的来源，尤其是在丹麦和瑞典。

海格—西蒙斯所得税的纯粹拥护者认为，这个问题仅仅因为政府没有坚持综合所得税制。这明显是真的，但不是很有趣，因为消除对自有住房和养老金储蓄的税收特权将面对可怕的政治困难。如果必须保留这些特权，那么所谓的资本所得税就退化为对利息收入的选择性课税，并通过利息扣减补贴了借贷的消费者。对各种资本所得统一适用较低税率可能是一种切实可行的办法，用以抵消对某些投资回报的税收优惠待遇，以及减少由于高收入纳税人扣除债务利息造成的财政损失。

由于对资本所得适用相对较低的税率，北欧经济体的持续国际化可能会加强该“财政收入争论”。对资本所得适用较低的比例税率，可以降低居民国和来源国对资本所得课税的差异，使本国在国际税收竞争中处于更有利的地位。而累进的劳动所得税是政府增加财政收入的主要工具，当社会保险制度能够保障最不幸的工人免受特定风险时，不会造成横向不公平问题。因此，在混合个人所得税制下，较高的累进劳动所得税和较低的比例资本所得税的结合，似乎是政府财政收入需求（要求高税收）和移动生产要素竞争（要求低税收）之间的一个很好的折中方案。在世界经济日趋全球化，资本的国际流动显著增强的背景下，对流动性相对较差的劳动所得课以累进税筹集更多的财政收入，已日益成为许多国家不得已而为之的政策选择（杜莉，2007）。

四、税收中性讨论

对效率方面的考虑涉及税收制度的中性问题。在综合所得税制下，对所有的资本所得（包括估算租金和资本利得）统一课税面临的政治和技术困难，不可避免地隐含了对不同形式的储蓄和投资所得适用差异化的边际有效税率。由于北欧国家的政府支出水平很高，在综合所得税下制对资本所得课以高边际税率，对储蓄和投资模式造成的扭曲尤其严重。

在综合所得税制下，资本配置跨部门的扭曲可能比传统最优所得税收理论所关注的总体储蓄水平跨期扭曲更为严重。当纳税人的边际税率不相同时，储蓄的税后回报率也不同，累进性会导致纳税人当前和未来消费的边际替代率不同，这意味着总体储蓄水平的分配效率低下。在混合个人所得税体系下，降低资本所得税率可能被看成是减少跨部门扭曲的一种尝试，对资本所得按比例而不是累进税率征税是有效率的。

五、储蓄水平讨论

如前所述，在北欧国家，由于政府支出水平很高，要求在综合所得税制下对资本所得课征高边际税率。税务机关在某种程度上能够监控外国来源的资本所得（例如，通过国家税务机关之间的涉税信息交换），因而这些高本国边际税率不能通过境外投资来逃避，这倾向于弱化对本国储蓄的激励。

具体而言，基于居民管辖权的全球所得课税原则，国际资本流动将促使各国的税前利率水平呈现均等化。在资本所得边际税率最高的国家，储蓄者的税后储蓄回报率最低，这可能会导致这些国家的储蓄赤字和由此产生的国际收支逆差。在北欧国家，相当慷慨的公共社会保险制度已经削弱了对预防性储蓄和生命周期储蓄的考虑，对私人储蓄的进一步综合课税的抑制作用对经济效率损害尤其严重。事实上，对低水平私人储蓄的担忧似乎是引入混合个人所得税制的一个重要动机。

需要指出的是，在综合所得税制下，储蓄的负激励主要源自对高额利息费用的税前扣除。对拥有正的净金融资产的纳税人来说，对利息回报课税产生了可抵消的收入效应和替代效应。

六、管理简化讨论

众所周知，综合所得税制设计通常较为复杂。任何税收改革都应尽量简化税法，使外行也能理解税法。当遵从成本、申报成本和征税成本较低时，税收制度被认为是简单的（Spengel & Wiegard，2004）。如果混合个人所得税制对所有资本所得统一适用比例税率，这更易于管理。如果对利息和股息征收最终预扣比例税，则不再存在不申报而逃税的可能性，大大降低征税成本和遵从成本。对资本所得课征比例税也将有利于银行部门的内部管理，因为这在很大程度上避免了对免税和其他豁免政策的监督。通过采用统一的比例税，小储户按低税率课税，不需要任何最低门槛，就能减轻税收负担（Genser，2001）。

此外，如果公司所得税率与资本所得税率相等（根据纯粹混合个人所得税制的要求），且分配的利润已在企业层面缴税，则无需在个人层面对股息和资本利得征收单独的来源税。在持有外国资产的情况下，资本所得的税收遵从性可能比劳动所得更困难，这可以通过要求金融机构（包括外国金融机构）根据国际税收协议的规定，为债权人的资本所得代扣税来缓解。

总而言之，在混合个人所得税制下，由于资本所得往往集中于较高的收入阶层，这与税收公平目标可能存在一定的冲突。在综合所得税制下，利息支出通常在最高边际税率时可扣除，也与税收公平目标相违背。不过，与对劳动所得课税相比，资本所得适用较低的税率也有助于提高效率，因为资本在国际上的流动性更强，供给更富有弹性。此外，对资本所得适用比例税率，减少了在综合税收制中固有的对当前消费和延期消费之间选择的扭曲，特别是在税负较重的情况下，可促进不同资本所得来源之间的税收中性。所以，混合个人所得税制在关注公平、财政收入需求与效率、税收中性之间也能取得平衡。

第四节　综合与分类相结合个人所得税制的缺陷

一、差异化的税收待遇诱导了各种避税行为

如前所述，在理论和实践中都存在支持混合个人所得税制的观点。然而，混合个人所得税制也诱导了不同税基之间的收入转移，即劳动所得和资本所得之间由于税率差异所产生的负向激励（Sørensen，2005）。考虑到社会保障缴纳通常只对劳动所得课征，这种负激励进一步强化。混合个人所得税制最棘手的问题是，对资本所得的税收优惠待遇可能引发各种税收套利和投资扭曲的避税行为。除了财政收入损失、效率损

失和横向不公平之外，收入转移也弱化了对劳动所得累进课税所带来的收入再分配效应（纵向公平）。

此外，为了防止对公司投资的税收歧视，许多国家会采用方法减轻对公司股权收入的双重征税。例如，在股东层面，给予股息所得已纳税款的税收抵免或股息所得适用较低的税率。然而，以上政策可能会诱导纳税人转移收入而导致避税行为大行其道。例如，如果劳动所得的税收高于公司股权收入，在自己公司工作的控股股东可能会将管理者的工资转化为股息或股票资本利得来减轻税负，这种困境在已经引入混合个人所得税制的国家尤其严重。

二、免征额扣除造成了一定的税收歧视

众所周知，个人所得税制是以净所得为税基的，税前扣除通常包括成本费用扣除和免征额扣除（生计扣除）。免征额是维持基本生活必需的，不论哪种个人所得税制模式，纳税人都应享有的税前扣除。而在混合个人所得税制（或分类所得税制）中，免征额仅适用于综合所得（或工资薪金所得）。为了保留最终预扣税的优势，免征额扣除通常排除在资本所得或非工资薪金所得课税之外，这不可避税地在不同收入来源的纳税人中引进新的不公平。例如，仅有资本收入的纳税人，也不能享受生计扣除而需要缴纳税款。而在综合所得税制中，不同所得来源的纳税人的免征额通常是相同的。

此外，在混合个人所得税制中，选择不同的免征额形式，影响结果也是不相同的，这在不同收入来源的纳税人之间形成复杂多样的不平等税收待遇，由此可能产生更多的横向不公平与再排序效应。当然，劳动所得或综合所得是纳税人最主要的收入来源，对其赋予免征额扣除，可以在最大程度上减轻该不利影响。

三、混合所得的分离存在复杂性

在混合个人所得税制下，对于大部分所得来源来说，将之归为劳动所得亦或资本所得都是相对容易的事情。主要的担忧源自对小型企业（如合伙企业、独资企业和拥有积极所有者的公司）经营所得性质的归属。如果将之归为劳动所得，则要缴纳更高的劳动所得税以及社会保障税，经营所得可能会处于相对劣势。经营所得的获取源自经营者努力的工作和储蓄投资，因而需要确定劳动所得和资本所得的组成部分，但每一部分都非常复杂，难以准确估计。

相对简单的方法是，首先通过估算资本回报来确定资本所得组成部分，并课以较低的比例税率，然后将剩余部分视为劳动所得，课以较高的累进税率。Sørensen（1994）指出，对混合所得分离的困难是理想的混合个人所得税制模式的“致命弱点”，这是一项繁琐的任务，可能存在的主要困境有：一是很难确定哪些资产需要考

虑投资回报，这涉及对商业和私人目的资产的区分，而两者在某些情境中难以划清界线。二是需要选择确定资产的基数。是将所有资产作为计算应纳税资本收入的基础（总额法），还是将所有资产减去债务后的余额作为计算应纳税资本净收入的基础（净额法），这可能诱发对企业资本基数一系列人为的操纵调整（Cnossen，2000）；三是如何选择无形资产等特殊资产的估价方法和如何确定适当的投资回报率等问题，往往带有主观因素成份。最后，所得分离的税收规则可能会造成对纳税人行为的扭曲。例如，企业组织形式的选择。

第五节　混合所得分离方法的探讨

混合所得分离的主体主要涉及自主经营者和积极股东，对两者的适用方法可能存在不一致性。接下来，有必要对两种情况下的所得分离方法进一步深入探讨。

一、自主经营所得分离方法的探讨

在混合个人所得税制下，对非法人企业的独资者或合伙企业的合伙人获取的经营所得，必须进行所得分离。为了便于描述，以下统称为自主经营者。在实践中，自主经营所得分离方法主要有总资产法与净资产法。

（一）自主经营所得的分离方法：总资产法与净资产法

自主经营者在他们自己的企业中工作，部分经营所得必须视为努力工作的劳动报酬。同时，他们也投资财富于经营活动中，部分经营所得须视为资产回报的资本所得。一方面，相对于其他形式的资本所得来说，如果全部自主经营所得都作为劳动所得征收累进税，则被过度征税。另一方面，如果全部自主经营所得都按资本所得和企业所得的较低比例税率征税，则自主经营者将逃避了本应缴纳的累进劳动所得税。为了避免这样的不公平税收待遇出现，须将自主经营所得分离为劳动所得和资本所得。

由于税务局不能观察到自主经营者的工作时间和努力程度，原则上只能够观察到经营资产的总量。因而通常首先计算经营资产的正常回报，将之视为资本所得，然后把剩下的经营利润视为劳动所得。具体计算方法有两种：总资产法和净资产法。在总资产法下，劳动所得由企业总利润（息税前利润）减去总资产（公司资产负债表中数据）估算回报计算得到，而应税的净资本所得由总资产估算回报减去利息计算得到。在净资产法下，资本所得由公司净资产（资产减去负债）的估算回报计算得到，而劳动所得由企业净利润（扣除利息后利润）减去净资产估算回报计算得到。

（二）两种方法下混合所得分离的影响因素之比较分析

为了更好地分析两种方法的利弊，现做如下主要假设：企业总资产为 BA，负债为 BD，所有者权益（净资产）为 NW（或 BA - BD），总利润（利息扣除之前）为 GP 和净利润（利润扣除息之后）为 NP。资产回报率为 IR，债务利息率为 r。在总资产法和净资产法下，对应的劳动所得分别为 TLI 或 NLI，资本所得分别为 TCI 或 NCI。如表 3 - 4 所示，影响混合所得分离后劳动所得与资本所得的因素有四个：资产回报率、债务利息率、所有者权益和负债。

表 3 - 4　　对混合所得分离方法的比较分析

总资产法		净资产法	
指标	计算公式	指标	计算公式
总资产	BA	所有者权益	NW 或 BA - BD
资产回报总额	BA × IR	资产回报净额	NW × IR
劳动所得 TLI	GP - BA × IR	劳动所得 NLI	NP - NW × IR
资本所得 TCI	BA × IR - BD × r	资本所得 NCI	NW × IR

1. 资产回报率和债务利息率

结合两种方法分析可能产生的不同所得分离结果是一个重要的思路，且劳动所得与资本所得存在此消彼长的关系，可以证明劳动所得差异与资本所得差异也是一对相反的关系。推导过程如下：

$$\begin{aligned} TLI - NLI &= (GP - BA \times IR) - (NP - NW \times IR) \\ &= (GP - BA \times IR) - [(GP - BD \times r) - (BA - BD) \times IR] \\ &= BD \times r - BD \times IR \\ &= -BD \times (IR - r) \end{aligned} \tag{3-4}$$

$$\begin{aligned} TCI - NCI &= BA \times IR - BD \times r - NW \times IR \\ &= BA \times IR - BD \times r - (BA - BD) \times IR \\ &= BD \times (IR - r) \end{aligned} \tag{3-5}$$

式（3 - 4）和式（3 - 5）表明，资产回报率 IR 和债务利息率 r 是影响劳动所得与资本所得分割的两大重要因素。如果 $IR = r$，即资产回报率等于债务利息利率，这两种方法是等价的：$TLI = NLI$，$TCI = NCI$。如果资产回报率与债务利息率偏离，则所得分离在两种方法中的等价性会被瓦解。当 $IR > r$ 时，则 $TCI > NCI$，$TLI < NLI$，即与净资产法相比，总资产法下更大比例的经营所得归为资本所得，而剩下更少部分的经营所得归为劳动所得，表明总资产法对纳税人来说更为有利。相反，当 $IR < r$ 时，可得到净资产法对纳税人更为有利的结论。

2. （追加）债务投资

如前所述，如果资产回报和债务利息率之间存在极大的偏离将会扭曲经营投资。

假设追加 100 万元债务投资。在总资产法下，如果 $IR > r$，则在增加的净利润中，资本所得比劳动所得所占的比重更高，因而会减少经营所得的整体税负。否则相反，如果 $IR > r$，会增加经营所得的整体税负。在净资产法下，公司净资产不会受额外负债投资的影响，债务投资也不会影响净利润（因为总利润和利息支出增加相同的数额），从而不会影响劳动所得。因此，净资产法能够确保在追加债务投资时保持决策的中性。

3. 所有者权益或净资产

净资产也是影响资本所得比重的重要因素之一。在其他因素不变的情况下，如果增加净资产 NW，则 TCI 和 NCI 可分别表示为：

$$\begin{aligned} TCI &= BA \times IR - BD \times r \\ &= (NW + BD) \times IR - BD \times r \\ &= NW \times IR - (IR - r) \times BD \qquad (3-6) \end{aligned}$$

$$NCI = NW \times IR \qquad (3-7)$$

以上公式表明两种方法下，TCI 和 NCI 都会增加。通常资产的增加会带来净利润的增加，因而资本所得的比重并不必然会增加。但是，如果自主经营者将低利润产出甚至没有利润产出的非经营性资产（例如，私人消费的房产或者汽车）从私人领域转移到经营领域，以增加经营资产的记录数量。即计算资产回报的资产基数上升了，而净利润几乎没有变化。结果是将更高比重的经营所得征收资本所得税。所以，为了防止将劳动所得转变为资本所得，税法必须出台限制将非经营资产转移到经营领域的相关条款。

（三）自主经营所得分离设计的注意事项

1. 经营所得分离应作为纳税人的自由选择而非强制性要求

如果自主经营者选择对经营所得不分离，则将之自动全部视为劳动所得缴税。因而对经营所得的分离是给自主经营者提供减轻税负的机会，经营所得分离应作为纳税人的自由选择而不是强制性要求。此外，对经营所得分离的前提条件是要求纳税人保存好资产和负债账簿，而不是依赖于简单的财务记录，这为希望从对资本所得低税负中受益的纳税人提供保存好账簿的激励。因此，纯粹的混合个人所得税制有助于达到提升现代经营账簿保存水平的令人满意目标。

2. 总资产法与净资产法各自利弊

在总资产法下，对经营所得的分离具有更大的简化性和更低的税收套利结果。对税务当局和纳税人来说，如果优先考虑简化征管和降低遵从成本，选择对经营所得分离的总资产法具有更强的支持度。

在净资产法下，对经营所得的分离具有优越的中性特征，但存在更大的税收套利空间。一方面，自主经营者可能会通过在年中撤回资金并且在下一年年初重新注入资金的做法，来减少他的应税劳动所得。当出现这种情况时，有必要对公司记录的经营净资本做向上的调整。另一方面，由于利息支出可以税前扣除，这为自主经营者提供了将私人债务记为公司债务的强烈动机[①]。当公司净资产为负值时，表明了私人负债转移到经营领域的迹象，应用资产回报率乘以公司记录的负资产来粗略弥补经营所得下降的事实。

3. 经营所得分离本身存在的问题

对经营所得的分离，在一定程度上缓解了对资本所得或劳动所得过度课税的问题。但在实践中，对经营所得分离也产生了其他问题。

首先，导致税收累退的结果。对经营所得分离首先获得的是资本所得，这意味着自主经营者的边际税率首先等于资本所得的较低比例税率。自主经营者的平均税率将随着经营所得的上升而下降，导致了税收累退的结果。

其次，界定经营资产的类型和评估价值带有一定的主观性。例如，对私人目的和经营目的的资产描述时，会涉及一些主观判断；针对不同的经营所得分离方法，需要判断是否将金融资产和负债包括在计算资产回报的基础中；在资产回报估算之前，必须确定经营资产的价值；对于有形资产，可采用普通的方法估计资产折旧。而对于无形资产，可能需要特定的评估方法。

再有，确定适宜的资产回报率存在一定的困难。单一的市场利率并没有考虑经济租金、风险补偿等存在的个体差异，因而充满争议。如前所述，如果债务利息率偏离资产回报率，总资产法会扭曲投资决策。如果私人债务利息率高于作为经营负债的投资回报率，净资产法会导致自主经营者减少应纳税义务。

最后，对经营所得分离面临技术困境。在实践中，自主经营所得分离面临着极大的技术困境，各国对其政策也是不断调整。例如，1991 年，瑞典政府决定对自主经营所得延期适用分离政策，即对其继续征收劳动所得税。1994 年起，瑞典对自主经营所得引入多样化的净资产法。目前，瑞典对经营所得不再采用分离政策，而是将之归入综合所得中课税。

二、积极业主所得分离方法的探讨

在混合个人所得税制下，封闭控股公司（通常为小企业）的积极股东也面临与自主经营者类似的问题。当雇员（例如，公司经理）持有受雇公司的股份时，尤其是拥有控股股份时，他将享有高度自由决定所得形式是工资还是股息（或股票资本利得）。如果股息或资本利得的公司和个人总体税收负担低于劳动所得的边际税率，股东将能够通过领取更多的股息或者积累的资本利得而不是工资薪金所得来减少纳税义务。所

① 一般来说，消费借贷的利息支出是不能扣除的，而投资的借贷利息支出可以扣除。在现实中，我们很难区分借贷的资金是用于公司经营还是用于私人消费。

以，需要对积极业主制定合理的所得分离规则来防止或缓解这样的避税行为①。

（一）与自主经营者同等对待

防止纳税人避税行为的解决办法之一是，按照与自主经营所得相同的方式对待。具体而言，对积极股东拥有股份对应的企业利润进行分离，其中按企业资产的估算回报计算得到的部分，视为资本所得课税，剩下的利润视为劳动所得课税。这与积极股东实际分配的股息或获得的资本利得无关，则积极股东不能通过支付更少的工资或支付更高的股息或资本利得来避税。企业所得税将继续作为企业利润的预扣税，其可以在股东个人所得税中抵免，以避免重复课征。

该分离方法的难点在于：如何确认需要进行强制所得分离的积极股东。判定积极股东的条件通常有：股东在受雇企业有规定的最少工作时间；股东在企业拥有最少控制的股份（可能与最亲的亲属一起）。如果这两个条件都满足，股东也许能够将工资或其他劳动所得转换为股息或资本利得来减少应纳税额。为了不满足这两个条件，可能进行如下操作：控股股东邀请亲戚或朋友作为少数股东进入公司，因而他不再满足所得分离的条件，即便他实际控制了企业的股息分配政策；控股股东与其他公司之间可能通过交换股份的方式来规避对所得的强制分离，而他们不需放弃对自己公司的实际控制权。更重要的是，积极股东和消极股东的分界线本质上是武断的。在实践中，可能导致处于同等位置的股东遭遇不公平的税收待遇。

（二）基本津贴法的界定及类型

1. 基本津贴法的界定

由于消极股东可能存在的避税行为，避免区别积极股东与消极股东是令人满意的目标。可替代的基本津贴法（rate - of - return - allowance，RRA）可以达到这个目标。从原则上来看，该方法可以适用于所有居民股东，但是这需要很多的管理成本，因为需要先对所有居民股东集中登记，然后记下所有的股票交易。该方案的目标是解决小企业的经营所得分离问题，只针对在非上市公司持有股票的居民个人。而对于区分上市与非上市公司来说，这相对简单且管理上容易执行。非上市公司的股票交易很少，因而需要监管的股票交易数量也是有限的。

基本津贴法（RRA）的基本原理为：将股票的正常回报视为资本所得课征比例税，而正常回报之上视为劳动所得征收累进附加税。只有当公司所得作为股息分配或实现股票资本利得时，正常回报之上的部分才征收累进附加税。如果实现的所得小于RRA，则未使用 RRA 可以向前结转并在以后年度扣除。RRA 按照资本回报率乘以股票基数计算得到。当前年份的基数等于最初的基数与之前年份未使用的 RRA 之和。

① 丹麦不要求对积极股东所得进行分离，而是依赖于企业所得税和个人所得税的双重征税来阻碍积极股东将工资所得转换为股息和资本利得的机会。

最初基数被任何未使用的 RRA 逐年增加，这确保了只有超过正常回报的资本利得才要征收累进的劳动所得税。

2. 股息所得的分离

为了便于税收管理，非上市公司必须为他们的每只股票设立账户，以更新股票的基本价值和总的未使用的 RRA。公司也要记录累积的已税利润，记录每个股东在这些利润中所占份额以及已纳税额。作为起点，改革的最初基本价值由公司资产和负债之差决定（如果特定的资产对于建立这个基数被认为价值不合适，可能需要进行一些调整）。但是，如果纳税人能证明他购买的股票价格更高，则基数等于购买价格。当年的 RRA 通过资产回报乘以记录的年初股票基本价值计算得到。到了年底，股票基本价值和累积的未使用 RRA 由那年的 RRA 减去支付的股票之差累加。

之后股息税按如下规则起作用：如果支付给股东的股息小于他累积的 RRA（包括当年的 RRA），以及如果也小于他累积的已纳税利润，企业将不缴预扣税，股息在股东层面也免税；如果支付的股息超过累积的已税利润，公司将在支付股息之前根据两者差异预缴企业所得税。但是，如果剩下的股息没有超过累积的 RRA，则仍然在股东层面免税；如果支付的股息超过累积的 RRA，则公司对超额部分的股息还原，并按劳动所得最高边际税率预扣税，抵免已纳的企业所得税。如果抵免额超过纳税人的已纳税额，差额将退还。

3. 股票资本利得的分离

股票资本利得也按类似的方式操作。每年年初公司要告知股东们累积的股票基本价值和他们下一年的 RRA，以及公司已税利润要分配的份额。如果股东在当年销售股票，应税的资本利得等于销售的价格减去累积的股票基本价值，再减去当年的 RRA 的适当比例。例如，如果 7 月 1 日销售股票，则销售者可以扣除当前 RRA 的一半，因为他持有股票的时间只有半年。剩下一半的 RRA 则分配给新股东，以抵减他那年的应税股息。销售者在他的纳税申报表中对应税的资本利得缴税，他也记录了在公司已税利润中分配的份额。然后，税务机关将对应税的资本利得还原后征收劳动所得税，并抵免已纳的企业所得税额。

对于新股东，最初的股票基本价值设定为销售价格，也必须由企业记录。之后，基本价值由购买后任何未使用的 RRA 累积起来。当然，从他购买股票开始，已税的公司利润只分配给新股东。

这意味着对非上市公司股票的正常回报之上部分征收累进的劳动所得税，而债务的利息所得只征收较低的资本所得税。这会诱导企业以利息形式而不是股息形式分配所得。次级债务[①]通常是股权的替代，这种债务的利息往往包括极大的风险补贴。正

① 次级债务（subordinated debt）是指银行发行的，固定期限不低于 5 年，除非银行倒闭或清算，不用于弥补银行日常经营损失。次级债务在大多数国家已成为银行附属资本的重要来源，对银行提高流动性、降低融资成本、加强市场约束力等具有重要作用。

常回报之上通过利息支付可以避免缴纳累进税。因此，可以通过反避税条款规定如果贷款利率超过股息回报率，则应将差异视为劳动所得课税。

以上分析表明不管股东获得是股息还是资本利得，他需要缴纳相同的税收。在企业的股息分配政策中，对保留利润融资和新股权融资的税收待遇是中性的。该方案另一个吸引人的特征是，它不会诱导股东推迟实现股票资本利得。原因在于股票基数会通过每年没有使用的 RRA 累加。任何延期的资本利得税伴随利息向前结转，消除了延期获取资本利得的动机。

三、对自主经营所得和积极股东所得分离存在税收歧视吗？

以上分析表明，积极股东所得分离不对估算的劳动所得征税，直到股息分配或资本利得实现时。相反，经营所得分离以估算的劳动所得为基础课税，而不论所得是否在企业保留。考虑到积极股东和自主经营者分别归属于法人企业和非法人企业两种组织形式。那么，对自主经营所得和积极股东所得分离存在税收歧视吗？

可以用一个简单的例子来寻找答案。假设在第 1 年初期，企业家在企业投资一个单位的资本。资本的税前回报等于税前市场利率 r。企业家努力工作获取所得 w 。第 1 年产生的所有税后利润保留在企业。第 2 年期末，企业家卖掉公司。如果他将企业注册为独资企业，在所得分离制度下，估算的资本所得等于 r 乘以期初的经营资本存量。该估算所得视为资本所得征税，税率为 t，而剩余的经营所得视为劳动所得征税，税率为 t^l 。以 i 表示税后利率 $r(1-t)$。假设第 2 年末的企业价值等于该企业当时累积的资产，则企业家的情况可总结如下：

场景 1：公司的组织形式为独资企业

第 1 年

1. 初始资本存量：1
2. 税前经营所得：$r + w$
3. 个人所得税额：$tr + t^l w$
4. 保留的税后经营所得（2. －3.）：$i + w(1 - t^l)$

第 2 年

5. 初始资本存量（1. ＋4.）：$1 + i + w(1 - t^l)$
6. 税前经营所得（$r \times$（5.）$+ w$）：$r[1 + i + w(1 - t^l)] + w$
7. 个人所得税额：$tr[1 + i + w(1 - t^l)] + t^l w$
8. 保留的税后经营所得：$(1 + i)[i + w(1 - t^l)]$
9. 销售公司净所得（5. ＋8.）：$(1 + i)^2 + (2 + i)w(1 - t^l)$

公司组织形式也可以是法人企业。假设在混合个人所得税制下，企业所得税率等于资本所得税率 t 。只要所得保留在企业，经营所得就征收税率 t 。当企业家在第 2 年期末销售公司股票时（分配股息结果一样），销售收入超过正常回报的部分还原后，征收劳动所得税，税率为 t^l，且抵免已缴的企业所得税。

场景 2：公司的组织形式为法人企业

第 1 年

1. 初始资本存量 = 初始股票基数：1
2. 税前经营所得：$r + w$
3. 企业所得税额：$t(r + w)$
4. 保留的税后经营所得（2. −3.）：$i + w(1 - t)$

第 2 年

5. 初始资本存量（1. +4.）：$1 + i + w(1 - t)$
6. 年初的股票基数：$1 + i$
7. 税前经营所得（$r \times$（5.）$+ w$）：$r[1 + i + w(1 - t)] + w$
8. 企业所得税额：$t\{r[1 + i + w(1 - t)] + w\}$
9. 保留的税后经营所得（7. −8.）：$(1 + i)[i + w(1 - t)]$
10. 年末资本存量 = 销售股票收入（5. +9.）：$(1 + i)^2 + (2 + i)w(1 - t)$
11. 年末股票基数（6. +6. × i）：$1 + i + i(1 + i) = (1 + i)^2$
12. 资本利得税 = $(t^l - t)/(1 - t) \times$（10. −11.）：$(t^l - t)(2 + i)w$
13. 销售公司股票的净所得（10. −12.）：$(1 + i)^2 + (2 + i)w(1 - t^l)$

从以上分析可以发现，在不同的企业组织形式下，如果不存在抵免约束和风险，积极股东与自主经营者的劳动所得的有效税率相等，即企业家销售公司（股票）的净所得相同，两种所得分离方法的结果是保持中性的，法人企业组织形式并没有从延期纳税中得到任何优势。因为当股东保留利润并重新注资于公司时，保留利润不能增加股票的基数，重新注资的累积回报最终分配将视为劳动所得征税。

在实践中，许多小企业可能会遭受融资约束，可能必须依赖于保留利润作为唯一融资的现实来源。企业家也能够通过在适当的时间实现资本利得，以对所得进行平均化处理。因此，通过最大可能程度地利用 RRA，减轻累进劳动所得税的影响。而自主经营者没有类似的所得均等化的机会。为了消除这些不相同的税收待遇，可以允许自主经营者延期对估算的劳动所得课税，即直到企业分配给所有者时才纳税（如丹麦和瑞典）。这要求将自主经营者的财富分离为经营部分和私人部分，导致了管理上的复杂化。而在股票交易所上市的大型公共企业，通常存在经理人和股东的分离。股东获取的股息和资本利得应该归为资本所得，没有必要分离上市公司的所得。对于进入国际股票市场的公司，本国股息和资本利得的税收规则不会影响资本的成本，这已被证明。因此，可能会认为没有必要缓解对本国股权所得的重复课税。

第四章

综合与分类相结合个人所得税制的国际观察

综合与分类相结合个人所得税制是当前世界性所得税制的改革趋势。综合与分类相结合个人所得税制只是提供了一个总体框架，详细结果很大程度上取决于这些框架如何以具体的税收参数来充实（普拉斯切特，1993）。为了更好地考察各种可能的综合与分类相结合个人所得税制模式，将从世界性单一税发展状况及改革趋势、北欧四国二元所得税发展状况及改革趋势，OECD 国家资本所得税和劳动所得税的主要特征和发展趋势等几个方面来探讨，期冀得到若干借鉴和启示。

第一节 “单一税”是世界性个人所得税改革的蓝图吗？

一、引言

2021 年 3 月 11 日，我国《国民经济和社会发展第十四个五年规划和 2035 年远景目标纲要》批准通过，在第六篇第二十一章中提出，要“完善个人所得税制度，推进扩大综合征收范围，优化税率结构”。事实上，许多国家的税收制度都存在两大缺陷：一是个人和企业所得税的最高边际税率设定可能过高。二是税收制度设计过于复杂，特别是在个人所得税中存在许多税收豁免和多级税率结构。因此，20 世纪 80 年代以来，减税似乎成为席卷全球且持续长久的趋势，推行更低税率、更简单的“单一个人所得税”（以下简称单一税，flat tax）成为该过程中一种有趣的现象（Nicodeme，2007）。

单一税并不是历史上的新鲜事。直到 19 世纪上半叶，单一税在世界上都普遍存在。例如，虽然英国于 1798 年推行了累进个人所得税，但 1842 年引入的个人所得税版本却是单一税。1848 年，在《共产党宣言》中，马克思是最早呼吁“大幅度引进累进所得税”的人士之一。因为在早期工业化国家，单一税的存在是常态。之后，随着资本主义社会的日益繁荣，他们采纳了这一观点，对更高的收入阶层适用更高的税率，为改善社会福利措施筹措资金（Rădulescu，2011）。在两次世界大战之后，累进个人所得税制逐渐占据支配地位。20 世纪 90 年代之前，仅五个国家或地区[①]保留或引

① 五个国家或地区引进时间为：英属泽西岛（1940）、中国香港（1947）、英属格恩西岛（1960）、牙买加（1980）和玻利维亚（1986）。

进了单一税。

一般认为，现代单一税第一次改革浪潮始于1994年的爱沙尼亚，另外两个波罗的海国家拉脱维亚和立陶宛紧随其后（Keenet al.，2008）。但是，这三个刚刚从前苏联独立的小国并未引起国际社会的广泛关注。2001年，大国俄罗斯引进单一税率13%后，在短期内取得了减少偷逃税行为、增加税收收入、改善就业状况和提高经济增长水平等成效（Mitchell，2005）。许多国家因而步其后尘，单一税俱乐部队伍逐渐壮大，被视为单一税第二次改革浪潮。截至2020年底，已有40多个国家（曾）引进“单一税”。遍布世界七大洲，主要聚集在欧亚大陆的内陆地区（朱为群和陶瑞翠，2016）。

然据不完全统计，2010年以来，已有10多个国家放弃单一税，尤其是发展中国家俄罗斯和发达国家冰岛。例如，2020年11月23日，俄罗斯发布第372－FZ号法律。规定自2021年1月1日起联邦个人所得税适用2档超额累进税率：年所得不超过500万卢布的部分，税率为13%；年所得超过500万卢布的部分，税率为15%。此外，尽管单一税在西欧各国的政治议程中占据重要位置，引发了众多的讨论和研究，但这些成熟的福利国家却没有真正实施单一税（Nicodeme，2007）。

我们不禁要问，“单一税”能够成为世界性个人所得税改革的蓝图吗？事实上，这取决于两个相互依存的方面：一是改革细节。正边际税率、基本宽免和税基等单一税的参数设计对改革结果起着重要作用。二是现实环境。经济体制、执政理念、财政赤字和收入分配差距、国际税收竞争以及国际组织等因素对改革结果也起着重要影响。本部分依此切入，全面探讨单一税的理论依据、改革实践和成因，期冀为我国综合与分类相结合个人所得税改革提供有价值的借鉴和参考。

二、单一税的基本内涵和效应分析

（一）单一税的基本内涵

1. 单一税的基本界定

理想的现代单一税真正始于1983年出版的《单一税》一书（以下简称HR单一税）（霍尔和拉布什卡，2003）[①]。HR单一税理论具体包括四个方面：一是单一税率；二是税收中性，即无特别的税收优惠，人人受到公平对待；三是消费税基，即只对GDP中用于消费的部分征税；四是个人收入只能被课税一次。尽管人们对HR单一税仍有广泛的兴趣，但迄今为止没有一个国家完全采纳这一思想。因为如果对高收入者的投资收入免税，最终会导致收入分配差距的进一步扩大。

事实上，在实践中，“单一税”是一个相对宽松的概念范畴，唯一的共同特点或

① 20世纪60年代，哈耶克提出反对为实现收入再分配必须实行累进税的观点。1962年，米尔顿·弗里德曼也提议美国征收23.5%的单一联邦税。

标签是对劳动所得严格实行唯一的正边际税率（Keenet al.，2008）[①]。应纳税额可简化表示为：

$$T(Y) = \max[t \times (Y - BE), 0] \quad (4-1)$$

式（4－1）中，$T(Y)$代表劳动所得Y的纳税义务，t为正边际税率，BE（Basic Exemption）代表基本宽免。对式（4－1）两边际同时除以Y，则可以得到平均税率a：

$$a = \max\left[\left(t - \frac{BE}{Y}\right), 0\right] \quad (4-2)$$

式（4－2）表明，只要BE大于零，则得到结果$a<t$，即在所有收入水平上，平均税率a小于边际税率t，表明此时税制是累进的。

2. 单一税的基本类型

如上所述，单一税的累进程度取决于对BE的不同设计，下面对此展开详细讨论（见图4－1）。

如果BE等于零，称为纯粹的单一税（图4－1中单一税a）。在实践中，纯粹的单一税制很少存在。因为如若对所有人（低收入者和高收入者）和所有收入（劳动所得和资本所得）一视同仁，则容易导致现代开放经济条件下资本的外逃以及收入分配差距的日益扩大。

如果BE大于零，称为附带基本宽免的单一税，是指对基本宽免之上应税收入才统一适用正比例税率（图4－1中单一税b）。一般来说，BE有四种形式：起征点式、持续式、递减式以及（不可退）抵免式[②]。它们或多或少有共同的目标，但重点和效果截然不同（Jacobs，1966）。起征点式是指对纳税人开始征税的数量界限，如若超过起征界线，则应对纳税人的所得全额计税。持续式是指对所有纳税人都赋予相同的免征额。递减式是指随着纳税人收入的增加，免征额减少甚至消失。与持续式相比，递减式和起征点式能更好地实现公平目标。起征点式设计更为简单，然临界点的突变会导致税收的效率损失和不公平。与税收宽免相比，税收抵免是应纳税额的减少，而不是应纳税所得额的减少，因而更有利于税收公平目标的实现。

值得一提的是，当$BE>Y$时，低收入者无法充分享受宽免，因而引进“负所得税”思想有助于更好地实现单一税公平性。同等情况下，类似于取消宽免BE，给予所有人基本所得或可退的税收抵免$BI(BI = BE \times t)$，称为基本所得单一税（图4－1中单一税c）。

---

① 部分学者认为零税率也属于单一税的范畴。主要包括一些石油国家（例如，文莱、沙特阿拉伯和阿联酋）、著名的近海岛屿和避税天堂（例如，巴哈马、百慕大和开曼群岛）。

② 事实上，广义的免征额可分为税收宽免与税收抵免两类，每类都可能设计为起征点式、递减式和持续式三种基本形式。需要指出的是，在单一税中，税收宽免与税收抵免对纳税人的影响具有等效性。

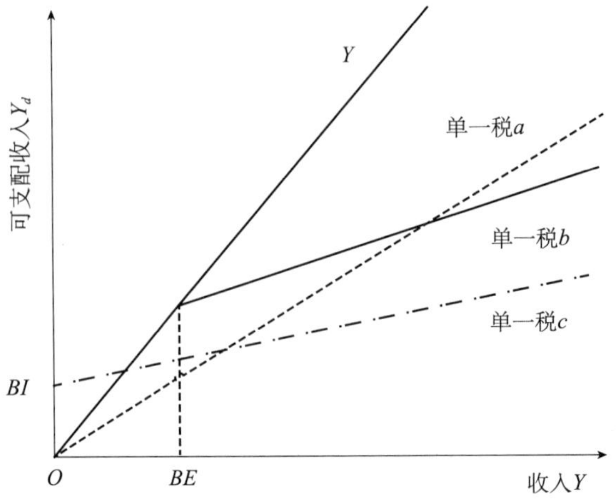

图 4－1　单一税基本类型比较

（二）单一税公平与效率的权衡

1. 单一税的公平性

在实践中，带有基本宽免（$BE>0$）的单一税是最常见的，也是累进的。但我们更想知道的是，单一税与累进税相比，累进性是提高了还是降低了？专家学者对此做了细致而全面的规范性分析（Keen et al.，2008；张文春和帅杰，2012）。接下来，运用洛伦兹曲线和集中曲线来诠释主要观点。

为了简化问题，假设税前收入是外生的，对应的洛伦兹曲线为$f(R)$。纳税人完全税收遵从，且财政收入中性。单一税和累进税对应的应纳税额分别为$TF(Y)$和$TP(Y)$，对应的集中曲线分别为$g_i(R)$和$g(R)$①。单一税下基本宽免和税率分别为BE_F和t，而累进税的基本宽免为BE_P，最低与最高累进边际税率分别为t_l和t_h。则可能存在以下三种情况（见图4－2）。

如果$BE_F<BE_P$，即单一税的基本宽免更小，则财政收入中性假设隐含了$t<t_l$。此时$g_1(R)$完全在$g(R)$的上面，表明单一税的累进性比原累进税的累进性更小。如果$BE_F>BE_P$，则更多的低收入者不需要缴税。不过，可能存在两种情况。如果$t\geqslant t_h$，此时$g_2(R)$完全在$g(R)$的下面，表明单一税的累进性一致性地高于累进税。如果$t_l<t<t_h$，此时$g_2(R)$与$g(R)$交错在一起，表明单一税的累进性变化并不明确，这取决于低收入阶层和高收入阶层这两端累计受益之和与中等收入阶层受损大小之间的比较。因此，与累进税率相比，单一税可能在税率不太高的情况下减少不平等（Davies & Hoy，2002）。当然，如果放松财政收入中性、纳税人完全税收遵从以及税前收入外生的假设，结果更加不明确。

---

① 因为带有基本宽免的单一税是累进的，则$g(R)$在$f(R)$的下面。

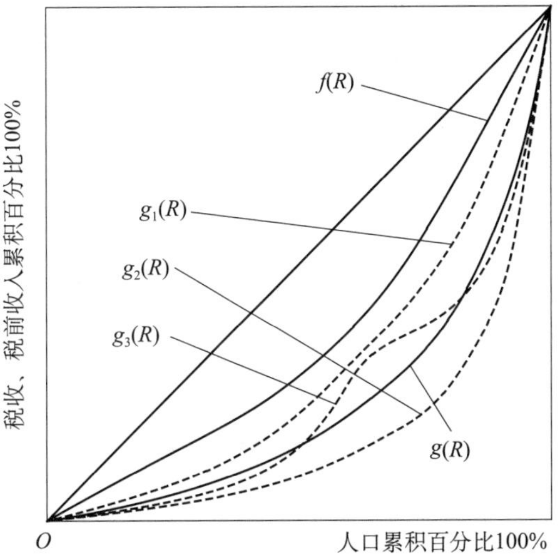

图 4－2　单一税与累进税的累进性比较

2. 单一税的效率

税收效率是指国家征税有利于资源的有效配置和经济机制的有效运行，以及有利于提高税务行政效率，具体包括税收经济效率和行政效率。

支持者认为累进所得税对经济效率造成的最大扭曲在于降低人们的工作积极性，而单一税可能带来劳动力供给的潜在增加，以及由此产生的税基增加和失业津贴减少（Decosteret al.，2008）。然而，由于单一税改革过程中伴随着税制结构的巨大变化，各国单一税对劳动供给的影响可能不尽相同，需要具体问题具体分析。接下来，以常见情形 $BE_F > BE_P$ 为例展开分析。在财政收入中性假设条件下，单一税改革对劳动供给的影响方向不确定。因为免征额的提高可能促使低收入者增加劳动供给，而边际税率的提高可能会使纳税人选择更多休闲而不是工作（假设休闲是正常商品）。囿于这两种效应影响方向完全相反，最终劳动供给决策的结果取决于净效应。不过，研究表明单一税改革对劳动供给的影响可能非常有限（Ivanovaet al.，2005）。

此外，支持者认为单一税能够提高行政效率。因为单一税降低了税率和扩大了税基，为纳税人节省了遵守税法和相关法规所需的时间、金钱和其他资源。正如德国诗人、哲学家诺瓦利斯所说："纳税应该是一件犹如向自己心爱的女人送花一样容易的事情。"此外，财政当局也可从中受益。因为在一个简单和透明的系统中执行规则要容易得多。不过，单一税简化的优点在发达国家不具有强有力的吸引力，因为它们有着悠久的税收传统和相当强大的税收管理以确保税收遵从（Fuest & Schaefer，2008）。

三、世界性单一税制改革实践及发展趋势的显著特征

接下来，将从税制模式的综合与分类性、单一税率选择的两极分化性、个人与企

业所得税率的趋同性、基本宽免和税基改革的同步性、单一税改革与其他税制改革的配合性等五个方面，重点探讨世界各国单一税制改革实践及发展趋势的显著特征。

（一）单一税制模式的综合与分类性

如果对所有收入都课征相同的税率，属于综合所得税范畴。如果对不同所得适用不同的税率，则为分类所得税。在现实中，“单一税”国家的税制模式实际存在多样性，因为“单一税”共同的标签是对劳动所得适用比例税率。如表 4－1 所示，总体来看，以综合所得税制居多，但也不乏各种分类所得税①。表明单一税改革最终效应可能的迥异性，也反映了建立适合国情的单一税的重要性。

表 4－1　　单一税国家的类型和基本特征

<table>
<tr><th colspan="2">类型</th><th>基本特征</th><th>国家或地区</th></tr>
<tr><td rowspan="4">分类所得税</td><td>多元所得税</td><td>—</td><td>蒙古、保加利亚</td></tr>
<tr><td>三元所得税</td><td>劳动所得税＋投资所得税＋经营所得税</td><td>中国香港、冰岛、东帝汶、亚美尼亚、阿尔巴尼亚、塞尔维亚</td></tr>
<tr><td rowspan="2">二元所得税</td><td>投资所得税＋非投资所得税</td><td>拉脱维亚、伯利兹、乌拉圭</td></tr>
<tr><td>经营所得税＋非经营所得税</td><td>玻利维亚、乌兹别克斯坦</td></tr>
<tr><td rowspan="2">综合所得税</td><td>准单一所得税</td><td>普通所得税＋专项所得税</td><td>立陶宛、格鲁吉亚、哈萨克斯坦、吉尔吉斯斯坦、白俄罗斯、根西岛、匈牙利、乌克兰、毛里求斯、圭亚那、牙买加、特立尼达和多巴哥</td></tr>
<tr><td>纯单一所得税</td><td>综合所得税</td><td>爱沙尼亚、斯洛伐克、捷克、土库曼斯坦、塔吉克斯坦、波黑、泽西岛、马其顿、黑山、摩尔多瓦</td></tr>
</table>

资料来源：马国强（2018）、冯兴元（2017）以及根据荷兰国际财政文献局（IBFD）最新资料整理得到。

（二）单一税率选择的两极分化性

现代单一税两次浪潮的划分与税率的选择休戚相关。如表 4－2 所示（按引进时间顺序排列），爱沙尼亚、拉脱维亚和立陶宛三个波罗的海国家的单一税率，采用了原累进税率的高档税率。2001 年，俄罗斯的单一税制改革是相当革命性的，因为它是一个大国，影响到许多人，而不仅仅是富人（Gorodnichenkoet al.，2009）。与俄罗斯一样，绝大多数国家的单一税率采用了原累进税率的低档税率。究其缘由：第一次单一税改革浪潮时，波罗的海国家正处于财政紧缩时期，政府担心较低的边际税率会导致财政收入的下降。第二次单一税改革浪潮时，各国已达到较高的经济增长率和实现较好的财政平衡。政府将低边际税率作为转向更加市场化政策的信号，改革后经济将会更加繁荣（Nicodeme，2007）。

① 如前所述，分类所得税中的二元或三元所得税制也属于混合个人所得税制。

（三）个人与企业所得税率的趋同性

虽然实践中没有 HR 单一税，但许多国家确实通过个人与企业所得税率的同步下降[①]，乃至趋同向其靠近。如表 4 - 2 所示，企业和个人所得税率完全相同的国家有 12 个。这一方面有助于消除了两者之间的税收套利，进一步简化税收体系。另一方面通过竞争优势，吸引外国资本进入本国，促进投资和经济增长。例如，1994 年，爱沙尼亚政府将公司所得税和个人所得税的税率都确定为 26%，2015 年又同步降到了 20%。1996 年—2007 年间（1999 年除外），年均 GDP 增长率为 8.2%，成为独联体国家[②]乃至世界其他转型国家的改革样板（龙云飞，2018）；2004 年，斯洛伐克将个人所得税率与企业所得税率统一降低到 19%，甚至增值税率也为 19%（虽然没有这种必要）。改革之后，三年平均 GDP 增长率高达 8.6%。

（四）基本宽免与税基改革的同步性

如表 4 - 2 所示，格鲁吉亚、保加利亚和乌兹别克斯坦的基本宽免完全被取消，拉脱维亚的基本宽免稍有下降，马其顿的基本宽免没有变化，剩下国家的基本宽免都有不同程度的增加，特别是斯洛伐克、捷克、立陶宛、哈萨克斯坦和蒙古等国家都有极大的增加。大体上来说，高比例税率的国家也倾向于设计更慷慨的基本宽免。在形式的选择上，大多数国家保留或引进持续性宽免，部分国家采用起征点式（例如，白俄罗斯、乌克兰、罗马尼亚和阿尔巴尼亚）[③] 或递减式（例如，蒙古）。值得一提的是，毛里求斯不仅采用持续性宽免，还为低收入者提供“负所得税津贴”（2018 年开始）：月工资收入在 9900 卢比以下的居民，最大补助 BI 为 1000 卢比。

此外，大多数国家取消特别税收优惠，拓宽税基。例如，2001 年，俄罗斯单一税改革将纳税人各种形式的所得全部纳入课税范围，同时取消名目繁多的绝大部分优惠以及对外国人的一些特殊优惠政策，取消特殊人员的税收优惠（军人以及海关、法院和检察院工作人员）（冯兴元，2017）；2008 年，保加利亚引进 10% 的单一税。财政部长奥瑞萨雷斯基在接受媒体访问时表示：“实行单一税制将结束现有的税收抵免。税制改革的原则是，既不让高收入者享受很多的税收抵免，也不让低收入者没有一点税收抵免和扣除。实行单一税制对国家总的税收收入没有影响，不会引起财政收入短缺”。

---

① 企业所得税率的改革时间有时可能稍早于或晚于个人所得税，但这不能改变两者同步改革的实质。例如，格鲁吉亚的企业所得税率于 2008 年从 20% 降到 15%，哈萨克斯坦的企业所得税于 2009 年从 30% 降到了 20%，黑山的企业所得税于 2005 年已由 15% 和 20% 的两级超额累进税率降为 9% 的单一税率。

② 独联体国家成员国有：亚美尼亚、阿塞拜疆、白俄罗斯、摩尔多瓦、哈萨克斯坦、吉尔吉斯斯坦、塔吉克斯坦、乌兹别克斯坦、俄罗斯。

③ 2009 年，白俄罗斯规定每月收入不超过 1500000 卢布时，适用宽免 250000 卢布；2004 年，乌克兰规定只有年收入不高于 1.4 倍最低工资的纳税人才适用宽免政策；2005 年，罗马尼亚规定每月收入不超过 1000 列伊时，可享受宽免 250 列伊；2008 年，阿尔巴尼亚规定月薪在 3 万列克以下时，免征额为 1 万列克。

表 4-2　世界上主要单一税国家改革特征　单位（%）

区域	国家	引进时间（年）	个人所得税率		基本宽免或抵免	企业所得税率	
			之前	之后		之前	之后
东欧	爱沙尼亚	1994	16，24，33	26	中等增加	35	26
东欧	立陶宛	1994	10，18，24，28，33	33	极大增加	24	24
东欧	拉脱维亚	1995	25，10（累退）	25	稍有减少	25	25
东欧	俄罗斯	2001	12，20，30	13	中等增加	43	24
东欧	乌克兰	2004	10，15，20，30，40	13	增加	30	25
中欧	斯洛伐克	2004	10，20，28，35，38	19	极大增加	25	19
亚洲	格鲁吉亚	2005	12，15，17，20	12	消除	20	20
东欧	罗马尼亚	2005	18，23，28，34，40	16	增加	25	16
亚洲	土库曼斯坦	2005	8，12	10	NA	NA	NA
亚洲	哈萨克斯坦	2007	5~20（5 级）	10	极大增加	30	30
东欧	马其顿	2007	15，18，24	12	没有变化	15	12
亚洲	蒙古	2007	10~30（7 级）	10	极大增加	15，30	10，25
东欧	黑山	2007	16，20，24	15	增加	9	9
北欧	冰岛	2007	36.7，38.7	35.7	中等增加	18	15
非洲	毛里求斯	2007	10，20，25，30	15	极大增加	22.5	15
东欧	保加利亚	2008	20，22，24	10	消除	10	10
东欧	阿尔巴尼亚	2008	5，10，15，25，30	10	增加	20	10
中欧	捷克	2008	12，19，25，32	15	极大增加	24	21
亚洲	吉尔吉斯斯坦	2009	10，20	10	没有变化	20	10
东欧	白俄罗斯	2009	9，15，20，25，30	13	极大增加	24	24
东欧	波黑	2009	10，15	10	NA	10	10
非洲	马达加斯加	2009	0.2，1.25，10，20，25	24	极大增加	30	24
中欧	匈牙利	2011	17，32	16	极大增加	20	19
亚洲	乌兹别克斯坦	2020	7.5，16.5，22.5	12	消除	12	15
亚洲	塔吉克斯坦	2020	8，13	12	NA	13/23	18
东欧	摩尔多瓦	2020	7，18	12/7	极大增加	12	12
亚洲	亚美尼亚	2020	23，28，36	23	NA	20	18

注：NA 为数据不可得；摩尔多瓦对自然人农业所得的单一税率为 7%；严格来说，塞尔维亚不是单一税国家。因为对年收入超过 60 万第纳尔的部分附加课征 10%，2010 年附加税率变成 10% 和 15% 两级；伊拉克只在库尔德地区课征 5% 的单一税；巴拉圭与玻利维亚（表 4-2 中未列出）单一税设计目的都是作为反增值税欺诈的工具（增值税可从单一税税基中扣除）。

数据来源：根据 Keen 等（2008）、Nicodeme（2007）、安永（EY）和中国赴各国投资税收指南整理得到。

（五）单一税改革与其他税制改革的配合性

各国进行单一税改革的同时，企业所得税、增值税、社会保障税及其他税种改革，都可能同步推进而发生较大的变化，表 4－3 列出了 2020 年单一税国家税制结构的主要税率特征（考察居民纳税人适用政策）。从工资薪金所得税率来看，除少数几个国家税率为 20% 外，绝大多数国家的税率低于 15%，甚至有 7 个国家的税率仅 10%。总体来看，其他个人所得与工资薪金所得税收待遇基本相同，主要理由是避免劳动所得和资本所得两者之间的税收待遇扭曲。值得一提的是，为缓解股息的经济性双重课税，部分国家对其适用低税率（例如，乌克兰、罗马尼亚和亚美尼亚）或免税政策（例如，爱沙尼亚和波黑）。

此外，大多数国家的企业与个人所得税率呈下降趋势，结合个人所得税基本宽免的大幅度提高，可能带来个人所得税收入暂时下降的结果①。为保证财政收入的稳定性，许多国家对税制结构也进行了相应调整。一是提高或保持较高的增值税税率。大多数国家提高了增值税的税率，标准税率为 20% 左右②。例如，乌克兰的增值税对税收收入的贡献最大，2018 年增值税占总税收收入的比重为 45.2%。二是提高或保持较高的社会保障水平。综合考虑社会保障后，劳动所得税收楔子差异较大，计算方法参见（Zee，2005）。例如，波黑劳动所得税率最低为 10%，但劳动所得税收楔子高达 47.35%（位列第三）。

表 4－3　　2020 年单一税国家税制结构的主要税率特征　　单位（%）

国家	工资薪金	经营所得	投资所得		资本利得	企业所得税	增值税	社会保障		税收楔子
			利息	股息				雇主	雇员	
爱沙尼亚	20	20	20	0	20	0/20	0/9/20	33.8	3.6	49.92
俄罗斯	13	13	13	13	13	20	0/10/20	30	0	37.00
乌克兰	18	18	18	5	18	18	0/7/21	22	0	36.04
格鲁吉亚	20	20	20	20	5/20	15	0/18	0	0	20.00
罗马尼亚	10	10	10	5	3/10	16	0/5/9/19	2.25	35	43.39
土库曼斯坦	10	10	10	10	10	8/20	0/15	20	2	27.8
哈萨克斯坦	10	10	10	5	10	10/20	0/12	9.5	0	17.60
蒙古	10	10	10	10	2/10	10，25	0/10	14.5	11.5	31.23
保加利亚	10	15	10	5	10	10	0/9/20	19.02	13.78	39.52
吉尔吉斯斯坦	10	10	10	10	10	10	0/12	17.25	10	34.53

① 当然，少数国家也存在企业与个人所得税率上升的趋势，也可能伴随其他税种的配套改革。

② 大多数国家都需要考虑收入分配问题。例如，对食品等必需品或被认为消费不足的优质商品适用低增值税率或免税政策。但是，降低增值税税率通常不是进行收入再分配的最有效措施。

续表

国家	工资薪金	经营所得	投资所得		资本利得	企业所得税	增值税	社会保障		税收楔子
			利息	股息				雇主	雇员	
白俄罗斯	13	16	13	6	13	18	0/10/20	34	1	41.75
波黑	10	10	10	0	10	10	0/17	31	10.5	47.35
马达加斯加	20	10/20	20	20	20	10/20	0/8/20	18	1	35.20
匈牙利	15	15	15	15	15	9	0/5/18/27	21	18.5	49.84
乌兹别克斯坦	12	12	5	5	12	15	0/15	12/25	0	33.25
塔吉克斯坦	12	12	12	12	12	18	5/18	25	1	33.38
摩尔多瓦	12	12	12	12	12	12	0/8/15/20	22.5	10.5	41.04
亚美尼亚	23	18	10	5	20	18	0/20	2.5	2.5	26.98

注：在个人所得税中，2021 年起，亚美尼亚的工资薪金所得税率逐年下降到 20%。部分国家的银行存款利息和（或）政府债券利息所得免税。例如，白俄罗斯和亚美尼亚。部分国家住宅不动产资本利得适用低税率，例如格鲁吉亚和蒙古；在企业所得税中，爱沙尼亚对企业未分配利润免税。土库曼斯坦对国家持股超过 50% 的居民企业适用税率 20%。哈萨克斯坦对农产品生产者、水产品（渔业）生产者适用税率 10%。蒙古的企业所得适用 10% 和 25% 的两级超额累进税率。马达加斯加根据营业额 1 亿苏姆为界线适用税率 10% 或 20%。

数据来源：根据荷兰国际财政文献局（IBFD）、安永（EY）、普华永道（PWC）和中国赴各国投资税收指南整理得到结果。

四、各国单一税引进（或退出）的成因分析

如上所述，各国单一税具有许多相似的显著特征。当然，这并不是唯一的税制模式，各国税制设计也大相径庭。单一税引进（或退出）的现实因素主要表现为：市场经济转型、执政理念、财政赤字和收入分配差距、国际税收竞争以及国际组织等方面。

（一）市场经济转型需求

20 世纪 80 年代末 90 年代初，前苏联和东欧地区的原社会主义国家在国体和政体等方面都发生了重大变化，由计划经济急剧转向市场经济。在转型初期，财政收入主要来源仍是国有企业的剩余利润，因为大多数国家都采用他们所不熟悉的累进税制模式，并没有形成真正的税制体系（Åslund，2007）。再加上休克疗法、官僚机构效率低下和腐败等问题，税收制度需要彻底改革，单一税因此成为解决这些问题的一个有效办法。

如图 4－3 所示（结合表 4－2），2005 年之前，引进单一税国家的三年平均 GDP 增长率都呈上升趋势（乌克兰的 GDP 增长率稍有下降除外），尤其是第一波浪潮中的三个波罗的海国家，由负增长率转向较大的正增长率。2005 年之后，伴随着转轨国家各方面改革的推进，GDP 增长率已达到较高水平，因而单一税对经济的推动作用没有

那么明显。事实上，由于本身优势及有利现实环境的影响，单一税的这种优势很难被验证，有利因素也可能逐渐淡化甚至消失。单一税的扩散过程随时间推移变得更加困难，是从启发式认识转向理性认识的过程（Hettich & Winer，1999）。

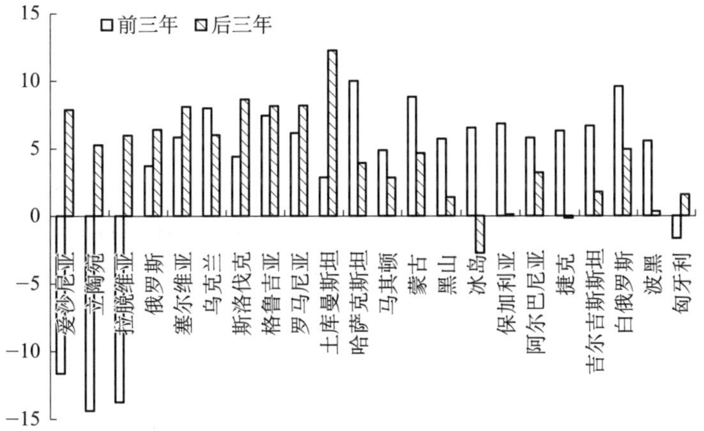

图 4－3　单一税平均 GDP 增长率比较

数据来源：根据各国统计局数据计算绘制而成。

（二）执政理念的较量

执政党派间的较量是影响单一税扩散过程的重要因素之一。右翼政党普遍支持自由市场、私有财产、减少管制，并认为私有权和自由贸易是一种最重要的自由。他们努力赢得选举和通过执政联盟获得权力，单一税最终成为更可行的政策选择（Åslund，2007）。例如，1994 年，爱沙尼亚总理马尔特 · 拉尔上台执政，严格推行经济自由化政策，坚持新自由主义原则。认为单一税是解决爱沙尼亚税收问题的方法；2008 年，保加利亚在组建由三个政党组成的中右翼联盟政府后，引进了单一税；2008 年，捷克坚定的新自由主义者在花了几年时间战胜反对党，并找到有意愿修改税法的总理和议会后，也引进了单一税。

而左翼政党主张加强国家宏观调控，加强尤其是针对富人的税收，扩大公共福利支出，通过举办国家公共工程来解决经济危机和失业问题。例如，2013 年，斯洛伐克新当选的左翼政府重新引入 19% 和 25% 的两级超额累进税率；2013 年 9 月，拉脱维亚的财政部长维尔克斯对能否持续执行单一税表示怀疑，认为民族主义者和其他人还是会不断呼吁引入累进税率，这种想法难以逃避。果不其然，2018 年起，拉脱维亚回归三级超额累进税率。

（三）国际税收的竞争压力

国际竞争意识，尤其是邻国的影响非常强大。一个国家或地区的税制设计也不例外。单一税改革在中东欧和亚洲的不断蔓延，实行单一税的国家采用与邻国相同，甚至低于邻国的税率，清楚地表明了这种模仿行为。因为国际资本流动性的增加给这些国家带来了巨大的压力，导致降低税率的国际税收竞争加剧。目前，在东欧剧变和苏联解体的国家中，只有波兰[①]、阿塞拜疆[②]、克罗地亚和斯洛文尼亚至今没有采用单一税，且前三个国家仅适用两级超额累进税率。

特别值得一提的是匈牙利。1988 年开始，匈牙利采用了瑞典模式的累进个人所得税制，最高边际税率达到 60%。许多人呼吁对匈牙利累赘的税收结构进行改革。但是，政府认识到单一税的实施可能带来预算赤字和收入分配差距扩大的后果，迟迟没有行动。匈牙利是欧洲中部的内陆国家，东边的罗马尼亚、乌克兰，南边的塞尔维亚，以及北边的斯洛伐克都已引进单一税，匈牙利落后于那些曾经被认为开发较晚邻国的想法令其非常不安，最终于 2011 年引进单一税。

（四）财政赤字风险和收入分配差距

引进单一税的主要目的是激励企业和个人行为、增加流通中的资金、促进经济增长以及增强公民的纳税意愿，但较低的税率可能对特定国家的财政收入筹集不利，造成财政赤字风险。同时，导致以损害中产阶级利益为代价的收入再分配的恶化[③]。在这种情况下，许多国家严重依赖社会保障缴款，往往按比例税率征收，且税基存在“天花板”限制。表明社会保障税通常是累退的。因此，“低平均工资水平和单一税率”的转型国家税收累进性可能为零（OECD，2006）。

2010 年以来，部分单一税国家对此做出的直接反应是回归累进税（见表 4－4）。具体表现为两个方向：一是大多数国家额外引进更高的边际税率[④]。例如，2019 年，立陶宛对受雇所得不超过 120 个月平均工资的部分，适用税率 20%；超过部分适用税率 27%。2020 年和 2021 年的级距分界线分别减少为 84 个月和 60 个月的平均工资。此外，基本宽免采用递减式。2019 年，年工资未超过最低工资标准 6660 欧元时，享受最高宽免 3600 欧元，超过部分以 15% 的速度递减，年工资收入为 30660 欧元时不再享受基本宽免，以达到筹集财政收入和缩小收入分配差距的双重目标。

二是少数国家额外引进更低的边际税率。例如，2020 年，马达加斯加对 35 万阿里以上工资所得统一适用税率 20%。2021 年，对 35 万到 60 万阿里之间的工资所得额外引进 5%，10% 和 15% 的三级超额累进税率，对 60 万阿里以上工资所得适用税率 20%；2019 年 7 月 1 日起，毛里求斯为净收入低于 65 万毛里求斯卢比的纳税人引进更低边际税率 10%，再加上 2018 年起为低收入者引入的“负所得税津贴”，致力于缩

---

① 波兰已经将四分之三的税制改为单一税。除工资和薪金税外，其他收入均按 19% 的单一税率征收。

② 2019 年，阿塞拜疆对在非石油天然气和非公有制部门受雇的纳税人适用 14% 的单一税，有效期 7 年。

③ 因此，单一税制也很难在中产阶级地位稳固的发达民主国家采用，因为有可能实行单一税率，也有可能实行民主，但不能两者兼而有之（Baturo & Grey，2009）。

④ 2018 年，拉脱维亚同时引进更高与更低边际税率，最低累进税率 20% 稍低于单一税 23%。同时，基本宽免由 2017 年的持续式转变为递减式，因而大体上也属于这个改革方向。

小收入分配差距的目标。

表 4－4　　截至 2021 年单一税回归累进税的主要国家　　单位（%）

国家	退出时间（年）	劳动所得税率		国家	退出时间（年）	劳动所得税率	
		之前	之后			之前	之后
冰岛	2010	37.2	37.2，40.1，46.1	牙买加	2017	25	25，30
捷克	2013	15	15，22	拉脱维亚	2018	23	20，23，31.4
斯洛伐克	2013	19	19，25	立陶宛	2019	15	20，27
黑山	2013	9	9，15	毛里求斯	2019	15	10，15
阿尔巴尼亚	2014	10	13，23	马其顿	2019	10	10，18
特立尼达和多巴哥	2016	25	25，30	俄罗斯	2021	13	13，15
牙买加	2010	25	25，27.5，35	马达加斯加	2021	20	5，10，15，20

注：乌克兰 2011 年废除单一税，但 2016 年又回归单一税。

数据来源：根据安永（EY）和中国赴各国投资税收指南整理得到结果。

（五）国际组织的制约

政府间国际组织也是制约实施单一税的重要因素之一，其中欧盟是最为典型的案例。1993 年，欧盟通过的《马斯特里赫特条约》对成员国财政政策做出了以下原则性规定：1994 年起，财政赤字占 GDP 的比重不能超过 3%，政府债务占 GDP 的比重不能超过 60%。1997 年，《稳定与增长公约》进一步确定了协调的规则、惩罚程序以及预警机制。一旦判定某成员国赤字率可能或已大于 3%，则警告并要求其自行纠正；如果该国不执行，欧盟则启动惩罚程序。如果该国赤字率连续 3 年大于 3%，最多可处相当该国 GDP0.5% 的罚款。

在经历了两大经济危机（泡沫危机和主权债务危机）之后，欧盟的单一税“革命”似乎要面临终点（Popescu，2013）。截至 2020 年底，在 27 个欧盟成员国中有 8 个曾引进了单一税。但是，斯洛伐克和捷克已于 2013 年退出，拉脱维亚和立陶宛也分别于 2018 年和 2019 年退出。此外，拟加入欧盟的六个潜在国（冰岛、阿尔巴尼亚、黑山、塞尔维亚、马其顿和波黑）都引进了单一税，但已有 4 个国家退出（见表 4－4），因为债务危机也是它们加入欧盟的软肋。如果与一个设计良好的财政体系（自动稳定器）要求结合起来，单一税可能会失去其他领地：爱沙尼亚和罗马尼亚（Popescu，2013）。因此，尽管欧盟是发展中国家改革的推动者，但加入欧盟可能会使其面临放弃单一税的外部压力。

五、世界性单一税改革实践的结论及启示

本部分通过对单一税理论、改革实践和现实因素的深入探讨。发现各国单一税呈

现一定程度的趋同性，但税制模式并未统一；单一税改革并不是孤立的，通常涉及整个税收体系的配合性改革；单一税改革受到诸如市场经济转轨、执政理念、财政赤字和收入分配差距、国际税收竞争以及国际组织等因素的综合作用，是时代的产物和动态的理性选择。因此，单一税难以成为世界性个人所得税改革的蓝图。

（一）各国单一税呈现一定程度的趋同性，但税制模式并未统一

如前所述，现代单一税实施以来，尤其是第二次改革浪潮之后，单一税率呈现一定程度的趋同性，但税制模式并未统一，具体设计大相径庭。单一税中既有分类所得税制，也有（准）综合所得税制。事实上，单一税是一个相对宽松的概念范畴，各国根据自身现实制约因素，选择了具体的税制要素，尤其是在基本宽免形式的设计上，更注重以此实现个人所得税的累进性目标，以弥补单一税制被诟病的纵向公平性。此外，税基的宽窄也是单一税制差异性的重要来源。因此，在实践中，单一税的实施效果迥异也就不足为奇了。

（二）单一税制改革不是孤立的，通常涉及整个税收体系

单一税本身不是万能的灵药，一个比例税率不可能解决所有的问题。大多数的积极影响可在没有单一税的情况下实现，它并不是税制改革产生积极效果的必要条件。事实上，各国在引进单一税制时，通常涉及社会保险、增值税，社会福利制度和征收管理等整个税收系统的改革与调整。正因为如此，几乎没有证据表明，实施单一税改革后的良好经济表现仅仅是由单一税改革本身产生的，实际可能归为更广泛的宏观经济复苏、更好的税收遵从水平和更高的税收管理水平。

（三）单一税改革是时代的产物和动态的理性选择

单一税在当前广受青睐，是基于本身优势及有利现实环境的影响，但这种优势很难被验证，有利因素也可能逐渐淡化甚至消失。事实上，随着改革成本和收益的实现，政策或想法最初的热情逐渐消退，单一税扩散过程随时间推移变得更加困难，是从启发式认识转向理性认识的过程。例如，从第一次采纳（爱沙尼亚）到下一次传播（拉脱维亚）的时间间隔仅一年，而斯洛伐克采用单一税是在10年之后。此外，单一税在西欧发达国家不具备强有力的吸引力。因为它们有着悠久的税收传统和相当强大的税收管理以确保税收遵从；单一税也很难在中产阶级地位稳固的发达民主国家采用，因为有可能实行单一税率，也有可能实行民主，但不能两者兼而有之。冰岛就是有力的证明，单一税仅仅实施3年就被废除。再有，左翼政党走到最前沿以及国际组织的制约，也成为回归累进税或制约实行单一税的推力。

综上所述，单一税能否成为世界性个人所得税改革的蓝图，答案已不言而喻。问题不在于是否会有更多的国家采用单一税，而在于那些已经采用单一税的国家是否会放弃单一税，以及单一税能否蔓延到成熟的发达国家。单一税发挥的作用虽不可小

觑，但也不能无限扩大。当然，由于国际竞争力的强化，所得税边际税率可能不会太高，朝着更低税率、更宽税基发展的税制改革趋势正进入一个新的变革时代，各国从传统的阶梯式累进所得税率转向更简单、更扁平的税率结构。

第二节　北欧四国二元个人所得税制评析及启示

一、引言

2019 年 1 月 1 日，我国最终迈出了综合与分类相结合个人所得税制的步伐。鉴于我国刚刚引入该税制模式，随着社会经济的不断发展，税收征管经验的不断累积，对其仍有继续完善的必要。2020 年 5 月，《中共中央 国务院关于新时代加快完善社会主义市场经济体制的意见》也指出，要“建立和完善综合与分类相结合的个人所得税制度”。

20 世纪 80 年代末起，北欧四国（丹麦、挪威、芬兰和瑞典）逐步引进二元所得税（DIT）并获得了极大成功，成为许多欧洲国家所得税改革的蓝图（Genser & Reutter，2007）。例如，奥地利、比利时、冰岛、意大利和葡萄牙等国家都推出了类似于二元所得税制的改革。尽管发展中国家面临着与发达国家截然不同的经济、政治和税收环境，但二元所得税可能是解决许多发展中国家面临不同挑战的正确办法（Bird & Zolt，2011）。

本部分将根据 2020 年荷兰国际财政文献局（IBFD）、安永（EY）、普华永道（PWC）等最新资料，从课税权利和纳税单位、应税所得、扣除设计和税率结构等方面，剖析北欧四国与中国个人所得税制最新设计的异同，总结出一般性规律，同时探讨各国税收转移支付一体化改革效应，期冀对我国个人所得税制将来的改变与完善有所裨益。

二、课税权利及纳税单位选择之国际比较

课税权利是国家行政权力在税收领域的显化，凸显国家税权之于纳税人的约束程度，大多数国家同时采用居民管辖权和地域管辖权（刘鹏，2017）。对于居民纳税人来说，就其全球所得征税，不论是现金形式还是非现金形式所得；对于非居民纳税人而言，就其来源于该国的所得征税，以堵塞税务缺口，防止税基侵蚀。如表 4 - 5 所示，北欧四国和中国都采用了两种税收管辖权。在对居民纳税人的判定标准上，都同时采用了住所标准和停留时间标准（连续满 183 天或 6 个月）。为了更好地实施反避税，挪威将 36 个月内停留时间达到 270 天的纳税人也为界定为居民纳税人；丹麦将 2

年内停留时间超过365天的不从事经营的旅游者和学生也视为居民纳税人。此外，对离境者也推行了反避税措施。例如，除非纳税人能够证明与原来国家没有保持实质性联系，芬兰公民在离境当年结束后3年内仍被视为居民纳税人（3年规则），瑞典公民和在瑞典居住至少10年的个人在离境后5年内也被视为居民纳税人（5年规则）。

在纳税单位的选择上，通常有个人单独申报、家庭合并申报或可在两者中选择。中国、丹麦①、芬兰和瑞典都为个人单独申报纳税，而挪威通常为夫妻合并纳税，但如果夫妻都有收入，可经配偶任何一方申请单独纳税。理论上来说，个人纳税单位不利于收入分配公平目标的实现。但是，当前越来越多的国家采用此申报方式。例如，2019年，36个OECD国家中只有法国和瑞士两国对已婚夫妻强制实施家庭合并申报制度，且前者采用家庭系数法，许多专家认为其实质是个人申报制。德国、卢森堡、波兰、葡萄牙、爱尔兰、西班牙和美国等7个国家允许夫妻在两种纳税申报制度中选择。究其主要原因：家庭合并申报可能会造成“婚姻惩罚”或“婚姻奖励”后果，从而导致某些社会行为的扭曲（郑春荣，2008）。事实上，综合所得税制下，家庭合并申报有利于公平目标的实现，而二元所得税制下，个人单独申报有利于征管效率的提高和纳税人遵从成本的下降。

表4-5　　课税权利和纳税单位一般规定的国际比较

国家		丹麦	芬兰	挪威	瑞典	中国
引入时间（年）		1987	1993	1992	1991	2019
居民标准	住所标准	住所	住所	长期居住意愿	住所	住所
	停留时间	6个月	6个月	183天	6个月	183天
居民		全球制	全球制	全球制	全球制	全球制
非居民		来源地	来源地	来源地	来源地	来源地
对离境者的反避税		无	3年规则	3年规则	5年规则	无
纳税单位		个人	个人	家庭或个人	个人	个人

数据来源：根据IBFD数据库中各国税收制度整理。

三、应税所得设计之国际比较

纵观北欧四国应税所得概念的历史轨迹：19世纪末到20世纪前几十年，所得概念从分类所得税制发展到综合所得税制。相反，20世纪80年代末期开始，在综合所得税制中引入分类所得要素（Zimmer，2002）。若干因素促成了北欧国家二元所得税制这一事实的转变：由于高税率以及资本市场的全球化，北欧国家担心国内投资者将有价证券投资（如银行存款、股票和债券）转移到国外；由于高税率、相对有效的税

① 丹麦的已婚人士被视为单独的纳税人，但通常会被家庭联合评估，这意味着他们享有许多税收优惠。

收管理以及没有通胀调整等综合因素，北欧国家面对更加尖锐的高资本所得税负问题，对之采用较低的比例税率可视为对通货膨胀的一种粗略调整；由于资本投资所得享有大量的税收优惠政策，北欧国家可能面对实际资本所得税率为负的窘境；北欧国家面临着困难的经济社会挑战，特别是失业率的居高不下。因此，政府亟须找到刺激经济活动的有效手段，减轻资本所得税负由此得到了广泛的政治支持（Bird & Zolt, 2011）。

如表4-6所示，北欧四国实际存在两种税制模式，其中丹麦、芬兰和瑞典采用了并列的二元所得税制，即对劳动所得与资本所得分别课征累进税和比例税[①]。而挪威采用了叠置交叉的二元所得税制，即对所有净所得征收比例税，并对超过一定门槛以上的劳动所得课征累进税。虽然方式不一样，但都体现了对劳动所得课税较重，对资本所得课税相对较轻的税制设计思想[②]。具体而言，综合课征部分（主要是劳动所得）包括工资、薪金、实物福利、养老金和特许权使用费等项目。在现实中，实物福利计税基数通常远低于市场价值，以体现简化征管的效率原则。单独课征部分（主要是资本所得）一般包括股息、利息、租金以及资本利得（股票和不动产）。

对于大部分所得来源而言，归属为劳动所得或资本所得是比较容易的。然而，个体经营所得兼有劳动所得和资本所得的特征，如何将其分离是二元所得税制推行上致命的弱点（Sørensen, 1994）。最初推出的所得分离模型（Split-Model）为[③]：挪威为总资产法，芬兰和瑞典为净资产法，丹麦为两种方法皆可。基本规则是：按总资产或净资产一定的资产回报率计算得到资本所得，而剩下部分为劳动所得。但是，所得分离模型带来了以下诸多技术问题：经营资产类型的界定、资产价值的确定、适宜资产回报率的选择以及估算资产回报基数的确定，等等（Sørensen, 1998）。

目前，北欧国家对经营所得的分离政策已发生了明显的变异和偏离。丹麦和瑞典对经营所得不再实施分离政策，而是将之归为综合所得课征范畴；芬兰将净资产的20%回报视为资本所得，剩下的经营所得视为劳动所得；挪威将资产正常风险回报部分视为资本所得（免税），超过的部分视为劳动所得课税。对股息所得的分离政策也发生了很大变化，只有芬兰和瑞典对符合条件的股息实施所得分离政策。芬兰的税收政策规定：个人从非上市公司取得的股息，若其总额超过股权价值的8%，超出部分的25%免税，超出部分剩下的75%作为劳动所得课税。而股权价值的8%以内部分，25%作为资本所得课税，剩下的75%部分，不超过150000欧元的部分免税，超过150000欧元部分中15%免税，剩下的85%作为资本所得课税；瑞典的税收政策规定：

① 对资本所得课征比例税率，且与劳动所得最低边际税率相当，也等于企业所得税率，这些最初的设计已发生了明显偏离，详见税率结构比较部分内容。

② OECD（2006）将前者设计视为半二元所得税制，而将后者视为纯粹二元所得税制，作者认为将两种设计都视为二元所得税的不同表现形式更为恰当。

③ 所得分离模型也可能适用封闭公司的积极股东（如至少拥有三分之二股票），因为积极股东可能运用工资和股息两种收入分配方式的选择来避税，在此不再赘述。

积极股东或者在过去的5年中股东为公司积极工作到重要程度，获得不超过规定数额的股息，其三分之二作为资本所得征税，三分之一不征税，超过部分作为劳动所得征税，但必须在基本阈值90倍以内（2019年基本阈值为64400瑞典克朗），否则超额部分仍将作为资本所得征税。

2019年，我国实施综合与分类相结合的个人所得税制后，将工资薪金所得、劳务所得、稿酬所得、特许权使用费四项所得合并起来综合课征累进税，经营所得单独课征累进税，而资本所得分类征收比例税。表明我国既没有对经营所得进行劳动所得与资本所得的分离，也没有对积极股东分配的股息所得进行分离。主要原因在于简化征管和减少税收遵从成本。值得一提的是，为降低投保人当期的税收负担，推动多层次养老保险体系的建立。我国税收政策规定，领取的税收递延型商业养老保险的养老金收入，其中25%部分予以免税，剩余的75%部分按10%的优惠比例税率计算缴纳个人所得税。

表4-6　　应税收入一般规定的国际比较

国家		丹麦	芬兰	挪威	瑞典	中国
劳动所得	工资薪金/津贴	○	○	○/△	○	○
	实物福利	○	○	○/△	○	○
	养老金	○	○	○/△	○	△
	董事费	○	○	○/△	○	○
经营和劳务所得		○	○/△	○/△	○	△/○
资本所得	特许权使用费	○	○	○	○	○
	利息	○	△	○	△	△
	不动产租赁	○	△	○	△	△
	不动产利得	○	△	○	△	△
	股息	△	△/○	△	△/○	△
	股票利得	△	△	△	△	△

注：综合征收○，分类征收或附加征收△。
数据来源：根据IBFD数据库中各国税收制度整理。

四、税前扣除设计之国际比较

个人所得税都是净收入概念，因为净收入是衡量纳税人支付能力的最佳标准。通常在计算每一类收入来源的净所得时，为取得该项所得而发生的一切必要费用都可以税前扣除。相反，与免税收入有关的成本费用则不能税前扣除。这体现了收入与成本的紧密关联程度。原则上，综合个人所得税制下，费用扣除通常更多。在二元所得税制改革之前，北欧国家为资本所得提供了大量的税收优惠政策，特别是资产融资而产生的债务利息可完全扣除，这诱导了纳税人使用与资本所得相关的扣除额来减少对劳动所得的纳税义务，导致资本所得实际税率可能为负值。而在二元所得税制下，将劳动所得和资本所得分别课税具有更重要的意义，此时资本所得适用不同税率以及资本损失弥补也受到一定程度的限制。此外，发生的个人性质的费用通常不可扣除，即使它们在某种意义上是赚取收入所必需的（Zimmer，2002）。

如表 4 -7 所示，对劳动所得常常同时适用标准扣除与非标准扣除政策①。前者与实际费用的发生无关，为定额或收入的一定比例。后者与实际发生的费用相关，通常为限额据实扣除。主要的扣除项目有：基本宽免（或抵免）②、就业扣除、社会保障缴款支出、捐赠支出、家政扣除、差旅费③和上下班交通费等。而北欧国家认为税前扣除不适用于获得或发展收入来源的费用，因而基础教育费用扣除被拒绝。北欧国家主要通过儿童转移支付来保障家庭福利，通常也没有儿童宽免和（或）抵免。需要指出的是，对于收入不同的纳税人来说，其享受的（名义）税收抵免都是相同的，这更有利于收入分配公平目标的实现，尤其是在税收抵免瞄准较低收入群体的情况下。例如，芬兰和瑞典实施了梯形的勤劳所得税抵免政策，兼顾了就业激励和公平收入分配的双重目标。相反，税收宽免是一种“倒挂式”④ 补贴（Surrey，1973）。税收宽免额超过一定的水平时，其可能不仅不能缩小收入分配差距，反而会扩大收入分配差距。

对资本所得适用一般的课税或税前扣除政策外，还有以下几个方面需要特别指出：一是利息支出。利息支出通常可在资本所得中限额扣除，但用于私人消费的债务利息支出通常不可以税前扣除。二是自有住宅的估算租金。在综合所得税制下，北欧国家对自住的估算租金课税，这与综合所得税制下的广义收入概念是一致的。而在二元所得税制下，取消了对此类所得的课税，改为课征不动产税。三是自住不动产资本利得。不动产资本利得通常以实现制为基础，等于购买价格与销售价格之间的差额。而北欧国家自住不动产资本利得享受了诸如完全免税（丹麦）、视持有或居住时间情况适用免税（芬兰和挪威）或优惠税率（瑞典）政策。最后是资本损失的弥补。主要涉及到资本损失如何弥补（同类补亏和非同类补亏），资本损失能否结转及结转时间，因而政策规定相对复杂。通常情况下，资本损失能够同类补亏，但不能非同类补亏，且只能向前结转。例如，在丹麦，不动产的资本损失只能用不动产的利得抵减。但从股票中产生的损失取决于是上市还是非上市公司股票，任何未弥补的损失可无限期向前结转。

---

① 在丹麦和挪威，中央所得税与地方所得税的税基构成相同。但在芬兰和瑞典，中央政府和地方政府为纳税人提供了不同的所得税收减免，因而所得税基的构成也不相同。

② 除丹麦外，其他三个国家在中央所得税中都采用了零税率设计，都属于（中央）基本宽免的范畴。

③ 在其居住地以外的其他地方工作的，纳税人为回家而支付的差旅费。

④ 所谓“倒挂式”补贴是指对收入高者补贴更多，对收入低者补贴更少，结果是可能会进一步扩大收入分配差距。

我国个人所得税的综合所得部分，每年可减除 6 万元费用、专项扣除（社会保障支出）、专项附加扣除（2019 年起增加了子女教育、继续教育、大病医疗、住房贷款或者住房租金、赡养老人支出）和依法确定的其他扣除。其中劳务报酬所得、稿酬所得、特许权使用费所得在适用减除费用 6 万元之前，以收入的 20% 为扣除额；经营所得的税前扣除类似于企业所得税的操作，每年可减除成本、费用以及损失；财产租赁所得，每次收入不超过 4000 元的，减除费用 800 元；4000 元以上的，减除 20% 的费用；股息利息红利所得没有税前扣除；[①] 对住宅估算收益免税，对其资本利得视持有时间免税；证券损失不得从该证券收益中抵消；其他类型的收入没有损失减免。

表 4－7　　主要税前扣除设计的国际比较

所得类型	扣除类型＼国家		丹麦	芬兰	挪威	瑞典	中国
劳动所得	标准扣除	基本宽免	×	√	√	√	√
		小孩宽免	×	×	×	×	×
		就业扣除	√	√	√	×	×
		社会保障缴款	√	√	×	×	√
	非标准扣除	捐赠支出	√	√	√	×	√
		家政扣除	√	√	×	√	×
		差旅费	√	√	√	√	×
		私人养老金缴费	√	√	×	√	√
		上下班交通费	√	√	√	√	×
		医疗费用	×	×	×	×	√
		教育费用	×	×	×	√	√
		赡养费用	√	×	×	√	√
	税收抵免	基本抵免	√	×	×	×	×
		勤劳所得抵免	×	√	×	√	×
		儿童抵免	×	×	×	×	×
资本所得（或损失）	利息支出		√	√	√	√	√
	住房估算租金/资本利得免税		×/√	√/√	√/√	√/×	√/√
	向前结转		无限	10 年	无限	无限	5 年
	同类补亏		√	√	√	√	√

注：中国的税前扣除没有与扣除类型对应。×代表无，√代表有。

数据来源：根据 IBFD 数据库中各国税收制度整理。

① 住房抵押贷款利息支出适用定额扣除方式，且在劳动所得中扣除。储蓄利息和政府债券利息享受免税政策。

五、税率结构设计之国际比较

在二元所得税制下，通常对资本所得仅课征中央所得税（比例税率），而劳动所得需课征中央所得税（累进税）和市政所得税（根据地区而不同的比例税）①。1987年，丹麦首先按照这一思路进行了税收改革。劳动所得的最高边际税率为68%，资本所得的税率为50%。1991年，瑞典开始实行税制改革，二元特征十分明显。资本所得的税率为30%，劳动所得的最高税率达到55%。不过，人们普遍认为资本和劳动所得的税负大致相等。据计算，大约85%纳税人的劳动所得边际税率约为30%。1992年，挪威开始实行类似的制度。资本所得的税率为28%，劳动所得的最高边际税率约为50%。1993年，芬兰税收改革开始生效。资本所得的税率为25%，劳动所得的最高边际税率为63%（Zimmer，2002）。

经过30余年的发展，北欧四国的二元所得税制模式发生了偏离，对应税率也发生了较大的改变（见表4-8）：丹麦、芬兰和挪威的劳动所得最高边际税率都呈下降趋势，分别降至59.42%②、51.13%和38.2%，而瑞典对应税率上升到52.28%（2019年为57.9%）。丹麦和挪威的资本所得税率分别降到42%和22%，而芬兰对应税率上升到34%，瑞典对应税率保持30%不变（瑞典非上市公司的股息适用优惠税率25%，自有住宅资本利得适用优惠税率22%）。最为重要的是，丹麦和芬兰的资本所得已从最初课征比例税转向2级超额累进税。股息所得一体化设计方面也发生了很大变化。例如，在改革之初，芬兰和挪威的股息都适用完全归集抵免制，有效缓解经济性重复课征。但是，当前芬兰股息所得适用部分免征制，挪威适用RRA法（类似部分免征制），因而股息所得一体化税负水平上升。主要原因是：一方面，抵免制的复杂性以及税负的横向不公平（境外股息所得不适用归集抵免制造成的横向不公平）。另一方面，2008年全球金融和经济危机后，伴随着日益严重的收入和财富不平等，提高资本所得课税的呼声日益高涨。例如，Piketty（2014）建议对全球财富征收累进税，以减缓不平等的螺旋式增长，有效地调节全球经济，确保财富在社会中的公平分配。

表4-8　　税率结构设计的国际比较

国家		丹麦	芬兰	挪威	瑞典	中国
综合征收	中央所得税	12.11%～27.11%（8%）③	6%～31.25%	7.85%	20%	3%～45%
	地方所得税	24.95%	19.88%	14.15%	32.28%	

① 如果考虑劳动所得需要课征的社会保障税，则资本与劳动所得的税率差异会更大。

② 为了避免综合边际税率过高对经济可能产生的扭曲，丹麦规定了最高边际税率。2020年，如果中央所得税和地方所得税合计税率超过52.02%，则超过的税率可以抵减15%的中央所得税率。

③ 自2011年1月1日起，劳动力市场缴款8%被视为税收（不再作为社会保障缴款）。

续表

国家	丹麦	芬兰	挪威	瑞典	中国
单独专项/附加	27% ~42%	30% ~34%	1.9% ~16.2% 31.68%	30%	5% ~35% 20%
劳动所得最高边际税率	59.42%	51.13%	38.2%	52.28%	45%
资本所得最高边际税率	42%	34%	22%	30%	20%
雇员社会保险	无	9.78%	8.2%	7%	10.2%
雇主社会保险		20.5%	13%	31.42%	16%
企业所得税率	22%	20%	22%	21.4%	25%
一体化（股息税率）	54.76%	43.12%	46.71%①	44.98%	40%

数据来源：根据 IBFD 数据库中各国税收制度整理。

与改革前相比，我国劳动所得和（个体工商户）经营所得的最高边际税率都没有变化，分别为45%和35%，资本所得适用税率也保留20%比例税，股息综合一体化税率仍为40%。与北欧国家相比，我国的劳动与资本所得税率都相对更低（挪威的劳动所得除外），但我国劳动所得与资本所得的税率差异空间比北欧国家更大，可能营造出更大的避税空间。从经验来看，越是高收入群体、越是收入多元化的群体，他们通过应税收入转换来避税的机会也会更多。此外，我国25%的企业所得税率高于20%的个人资本所得税率（股息一体化税负除外），这与北欧国家情况正好相反。

六、个人所得税制效应之国际比较

北欧国家以“高税收、高福利”而著称于世，包括英美在内的一些发达国家都甚是羡慕（张春龙，2019）。接下来，有必要从财政收入和收入再分配两方面对此进一步考察税制改革的成因。

（一）个人所得税税收收入的国际比较

长期以来，北欧国家个人所得税制发挥了举足轻重的作用。如图4－4所示，20世纪90年代后，个人所得税占税收收入比重总体变化不大，呈现一定幅度的波动，其中丹麦明显高于其他三个国家和OECD国家平均水平。以2018年为例，丹麦、芬兰、挪威和瑞典个人所得税占税收收入的比重分别为54.44%、28.85%、25.3%和28.99%（OECD平均水平为23.91%）。而中国的个人所得税占税收收入的比重总体呈上升趋势，从1990年的0.75%上升到2018年的8.87%（2019年为6.6%），但远

① 挪威的股息所得税率在22%的基础上要乘以1.44，即股息税率为31.68%。此处计算没有考虑挪威股息享受的回报率津贴法扣除（Rate of Return Allowance，RRA）。

低于北欧国家对应水平。

究其主要原因：第一，具备扎实的经济基础。经济是税收的基础源泉，北欧国家基本上都属于高度发达国家。2018 年，挪威的人均 GDP 全球排名第 3，约为 8.17 万美元。丹麦排名第 9，为 6.07 万美元。瑞典排名第 11，为 5.39 万美元，芬兰排名第 14，为 4.98 万美元。而中国的人均 GDP 全球排名第 74，约为 8583 美元。第二，强化工作就业激励，增加纳税人数量。公共福利服务体系创造了大量的工作岗位，相当一部分“家务活动”（例如，抚育小孩、照顾老人等）已经转移到了社会机构（例如，幼儿园、养老院等），这些“家务活动”相应转变为工作（刘延芳，2017）。而家政服务支出税前扣除以及就业税前扣除或抵免政策，进一步形成激励工作的内在机制，增加了纳税人数量。最后，注重税收结构调整，强化经济手段尤其是环境税的运用。例如，丹麦成为欧盟第一个真正绿色税收改革的国家。20 世纪 90 年代初，挪威也开始征收绿色税。节能环保政策导向清晰，效果显著，深化绿色革命形成了可持续的和谐发展（卢洪友、许文立，2015）。需要指出的是，如若考虑社会保障收入，北欧国家个人所得税收入占税收收入比重的差距较小。以 2018 年为例，丹麦、芬兰、挪威和瑞典个人所得税（含社会保障）占总税收比重分别为 54.54%、56.77%、51.16%和 51.03%（OECD 平均水平为 50.91%）。

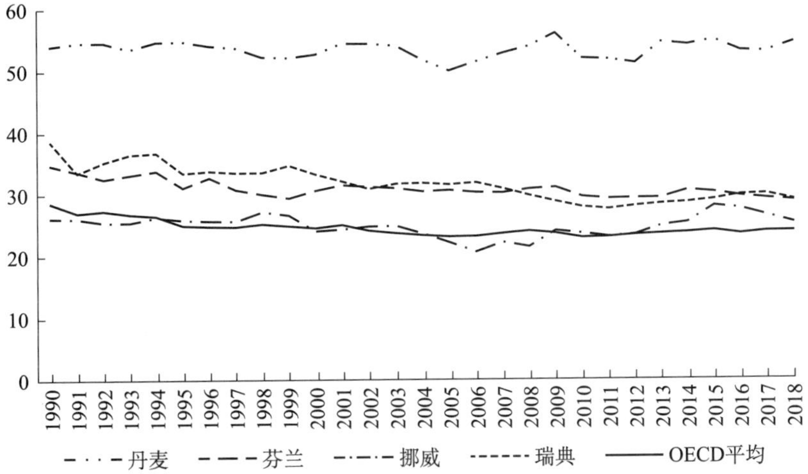

图 4-4 北欧四国和 OECD 个人所得税占税收收入比重

数据来源：根据 OECD 数据计算绘制。

（二）个人所得税制公平性的国际比较

根据世界银行数据统计，北欧国家是世界上贫富差距最小的国家，国际上把这种社会发展模式称为“北欧模式”。突出特点是经济增长和社会福利均衡发展、竞争与合作相结合、效率与公平相统一、稳定与调整相协调（叶庆丰、赵虎吉，2007）。如表 4-9 所示，北欧国家初次分配收入（总收入）基尼系数都超过了国际警戒线 0.4，但税收与转移支付发挥了较好的收入再分配效果，基尼系数都降到了0.2~0.3。采用基尼系数相对差异（α）① 可以更清楚地看到这一点。1995年，北欧四国的α值分别为48.44%、53.75%、39.85%和51.83%。2016年，对应数据分别为41.61%、48.81%、38.79%和35.17%。虽然各国总体上呈下降趋势，但效果仍然非常显著，尤其是芬兰。而我国无论是税前总收入还是可支配收入的基尼系数都相对较高。例如，2011年，税前总收入基尼系数为0.548，可支配收入的基尼系数为0.514，α仅为4.99%。

表4-9　北欧四国税收与转移支付再分配效应比较

时间（年）	丹麦		芬兰		挪威		瑞典	
	总收入	可支配收入	总收入	可支配收入	总收入	可支配收入	总收入	可支配收入
1990	0.396	0.226	0.402	0.215				
1995	0.417	0.215	0.48	0.222	0.404	0.243	0.438	0.211
2000	0.416	0.227	0.476	0.255	0.426	0.261	0.446	0.243
2005	0.416	0.232	0.481	0.266				
2010	0.429	0.252	0.485	0.265	0.408	0.249	0.441	0.269
2011	0.433	0.251	0.485	0.264	0.409	0.25	0.432	0.273
2012	0.436	0.249	0.488	0.26	0.41	0.253	0.431	0.274
2013	0.442	0.254	0.495	0.262	0.412	0.252	0.427	0.268
2014	0.444	0.256	0.495	0.257	0.416	0.257	0.429	0.274
2015	0.451	0.263	0.507	0.26	0.432	0.272	0.432	0.278
2016	0.447	0.261	0.506	0.259	0.428	0.262	0.435	0.282
2017			0.512	0.266	0.429	0.262	0.434	0.282
2018			0.509	0.269	0.429	0.262	0.428	0.275

数据来源：OECD数据库。

七、北欧四国二元所得税改革的结论及启示

（一）偏离了纯粹二元所得税制模式

政府在设计个人所得税时，要权衡国际竞争、效率和公平等多重目标。基于不同的经济和政治环境，各国在决定牺牲哪个目标时面临不同的考虑。引进纯粹二元所得税之初，北欧国家牺牲了综合性，为资本和劳动所得提供了不同的税收待遇（Bird &

① 相对差异系数α=（税前收入基尼系数-可支配收入基尼系数）/税前收入基尼系数×100%。

Zolt，2011）。在对各目标权衡的过程中，纯粹二元所得税制已发生明显偏离。主要有两个原因：其一是所得分离模型带来了税收制度的复杂化，增加了税收征管和纳税人遵从成本，以及带来了新的避税行为，造成了一定的经济效率损失。其二是初次收入分配差距进一步扩大，需加大对（资本）高收入者的调节力度，这在制约资本课税因素得到有效改进背景下成为可能①。

（二）重视多样化的劳动所得税前扣除政策

如前所述，北欧国家对劳动所得税前扣除项目的设计较广，尤其是包括多种激励就业的税前扣除或抵免政策。而我国当前主要采用标准的税前扣除方式，这既不利于真正反映量能负担课税原则，也无法实现收入再分配的公平目标。事实上，如若继续提高标准的税前扣除水平，这对中低收入者来说形同虚设，会进一步扩大收入分配差距。因此，可推出基于就业或其他目标的税前扣除项目，采用递减的税收宽免，或适时推出税收抵免政策，让改革发展成果更多惠及低收入群体或某些特殊的弱势群体。

（三）弥补资本损失的结转时间较长

在二元所得税制下，虽然资本损失大多只能同类弥补，但通常可以无限向前结转。而中国的资本损失只能向前结转 5 年，这无疑会极大地影响资本市场的健康发展。此外，对资本利得保持较宽松的税收政策。因为利得是在若干年内积累起来的，在很大程度上是通货膨胀带来的账面收益，对资本利得课征重税也会产生所谓的“锁定效应”。出售一项资产之后往往会对类似资产进行再投资，重税可能会危及再投资意愿。20 世纪 90 年代以来，个人资本利得占税收的比重基本为零，只有瑞典从 1990 年的 0.2% 上升到了 2018 年的 3.1%（期间有波动，2019 年最高为 4%），也许从此可窥一二。

（四）调整个人所得税的税率结构

实行综合与分类相结合个人所得税制后，我国工资薪金所得和资本所得最高边际税率仍分别保持 45% 和 20% 不变，这对纳税人行为可能造成较大的扭曲。此外，20% 的资本所得税率远高于 3% 的劳动所得最低边际税率，造成低收入者间事实上的横向不公平。可降低劳动所得最高边际税率，同时引进低档的资本所得税率，既可缓解横向不公平，减少税率极大差异造成的避税套利行为，也可在资本所得间产生一定程度的纵向公平。

---

① 丹麦是第一个引入北欧纯粹二元所得税制度的国家，也是第一个退出纯粹二元所得税制的国家。

第三节　OECD 国家劳动所得税制设计比较—基于生育激励的视角

一、引言

生育率反映了妇女生育强度，会影响人口的增长速度，也是各国制定人口计划和开展人口预测工作的重要参考指标。一个国家发展到一定阶段后，人口成为影响社会创新和经济发展动力的根本要素。据此，世界各国对生育率水平的态度或看法也与时俱进，甚至发生根本性改变。例如，1976 年，绝大多数 OECD 国家认为本国的生育率水平“令人满意”，只有少数国家认为本国生育率水平或者“太高”（如韩国、墨西哥和土耳其）或者“太低”（如芬兰、法国、希腊和卢森堡）。这种情况从 1996 年开始改变，到 2003 年这种变化已经普遍化（D’Addio & D’Ercole，2005）。当前，大多数 OECD 国家认为本国生育率水平“太低”，部分国家认为本国生育率水平“令人满意”，只有墨西哥和土耳其认为本国生育率水平“太高”。

计划生育对中国的人口和发展问题起到了不可忽视的积极作用，但也带来了人口老龄化问题。21 世纪初，中国的计划生育政策做出了一些调整。在部分地区，尤其是经济相对发达的地区，逐步放松了计划生育政策。2011 年开始，中国稳步推进实施鼓励的生育政策，5 年间实现了从“双独二孩”到“全面二孩”的政策转变。根据国家统计局和国家卫生计生委数据显示，2016 年二孩出生的占比由 2013 年以前较稳定的 30% 上升至 45%，2017 年和 2018 年二孩出生的占比进一步提高，分别为 51% 和 50%。但是，全国人口出生总量在经历短暂上升后仍呈下降趋势，表明“全面二孩”政策的堆积效应正明显消退，无力挽救长期以来生育率下降趋势。究其主要原因：随着经济社会的发展，抚养子女的成本提高，父母更偏好子女的质量而非数量（Becker & Lewis，1973），这也是自 20 世纪 70 年代早期以来，OECD 国家生育率下降的一个关键因素（Hotzet al.，1997）。

如图 4 - 5 所示，1960 年到 2017 年间，OECD 国家的平均生育率水平变动总体呈下降趋势，这是各国生育率变动的一般规律。而中国的生育率水平在此期间下降尤为迅速，2017 年仅为 1.63，低于 OECD 国家平均水平 1.70，更接近国际上设定的生育率陷阱临界点 1.5。“低生育率陷阱”理论的最大功效可能不在于理论本身，而在于其警示作用（陈友华、苗国，2015）。1976 年到 2013 年期间，发达国家中提高生育水平的干预政策比例从 21% 提高到 69%，反映了当前生育问题的严峻性和紧迫性。几乎所有的税收体系都能够同时影响纵向公平（如从高收入家庭到低收入家庭）和横向公平（例如，不同小孩数量的家庭之间）。因此，税收体系能够影响个人就业和生育等方面的决策（D'Addiot & D'Ercole，2005）。2019 年起，我国实施了个人所得税子女教育专项附加扣除，迈出减轻有小孩家庭税收负担的可喜一步。

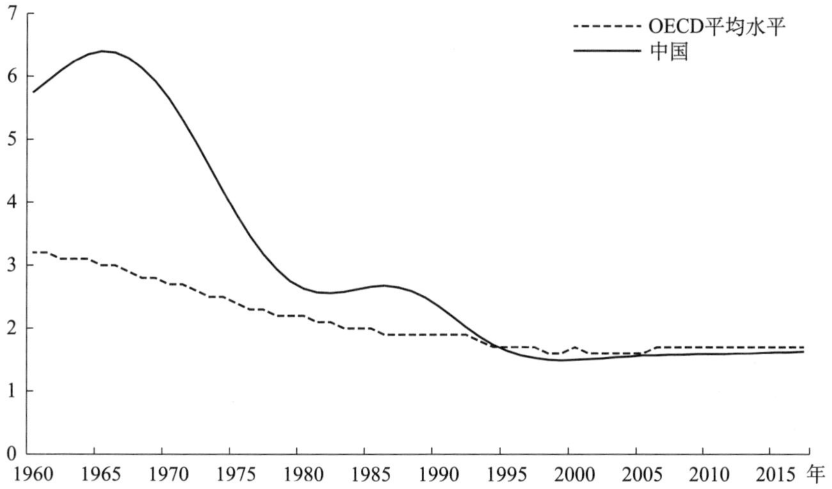

图 4－5　OECD 国家与中国生育率水平变动趋势比较

二、国内外文献综述

由于大多数国家实施税收政策鼓励生育的时间较晚，直到 20 世纪 90 年代左右相关研究才开始突显（见表 4－10）。Ermisch（1988）认为从财税政策中获得更高利益的家庭会更早生育，但不一定会更多生育。Whittingtonet al.（1990）第一个真正实证评估了生育率和各种经济因素（涵括受抚养者享受的税收宽免）的线性函数关系。发现税收宽免对全国生育率有着积极而显著的影响，真实税收价值的边际系数在 0. 121 到 0. 236 之间，且结果都是稳健的。尽管税收弹性系数不大（在 0. 127 到 0. 248 之间），但美国似乎可以通过有意改变税收政策，在一定程度上影响公民的生育决定。

之后，一组研究也使用宏观数据（时间序列或面板数据）展开分析。Georgelis & Wall（1992）对已有的研究进行改进，采用非线性回归模型以及加入滞后变量。发现尽管税收宽免政策会促进生育率水平的提高，但边际效应随着宽免水平的提高而降低，即越来越难以通过这类政策提高生育率水平。Gohmann & Ohsfeldt（1994）在回归模型中加入了其他解释变量，进一步支持了美国税收宽免确实对生育率水平有积极影响的结论，但影响的大小和意义对变量的选择较为敏感。Crumpet al.（2011）纠正了 Whittingtonet al.（1990）模型中的错误解释变量、更新了时间以及采用更广泛的儿童税收福利指标，发现美国儿童税收福利对生育率水平的长期影响要小得多，且在统计上也不显著，影响的主要是出生时间。其他国家的类似研究也支持以上结论。例如，Zhanget al.（1994）发现加拿大的儿童税收利益对生育率影响的弹性估计值仅为 0. 05。

此外，许多学者也运用面板数据来验证这一假设关系。Wennemo（1992）发现生育率与儿童福利之间没有一致的影响。Huang（2002）发现台湾23个地区税收宽免与生育率之间存在正相关关系，但两者之间的影响程度也相当小。不过，D'Addio & D'Ercole（2005）将模型扩展到更广泛的政策变量，同时考虑到国家在动态效应上的异质性。发现有孩子家庭的收入转移（现金和税收宽免）对生育率有积极和显著的影响。丁宏（2017）通过门槛回归模型，发现OECD国家税式支出也提高了生育率水平。

另一组研究使用个体微观数据。主要研究结果倾向于证实宏观研究上的发现，同时也显示出在出生顺序、年龄和人口子样本等方面存在的差异。Barmby & Cigno（1990）发现英国较高的儿童福利鼓励提前生育，但对家庭规模没有任何统计上的显著影响。不过，Whittington（1992）运用条件逻辑模型和滞后自变量，发现税收宽免对美国家庭规模的影响很大，边际效应为0.23到1.31。Park（2009）发现子女税收抵免政策对妇女生育的可能性有显著正向影响，但妇女受教育程度不会影响生育决策。Mumford & Thomas（2017）发现税收利益似乎对生育决定没有显著反应，但美国儿童税收补贴确实对部分人口子群（包括低收入家庭的已婚妇女在内）产生了积极显著的生育激励。除美国外，其他国家的类似研究也逐渐增加。例如，Laroque & Salanie（2008）发现法国慷慨的儿童补贴对生育率只产生很小的影响。Cohenet al.（2013）发现以色列财政激励对低收入人口的生育影响很大。而Azmat & González（2010）发现2003年西班牙为在职妇女（有3岁以下小孩）引进的税收抵免显著提高了生育率（平均提高了约5%），而1999年税收宽免小幅度增加对生育率的影响稍小。

以上研究很少单独考察勤劳所得抵免（Earned Income Tax Credit，EITC）对生育率的影响，部分原因是：除美国外，抵免政策在大多数国家都没有持续实施很久。Duchovny（2001）首次分析了美国EITC与生育率之间的关系。她将已经有两个孩子的妇女作为只有一个孩子的妇女的对照组，运用“双重差分法”，发现该政策使只有一个孩子的白人已婚母亲的生育率提高了15%。Baughman & Dickert - Conlin（2003）发现美国EITC扩张对生育有激励作用，但效果不到Whittingtonet al.（1990）报告的一半。此外，对非白人妇女的生育激励比白人妇女的生育激励更大。Baughman & Dickert - Conlin（2009）进一步指出，虽然研究结果对解释变量的选择很敏感，积极显著的影响也比美国已有的研究结论小很多，但也发现各地儿童保育抵免有极大的生育激励作用，且白人妇女比非白人妇女对EITC的生育激励更敏感。

从宏观和微观实证研究解释生育率与税收政策的关系，为我们理解该问题提供了不同视角的洞见。显然，税收影响生育行为的研究结果是复杂多样的，原因主要有：模型中影响生育率的经济社会政策指标的选择（例如，税收还是税收转移支付一体化指标，其他社会经济变量选择的多寡）、研究方法的差异（例如，线性还是非线性回归，是否考虑变量滞后影响，是否考虑时间趋势，是否考虑变量间的内生性），研究对象的差异（例如，单个国家还是多个国家，样本子集的选择），考察期间以及数据来源的差异，等等。总而言之，各国税收政策对生育的激励程度是一个经验问题（Sleebos，2003），其作用尚未取得一致性的结论（王颖、孙梦珍，2017）。21 世纪以来，OECD 国家在所得税税收政策设计中广泛引进可退抵免制和收入限制机制。然而，宏观视角分析无法有效揭示这种精细化的税收政策调整效果，而微观视角由于数据的缺乏很难展开有效的跨国和跨期比较。

表 4－10　　税收影响生育率的相关文献

研究文献	数据类型	国家（地区）数量	考察时间（年）	与儿童相关的税收变量
Ermisch（1988a，b）	时间序列	英国	1952—1983	税收转移支付一体
Whittingtonet al.（1990）	时间序列	美国	1913—1984	税收宽免
Georgelis & Wall（1992）	时间序列	美国	1913—1984	税收宽免
Gohmann & Ohsfeldt（1994）	时间序列	美国	1915—1988	税收宽免
Zhanget al.（1994）	时间序列	加拿大	1921—1988	税收宽免、儿童税收抵免
Crumpet al.（2011）	时间序列	美国	1913—2005	税收宽免、儿童税收抵免、勤劳所得抵免
丁宏（2017）	面板数据	28	2001—2011	税收总体
Wennemo（1992）	面板数据	18	1930—1980	税收宽免
Huang（2002）	面板数据	中国台湾（23）	1990—1996	税收宽免
D'Addio & D'Ercole（2005）	面板数据	16	1980—1999	税收转移支付一体
Barmby & Cigno（1990）	微观数据	英国	1980	税收抵免
Whittington（1992）	微观数据	美国	1979—1983	税收宽免
Park（2009）	微观数据	美国	1999—2005	税收抵免
Mumford & Thomas（2017）	微观数据	美国	1985—2011	税收总体
Laroque & Salanie（2008）	微观数据	法国	1997—1999	税收转移支付一体
Azmat & Gonzúlez（2010）	微观数据	西班牙	1992—2003	税收宽免、儿童税收抵免
Cohenet al.（2013）	微观数据	以色列	1999—2005	税收转移支付一体
Duchovny（2001）	微观数据	美国	1989—2000	勤劳所得抵免
Baughman & Dickert－Conlin（2003）	微观数据	美国	1990—1999	勤劳所得抵免
Baughmann & Dickert－Conlin（2009）	微观数据	美国	1990—1999	勤劳所得抵免

党的十九大报告中明确指出，要促进生育政策和相关经济社会政策的配套衔接，加强人口发展战略研究。与许多 OECD 国家“生育友好型”税收政策相比，我国相关的税收政策较为缺乏，且国内相关的研究也明显滞后。基于此，本专著另辟蹊径，首先，厘清税收激励生育行为的理论逻辑，奠定分析的理论基础。然后，运用工资税模型，结合 OECD 国家最新数据比较分析税收对生育激励的总体效应，并通过对各国税收政策模拟，挖掘建立在统一口径上的显著性税收特征，获取科学可比的国际论据。最后，汲取和借鉴 OECD 国家的成功经验，结合中国税收征管现实约束，逐步构建我国“生育友好型”个人所得税制。

三、税收激励生育的理论逻辑与工资税模型

（一）税收激励生育的理论逻辑

Becker（1960，1981）奠定了支撑现代生育经济模式的理论基础。他指出如果小孩是正常商品，在保持其他不变的情况下，家庭收入的增加（抚养成本下降），将促进更高的生育需求，特别是在人力资本成本不会改变的短期内。接下来，用一个简单的理性选择模型对此作出解释。假设一个家庭最大化效用函数为 $W=U(X, L, N)$，同时受到收入预算的约束（$I=NP_C+XP_x$）和时间的约束（$H_T=L+L_C+L_H$）。其中：X 是消费的所有其他商品，L 是休闲，N 为小孩数量；I 是总收入，P_x 是商品价格，P_C 为每个儿童抚养成本或价格（假设小孩质量相同）；H_T 为总时间，其在休闲时间 L、小孩生育服务时间 L_C 和工作时间 L_H 之间分配。针对小孩税收优惠政策的增加可以解释为 P_C 的下降，这个价格的变化同时产生了收入效应和替代效应，共同作用增加了对小孩的“消费”。具体而言，税收如何影响生育行为呢？以成本类型—影响因素—税制要素—主要政策工具为主线，深入剖析税收影响生育的理论逻辑（见表 4-11）。

第一，抚养小孩会产生哪些不同类型的成本？经济学文献将抚养成本区分为直接成本和间接成本（机会成本）。前者是指有小孩家庭产生的额外“自付”费用，不仅有基本生活成本（吃穿住行），还会产生诸如教育成本以及健康费用（或医疗保险费），甚至是体育、艺术活动等费用。后者是指父母生育子女后所遭受的收入损失。例如，母亲不工作，或者为照顾子女而减少工作时间，或者在子女出生后职业发展面临瓶颈。

第二，哪些家庭特征会影响抚养成本或能力？不同的婚姻状况，蕴含小孩成长的不同环境；不同的家庭收入水平，代表抚养小孩的不同能力。对于一个较高收入或过高收入纳税人，减少甚至不再享受税收优惠待遇，这符合“量能课税原则”。例如，在过去 20 年中，美国部分税收政策的变化有利于贫困小孩和工作的穷人（或近似穷人），这可能无意中影响了生育率，因为穷人往往倾向于多生孩子；不同的小孩年龄、数量和健康状况，意味着养育成本亦千差万别；说服女性更多的生育和产后继续工作是政府面临的双重挑战。

第三，可借助哪些税制要素实现政策目标？理论上来说，减少有小孩家庭税收负担的诸多税制要素，对生育行为都可能有积极影响，但效果迥异。其中：家庭系数法能够有效地减轻家庭税收负担，因为对家庭成员（包括小孩）的综合税基分割后再适用累进税率；合并申报作为鼓励生育的一种手段可能并不十分精确，因为税负减少与儿童的数量无关；类似地，平均分割法[①]和税率结构对生育的激励效果也可能不十分

① 平均分割法是指将家庭的综合税基在夫妻中平均分割后，再适用累进税率缴税。

精确；个人申报纳税制度可能既能保障较高的女性劳动力供给，又能保障较高的生育水平；纳税人享受的儿童税收优惠政策越自由灵活，则减轻家庭税收负担的效果越好，对生育正激励效果越大。

最后，可借助于哪些税收宽免或抵免政策工具呢[①]？两者的选择可谓精彩纷呈，是激励生育的精细化设计来源。既可根据抚养的成本类型的不同分别考虑，也可为简化税收征管而综合设计；既可根据成本类型据实扣除，也可设计为标准扣除（与实际费用无关）。在实践中，囿于这些成本常常不能被直接观察到，因而标准扣除是各国更常见的选择。具体而言，既可采用定额方式，也可按（净）收入的一定比例扣除；当纳税单位为个人时，可赋予未使用完税收宽免或抵免在配偶间转移；针对中低收入者面对应纳税额不足抵免的事实，可设计可退的税收抵免。但是，政府为缓解面临的财政损失压力，经常考虑限额的扣除、转移或退还。

表 4－11　税收激励生育的理论逻辑

成本类型	影响因素	税制要素	政策工具（宽免或抵免）
生活成本	婚姻状况	税收宽免	分类或综合
教育成本	收入水平	税收抵免	据实或标准
医疗/保险费用	受抚养者年龄	个人申报	定额或比例
体育/艺术费用	受抚养者数量	家庭申报（平均分割/家庭系数法/合并申报）	转移或非转移（配偶间）
托管成本	受抚养者健康	税率结构	可退或非可退
家政服务费	性别（女性）	纳税人（享受主体及比例）	全额或限额

鉴于涉及成本类型的多寡，探究影响因素的宽窄，以及灵活多变的政策要素或工具的选择，综合交错在一起，遂形成程度不一的激励路径。在实践中，无论是有意还是无意，各种税收政策都可能提高或降低生育的吸引力，因而综合影响可能是模糊的。厘清此理论逻辑，不仅有利于理解激励生育的税收政策设计，同时如何权衡收入分配公平、工作效率以及财政收入稳定性，亦具有十分重要的现实意义和深远的战略价值。

（二）工资税模型基本假设

采用 OECD（2019）提供的工资税模型建立的分析框架，主要假设有：家庭有 2 个符合资格条件的小孩，年龄为 6 岁到 11 岁，身体健康。收入水平介于平均工资（Average Wage，AW）的 50% 到 250% 之间，即 50% AW 到 250% AW。考虑符合条件的纳税人享受的各种标准税收优惠政策，计算得到纳税人的实际所得税收负担（不考虑社会保险负担）。在此基础上，通过分别测算无小孩与有小孩已婚家庭（假设仅配

① 税收宽免与抵免是不同的，前者是从应纳税所得额中的扣除，而后者是从应纳税额中的扣除。但两者都有很多种形式，例如，基本税收宽免或抵免，儿童税收宽免或抵免，以及勤劳所得宽免或抵免。

偶一方有收入)，或者无小孩与有小孩单亲家庭之间的税收负担负差异值，便可知晓税收对生育家庭税负影响的方向及大小。如若无小孩家庭税收负担大于有小孩的家庭，即税负差异为正值，则发挥正向激励作用，且该正值越大，效果越明显。否则相反。

此外，引进平均税收利益指标，即儿童税收宽免对应的税收价值（中央与地方的合计数）或者儿童税收抵免额占平均工资（AW）的百分比（考虑两个小孩，以 2C/AW% 表示），这有利于消除经济变量单位差异的影响，可有效开展跨国和跨期比较。更为重要的是，税收优惠是收入的函数时，可进一步模拟不同收入家庭与税收利益的关系。需要指出的是，如若没有小孩的已婚家庭税收负担较低，也隐含了潜在的生育激励。除非另有说明，数据源自于荷兰国际财税文献局（IBFD，2019）[①] 和 OECD（2019）中 2018 年的原始数据，以及基于工资税模型假设展开计算和模拟的结果。

四、OECD 国家个人所得税对生育激励的总体效应

如表 4 - 12 所示，在整个收入考察区间，研究发现因小孩导致已婚和单亲家庭存在税负差异的 OECD 国家分别为 26 个和 30 个（截至 2019 年底共 36 个成员国）。其中：除少数国家部分工资收入区间存在税负差异负值外，绝大多数 OECD 国家税负差异为正值。此外，一些国家只存在部分区间差异，且大多集中在平均工资以下的中低收入家庭。表明大多数 OECD 国家通过个人所得税减轻了生育家庭的税收负担，尤其是考虑了单亲家庭和中低收入家庭，这与较低收入家庭有更大的家庭规模是相吻合的。

表 4 - 12　　无小孩与有小孩家庭在不同收入区间的税负差异比较

家庭类型		已婚家庭	单亲家庭
有差异	完全差异	奥地利、比利时、加拿大、捷克、爱沙尼亚、德国、希腊、匈牙利、爱尔兰、意大利、韩国、拉脱维亚、波兰、斯洛伐克、斯洛文尼亚、西班牙、瑞士、土耳其、美国（19 个）	奥地利、比利时、加拿大、捷克、丹麦、爱沙尼亚、德国、希腊、匈牙利、爱尔兰、以色列、意大利、韩国、拉脱维亚、卢森堡（50% ~96%，97% ~250%*）、波兰、荷兰、挪威、斯洛伐克、斯洛文尼亚、西班牙、瑞士、土耳其、美国（24 个）
	部分差异	澳大利亚（50% ~63%）、智利（100% ~250%）、法国（104% ~250%）、日本（50% ~52%）、新西兰（50% ~79%*）、葡萄牙（54% ~250%）、英国（50% ~83%）（7 个）	澳大利亚（50% ~55%*，56% ~63%）、智利（100% ~250%）、法国（52%*，53% ~250%）、新西兰（50% ~79%*）、葡萄牙（54% ~250%）、英国（50% ~83%）（6 个）
无差异		丹麦、芬兰、冰岛、以色列、立陶宛、卢森堡、墨西哥、荷兰、挪威、瑞典（10 个）	芬兰、冰岛、日本、立陶宛、墨西哥、瑞典（6 个）

注：*代表存在税负差异负值的收入区间或收入点。

数据来源：根据 OECD 数据库中相关数据整理。

① 数据来源于 IBFD 在线数据库，https://research.ibfd.org/，2019.

接下来，以平均工资家庭（100% AW）为典型案例进一步展开实证考察。如图4－6所示（纵坐标为平均税率百分比），对已婚家庭存在正向税收激励的国家有21个。无小孩的已婚家庭税收负担平均为13.0%，而有小孩已婚家庭平均税收负担仅10.4%，总体降低2.6%。其中：税收负担降低最多的是捷克，从7.1%降到－5.1%，降低了12.2%。主要原因是：捷克有配偶间基本税收抵免转移，还有高水平的（限额可退）儿童税收抵免。需要指出的是，在没有显示正向激励的国家中，北欧国家以高税收和高福利著称，这为激励生育也提供了较好的副物质基础。例如，瑞典、丹麦和冰岛三国生育率均高于OECD平均水平。

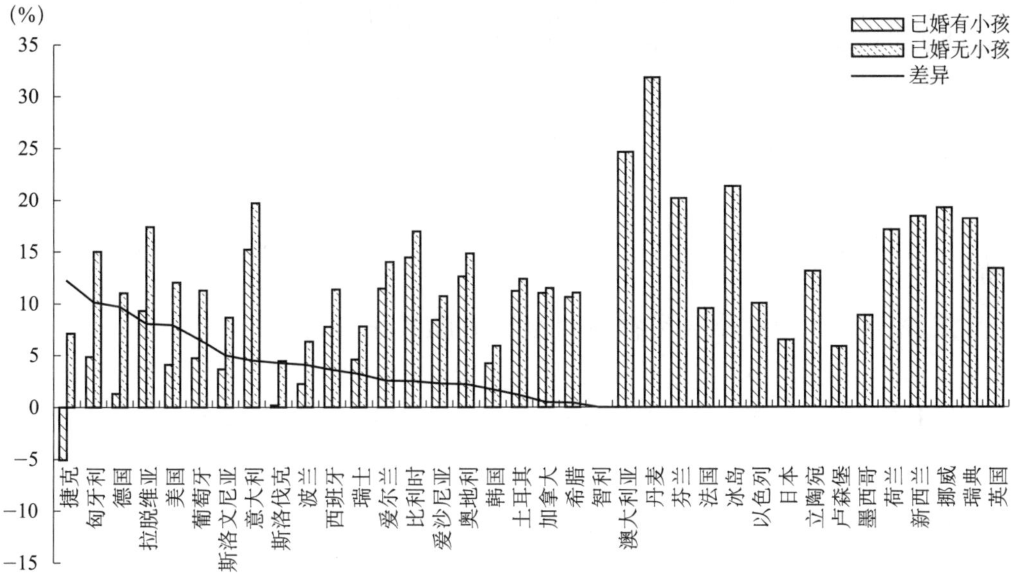

图4－6　无小孩与有小孩的已婚家庭税负水平及差异

类似地，对单亲家庭存在正向税收激励的国家有26个（见图4－7）。无小孩的单亲家庭税收负担平均为15.7%，而有小孩单亲家庭平均税收负担仅为11.9%，总体税负降低3.8%。其中：税负降低最多的是美国，从16.1%降到0.06%，降幅高达16%。因为美国设计了（可退）儿童税收抵免，考虑了小孩的（可退）勤劳所得抵免（EITC），还对单亲父母适用比单身个人更大的税收宽免。

以上分析表明，对有子女家庭给予各种税收优惠是大多数OECD国家的通行做法，这对于21世纪以来各国生育率水平下降趋势得到有效遏制，甚至部分国家出现了小幅提升可谓功不可没。例如，20世纪70年代，德国、法国、瑞典和澳大利亚等国家的生育率水平呈现断崖式下滑后，及时推出了相关财税政策，效果颇为显著。因为这些国家推出了极具鼓励生育色彩的税收减免措施，保障了子女的基本生活需求和教育支出，有效缓解了父母抚育子女的压力（何凌云等，2019）。

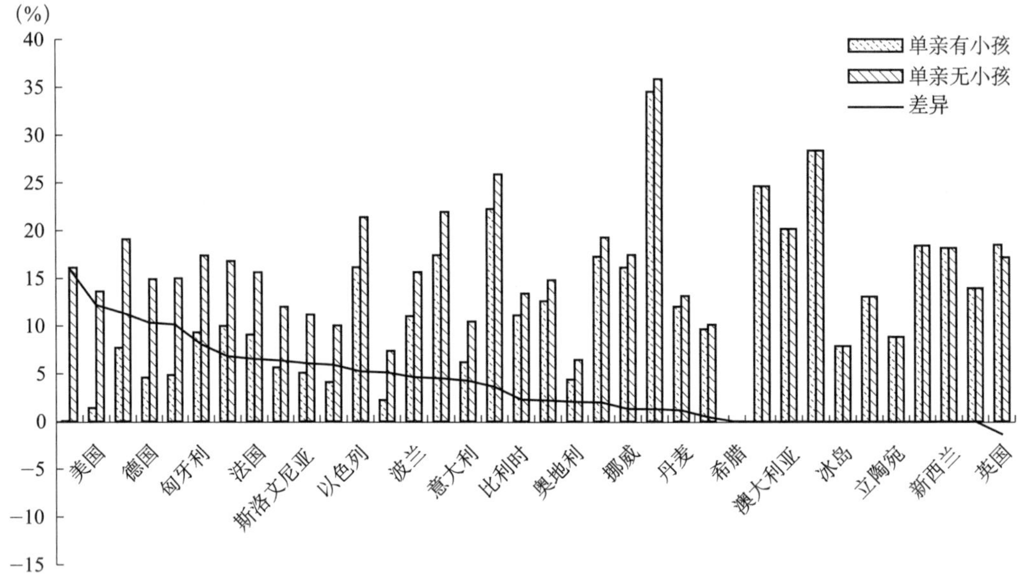

图 4-7　无小孩与有小孩的单亲家庭税负水平及差异

五、OECD 国家个人所得税对生育激励的显著特征

接下来，有必要进一步细致分析 OECD 国家税收激励生育的显著特征。结合问题的重要性、复杂性以及篇幅的有限性，从以下四个方面重点展开探讨①。

（一）生育家庭之儿童利益：税收宽免与税收抵免

OECD 数据库中对儿童税收优惠的分类不甚清晰和统一，尤其是许多国家在设计时也未明确划分。因此，不区分成本类型，而是将之聚焦于儿童税收宽免和税收抵免的差异比较或许更有意义（这并不否认在不同成本类型的申报资格条件中存在的可能差异）。

如表 4-13 所示，部分 OECD 国家为符合资格条件的小孩设计相同的定额税收宽免，斯洛文尼亚还根据小孩出生次序递增，匈牙利甚至依小孩数量增多，每个小孩的宽免额都增加（表中数据为 3 个以上小孩对应情形）。除爱沙尼亚和匈牙利（比例税）仅呈现一个税收利益数值外，其他国家（累进税）存在税收利益区间。例如，拉脱维亚的税收利益数值较高，为 8.08% 到 12.69%，而奥地利和韩国较低，都不足 1%。不过，由于高收入者从宽免中享受了更多的税收利益，许多国家采用了税收抵免

① 大多数 OECD 国家对未成人的最高年龄限额为 18 岁，少数国家高于或低于该限额。一旦超过限额，通常在以下几种情况才能继续享受优惠政策：一是在校大学生或研究生。大多数国家对此也规定了学生年龄限额（如奥地利为 24 岁），少数国家规定只要符合学生身份而不论年龄（如斯洛伐克）。二是少数国家的毕业生在短时间内还能继续享受优惠政策（如以色列）。最后，部分国家的残疾儿童在享受优惠政策时，不受年龄限制（如美国和波兰）。此外，在个人纳税单位中，大多数 OECD 国家规定夫妻可选择各按 50% 比例或只有一方申报儿童税收优惠。

政策。

表 4-13　　部分 OECD 国家儿童税收宽免比较　　单位（本国货币）

国家	第一	第二	第三	第四及之后	年龄限制	2C/AW（%）
奥地利	440	440	440	440	18/24	0.26 ~ 0.56
爱沙尼亚	0	1848	1848	1848	16	2.3
匈牙利	2640000	2640000	2640000	2640000	16/20	8.7
韩国	300000	300000	300000	300000	20	0.08 ~ 0.52
拉脱维亚	2400	2400	2400	2400	18/24	8.08 ~ 12.69
斯洛文尼亚	2437	2649	4419	6188	18/26	4.14 ~ 12.93
瑞士	7200	7200	7200	7200	18/学生	3.94 ~ 5.63

资料来源：根据 IBFD 中数据及计算得到。

如表 4-14 所示，与宽免一样，抵免也可采用不变或递增的形式。还有以下两大显著特征：一方面，许多国家设计了收入限制条件。例如，意大利、英国和美国等国家的儿童税收抵免是收入的函数，而奥地利、智利、捷克、以色列、波兰和斯洛伐克等国家在符合收入条件下适用固定的税收抵免。考虑到收入限制条件，在比较最大抵免额时需要谨慎。另一方面，许多国家引进了可退抵免制。可退的税收抵免使政府向中低收入者付款，导致收入从高收入阶层向低收入阶层转移，是基于税收公平的正当理由。例如，英国和韩国分别于 2003 年和 2015 年开始建立可退的儿童税收抵免。考虑到全额可退的抵免会造成国家极大的财政损失，有的国家规定只能在社会保障税或其他税中抵免（例如，波兰），有的国家则规定退税的最高限额（例如，美国）。

表 4-14　　部分 OECD 国家儿童税收抵免比较　　单位（本国货币）

国家	第一	第二	第三	第四及之后	收入限制	是否可退	年龄限制	2C/AW（%）
奥地利	494	175	220	220	$Wp>0$ 和 $Ws\leqslant 13\%AW$	是	18/24	0.78
智利	121289	121289	121289	121289	$W\leqslant 226\%AW$	否	学生	2.51
捷克	15404	19404	24204	24204	$W\geqslant 20\%AW$	限额	18/26/28	9.03
德国	2328	2328	2400	2700	$W>0$	是	18	9.21
以色列	2592	2592	2592	2592	$Wp>0$ 和 $Ws>0$	否	18	3.38
意大利	950	950	1150	1150	$W\leqslant 337\%AW$	否	18	5.49
韩国	150000	150000	300000	300000	$W>0$	是	20	0.62
波兰	1112	1112	2000	2700	$0<W\leqslant 207\%AW$	限额	18/25	4.10
葡萄牙	600	600	600	600		否	16	6.54
斯洛伐克	259	259	259	259	$W\geqslant 24\%AW$	是	18/学生	4.27
西班牙	456	513	760	855		否	25	3.60
瑞士	251	251	251	251		否	18/学生	0.55

续表

国家	第一	第二	第三	第四及之后	收入限制	是否可退	年龄限制	2C/AW（%）
土耳其	274	274	365	183		否	16	1.17
英国	2780	2780	2780	2780	$0 < W \leq 84\% AW$	是	16/19	14.14
美国	2000	2000	2000	2000	$0 < W \leq 437\% AW$	限额	17	7.28

注：1. W – 工资，下标 p 和 s 分别代表夫妻中的主要收入者和次要收入者。

2. 在英国，2017 年 4 月 6 日或之后出生的第三个孩子，不再获得儿童税收抵免；在比利时、新西兰和希腊等国家，也采用了儿童税收抵免；在波兰，抚养 2 个或以上子女的普通家庭或单亲家庭，不适用收入最高限额的规定；在意大利，根据小孩出生次序以及最大抵免额，收入限额也不相同。

资料来源：根据 IBFD 中数据及计算模拟得到。

（二）生育家庭之婚姻状况：单身与已婚

通常婚姻状况可归为已婚（有配偶）和单身（未婚、丧偶和离婚）两种类型，对应存在有小孩的已婚和单亲家庭。考虑到贫困家庭中有相当一部分为单亲家庭，许多 OECD 国家对其赋予额外的基本税收宽免和（或）抵免（见表 4 – 15）。部分国家还设计了考虑婚姻和（或）小孩的勤劳所得抵免（EITC）。例如，以 2 个小孩为例，加拿大、以色列和美国采用可退的梯形 EITC，收入分别为 56% *AW*、75% *AW* 和 84% *AW* 时抵免退出，英国在收入 84% *AW* 时退出，卢森堡在收入为 177% *AW* 时保持在更低的抵免水平上。

与单亲家庭相比，享受额外税收优惠和已婚家庭在更少国家存在。从税收宽免来看，仅瑞士、西班牙和美国的已婚家庭适用额外宽免。从税收抵免来看，加拿大、荷兰和波兰的单亲家庭与已婚家庭的额外抵免优惠相同，而以色列和英国的单亲家庭的税收抵免更优惠，美国的已婚家庭的税收抵免更优惠。此外，除波兰采用基本抵免外，其余 5 个国家采用的都是（可退的）勤劳所得抵免，这极大地保障了中低收入家庭的税收利益。

表 4 – 15　　部分 OECD 国家单亲家庭和已婚家庭的额外税收优惠比较

类型	国家	主要内容
税收宽免	丹麦	单亲家庭的受雇所得可额外扣除收入的 6%，但不能超过 21200 丹麦克朗（84% AW）
	德国	2015 年起，单亲家庭享受额外宽免 1908 欧元。如果有 1 个以上的孩子，则每个孩子增加 240 欧元
	韩国	单亲家庭额外宽免为 100 万韩元
	挪威	单亲家庭额外宽免为 51804 挪威克朗
	西班牙	单亲家庭额外宽免为 2150 欧元，已婚家庭额外宽免为 3400 欧元
	瑞士	税收宽免为 14500 欧元，其他家庭（含单亲和已婚）税收宽免 28300 欧元（零税率）
	美国	合并申报基本宽免为 24000 美元，户主 18000 美元（含单亲家庭），单身 12000 美元

续表

类型	国家	主要内容
税收抵免	比利时	单亲家庭基本宽免增加 1510 欧元（与其他宽免一起根据税率表转换为税收抵免）
	加拿大	单亲和已婚家庭有相同的可退 EITC（梯形），最大抵免 1922 加元，收入在 56% AW 时，抵免完全退出
	爱尔兰	单亲家庭额外抵免 1650 欧元
	以色列	单亲家庭额外基本抵免为 2592 新谢克尔；以 2 个小孩为例，单亲家庭的可退 EITC（梯形）最大抵免为 5940 新谢克尔。收入在 75% AW 时，抵免完全退出。而已婚家庭最大抵免为 3960 新谢克尔。收入在 50% AW 时，抵免完全退出
	意大利	单亲家庭第一个小孩等于实际享受的最大儿童税收抵免
	卢森堡	单亲家庭额外可退 EITC 为 1500 欧元。当收入超过 35000 欧元时（58% AW）以累进速度下降，直到收入为 177% AW 时，抵免额保持为 750 欧元
	荷兰	单亲或已婚家庭（12 岁以下小孩）应纳税所得额不超过 4934 欧元时，额外 EITC 为 1052 欧元。超过部分累进增加，收入在 33065 欧元（65% AW）时，最大抵免为 2801 欧元
	波兰	最大基本税收抵免为 1440 欧元。单亲或已婚家庭基本抵免翻倍，从 2880 欧元降到 1112 欧元，维持一定收入区间后，在 272% AW 时退出
	西班牙	两个孩子的单亲家庭有额外可退的税收抵免为 1200 欧元
	英国	单亲家庭或已婚家庭可退 EITC 最大抵免都为 4780 英镑。收入在 84% AW 左右时，抵免完全退出，每周至少工作时间分别为 16 小时和 24 小时
	美国	以 2 个小孩为例，单亲家庭可退 EITC（梯形）最大抵免为 5716 美元，收入在 84% AW 时，抵免完全退出。而已婚家庭最大抵免也为 5716 美元，收入在 94% AW 时，抵免完全退出

资料来源：根据 IBFD 中数据及计算模拟得到。

（三）已婚家庭之收入水平：次要收入者与主要收入者

在已婚家庭中，普遍存在主要收入者和次要收入者（包括无收入，通常是照顾家庭的女性）。在单独申报纳税的情况下，低收入配偶可能存在不能充分享受基本税收宽免或抵免的现象。对此，许多 OECD 国家或直接将其（全部或部分）转移给主要收入者，或通过重新设计公式转移给主要收入者，基于相同的表现实质，可统称为“配偶间转移”，这也是地中海国家常用的税收政策。单职工家庭或夫妻工资差异较大家庭常常是有小孩家庭，从而能部分弥补因生育造成收入暂时减少的损失。

如表 4-16 所示，从税收宽免来看，日本和韩国的未使用完宽免可全部转移给主要收入者，斯洛文尼亚仅对配偶无收入的情况赋予主要收入者额外一个更小的定额宽免。而斯洛伐克允许转移的宽免额还受主要收入者收入的影响。类似地，英国只允许适用基本税率的主要收入者享受，且为限额转移。从税收抵免来看，加拿大、丹麦和冰岛允许将未使用完的基本抵免全部转移给配偶，但加拿大配偶有小额收入时需按公式计算递减。抵免在配偶间限额转移的国家主要有：意大利、荷兰和土耳其。此外，意大利和捷克都对次要收入者有收入限制要求，前者重新设计了更小的抵免公式，后者虽不属于配偶间转移的范畴，但实质是更侧重于低收入者。

表 4－16　部分 OECD 国家“配偶间转移”的税收优惠

类型	国家	主要内容
税收宽免	爱沙尼亚	2017 年起，配偶的年收入必须低于 2160 欧元，家庭的年总收入必须低于 50400 欧元，则享受配偶补充基本宽免最高为 2160 欧元（基本宽免为 6000 欧元）
	日本	如果配偶收入不超过 380000 日元，配偶间转移最高为 380000 日元；配偶所得超过 380000 日元时，实行分段递减的配偶特别宽免。当配偶收入超过 1230000 日元时，特别宽免减为零
	韩国	如果配偶净收入不超过 1500000 韩元，配偶间转移最高为 1500000 韩元
	斯洛伐克	若主要收入配偶的净收入不超过 35268 欧元（335% AW），且次要收入配偶净收入不超过 3803.33 欧元，最高转移宽免为 3803.33 欧元；若主要收入者的净收入超过 35268 欧元，则最高转移金额呈下降趋势，在主要收入者的净收入约 482% AW 时降为零
	斯洛文尼亚	基本宽免为 3303 欧元。如果配偶没有收入，主要收入者额外宽免为 2437 欧元
	英国	如果主要收入配偶适用基本税率，次要收入配偶收入低于基本宽免 11850 英镑，则最多可转移的基本宽免为 10%
税收抵免	比利时	最高基本宽免为 7730 欧元（按公式换算为抵免），无收入配偶也享受相同抵免
	加拿大	如果配偶是唯一的被赡养人，基本税收抵免 1771 加元可全部在配偶间转移。如果配偶有少额收入，则按 15% 的速度递减，配偶收入为 22% AW 时，抵免降为零
	丹麦	基本税收抵免为 17038 欧元，未使用部分可全部在配偶间转移
	捷克	基本税收抵免为 24840 捷克克朗。如果配偶收入不超过 68000 捷克克朗（17% AW），额外抵免 24840 捷克克朗。但收入高于该水平时，配偶不能享受基本抵免
	冰岛	基本税收抵免为 646739 欧元，未使用部分可全部在配偶间转移（2001 年为 90%，2002 年为 95%，2003 年开始为 100%）
	意大利	最高基本税收抵免为 1880 欧元（递减）。如果次要收入配偶应纳税所得额小于 2840.51 欧元（10% AW），则按公式计算可转移的抵免。最大为 800 欧元，最终下降至零
	荷兰	最高基本税收抵免为 2265 欧元（递减），夫妻间可按比例转移，比例在 2009—2023 年间逐年递减至零，2018 年比例为 33.33%
	土耳其	基本抵免为 1827 里拉。如果配偶没有收入，抵免额约为 365 里拉（五分之一）

资料来源：根据 IBFD 中数据及计算模拟得到。

（四）已婚家庭之纳税单位：个人与家庭

众所周知，各国对纳税单位的选择通常有：个人、家庭或者两者皆可。从理论上来说，纳税单位本身对生育激励的准确性较差（除家庭系数法外）。生育率与妇女劳动力参与之间也存在着有据可查的负相关性，但是最近部分发达国家发现两者之间也呈现正相关性。例如，北欧国家的丹麦、瑞典和冰岛，女性劳动力参与率和生育率都比其他 OECD 国家高得多。因为这些国家采用的都是个人纳税申报制度，女性面对的边际税率相对较低。

如表 4－17 所示，在 36 个 OECD 国家中，只有法国和瑞士两个国家对已婚夫妻强制实施家庭申报纳税制度，前者采用的是家庭系数法，视婚姻状况以及家庭成员数量赋予不同的系数，后者采用家庭合并申报制度。允许夫妻可以选择家庭申报的有德国、卢森堡、波兰、葡萄牙、爱尔兰、西班牙和美国等 7 个国家。其中：前 4 个国家采用的平均分割法（夫妻系数为 2，单身系数为 1，波兰对单亲家庭也赋予系数 2）。除个人申报纳税制度外，平均分割法和家庭系数法对已婚大规模家庭的税负减轻尤为有利①。而合并申报纳税制度对家庭税收负担的影响最终取决于应纳税所得额以及税率结构的设计，结果也较为复杂。例如，美国家庭合并纳税人前 2 级级距的税负保持不变（级距是单身纳税人的两倍），而后 5 级级距的家庭合并纳税人遭遇了婚姻惩罚（级距小于单身纳税人的两倍）。

表 4－17　　OECD 国家个人所得税纳税单位和税率级次比较

国家	纳税单位	税率级次	国家	纳税单位	税率级次	国家	纳税单位	税率级次
澳大利亚	个人	4 级	匈牙利	个人	比例税率	新西兰	个人	4 级
奥地利	个人	6 级	冰岛	个人	2 级	挪威	个人	4 级
比利时	个人	4 级	爱尔兰	合并/个人	2 级	波兰	个人/平均分割	2 级
加拿大	个人	4 级	以色列	个人	6 级	葡萄牙	个人/平均分割	7 级
智利	个人	6 级	意大利	个人	5 级	斯洛伐克	个人	2 级
捷克	个人	比例税率	日本	个人	7 级	斯洛文尼亚	个人	5 级
丹麦	个人	2 级	韩国	个人	7 级	西班牙	个人/合并	5 级
爱沙尼亚	个人	比例税率	拉脱维亚	个人	3 级	瑞典	个人	2 级
芬兰	个人	4 级	立陶宛	个人	比例税率	瑞士	合并	10 级
法国	家庭系数	4 级	卢森堡	平均分割/个人	19 级	土耳其	个人	4 级
德国	个人/平均分割		墨西哥	个人	11 级	英国	个人	3 级
希腊	个人	4 级	荷兰	个人	4 级	美国	个人/户主/合并	7 级

注：税率级次为中央政府对应级次（不包括零税率）。
资料来源：根据 IBFD 中数据及资料整理得到。

① 纳税单位的选择如此重要主要是受到累进税率结构的影响，因而边际税率的下降，特别是比例税率的引进，部分消除了纳税单位选择带来的影响。

六、OECD 国家个人所得税对生育激励的结论及启示

根据《“十三五”全国计划生育事业发展规划》要求，到2020年我国总和生育率要从1.6提高到1.8左右（2020年总和生育率为1.7）。为更好提高生育率水平，应汲取和借鉴OECD国家的成功经验，结合中国税收征管现实约束，逐步构建“生育友好型”个人所得税制。

（一）坚持个人纳税单位，设计定额婚姻宽免

研究表明OECD国家以个人纳税单位为主流，同时有的国家赋予个人和家庭纳税申报的选择权，有的国家引进配偶间税收优惠全额或限额转移①，以更好地达到促进生育与提高女性劳动力参与率的双重目标。我国个人所得税纳税单位的选择何去何从呢？囿于我国比西方国家存在更复杂的家庭结构，如果选择合并申报或者两者可选择将涉及更多的监管和登记工作。此外，家庭合并申报与综合个人所得税制有着天然的契合性，而我国已由分类个人所得税制迈向了综合与分类相结合的个人所得税制，这也是当前世界各国个人所得税制发展的主流趋势。因此，我国应坚持个人纳税申报制度，同时可设计婚姻宽免，助力我国生育率水平的提高。考虑到税收征管中面临的困境，当前可为单职工家庭设计定额婚姻宽免（例如按免征额的一定比例来确定）。

（二）提高教育专项附加扣除额，设计差异化的附加扣除制度

研究发现许多OECD国家为符合资格条件的儿童设计相同或递增的定额税收优惠，甚至为大规模家庭赋予额外优惠②。而2019年我国推出的教育专项附加扣除没有考虑小孩出生的次序③，可加大对二孩生育的激励力度。例如，设计翻倍的教育专项附加扣除。当然，OECD国家针对儿童税收宽免或抵免的精细化设计还有很多，例如考虑儿童不同的年龄，不同的抚养成本类型，等等，应结合我国实际情况借鉴并逐步推进差异化的专项附加扣除制度。值得一提的是，2022年起，我国实施3岁以下婴幼儿照护个人所得税专项附加扣除，保障了享受专项附加扣除主体的完整性。

---

① 除个人申报纳税和传统的合并申报纳税外，其他形式可归为对纳税单位选择的第三种路径，主要目的是为了部分消除两种纳税申报方式中存在的弊端。

② 对大规模家庭实行额外税收宽免或抵免的国家主要有：奥地利、意大利、波兰、西班牙和美国。例如，在西班牙，3个或更多儿童的大规模家庭或者残疾受抚养者的家庭，可享受额外的税收抵免1200欧元（5个或更多儿童的家庭的可退额外税收抵免额为2400欧元）。超过大规模家庭最低数量时，每增加一个儿童可额外享受抵免600欧元。有两个小孩的单亲家庭也可以申请。

③ 2019年之前，与生育相关的税收减免政策仅集中于托儿补助费、独生子女补贴、妇女生育津贴、生育医疗费或其他属于生育保险性质的津贴、补贴。

（三）瞄准弱势群体宽免，适时推出税收抵免

研究发现对已婚家庭提供更高扣除额的国家，也是那些对单亲家庭更慷慨的国家。同时，也会考虑儿童的身体状况。而我国教育专项附加扣除对所有家庭，以及符合资格条件的所有小孩一视同仁。因此，可对单亲家庭设计额外的税收优惠政策（如基本宽免的150%），残疾儿童也可采用类似的办法（如附加扣除的150%）。此外，我国免征额水平相对较高，再加上“三险一金”税前扣除，教育专项附加扣除对中低收入者来说形同虚设。因此，待条件成熟，可引进税收抵免（如按最低边际税率计算确定抵免额）。同时，为了缓解财政收入减少的压力，结合收入退出机制。

第四节　OECD 国家资本所得课税体系及法定税率的经验论据

一、引言及文献综述

如何对资本所得课税是政府和公民议事日程上的一个重要问题，因为储蓄和投资是经济增长的一个关键因素。从历史根源来看，大多数 OECD 国家倾向于对资本所得和劳动所得综合课征累进税。在 20 世纪 80 年代和 90 年代，许多 OECD 国家纷纷对资本所得单独适用较低的比例税。改革的动机主要有两个：一是担心居民储蓄率水平降低。二是囿于部分纳税人有能力将财富隐藏在海外，难以对其课征高额累进税。2008 年全球金融和经济危机后，伴随着日益严重的收入和财富不平等，提高对资本所得课税的呼声日益高涨。Piketty（2014）建议对全球财富征收累进税，以减缓不平等的螺旋式增长，有效地调节全球经济，确保财富在社会中的公平分配。近几年来，税收透明和税务信息交换的全球论坛工作也如火如荼地展开，信息交流协定网络的覆盖面也迅速扩大，包括应请求交换信息和自动交换信息（100 多个国家承诺 2018 年自动交换金融账户信息），这意味着影响资本所得课征的制约因素也许时过境迁，OECD 国家对资本所得课税政策也因时而动。

2018 年，我国修订后的个人所得税法，将“九五”计划提出的综合与分类相结合个人所得税制顺利落实。2019 年起，劳务报酬所得、稿酬所得、特许权使用费与工资薪金所得合并起来综合纳税，新增了子女教育、继续教育、大病医疗、住房贷款或者住房租金、赡养老人支出等六项专项附加扣除项目，这是党的十九大报告指出让改革发展成果更多、更公平惠及全体人民的重要举措。以上改革措施主要集中于劳动所得，而我国对资本所得的相关课税政策调整明显滞后。深入研究 OECD 国家资本所得课税之主流趋势及典型特征，无疑对与时俱进改革与完善我国对资本所得的课税制度大有裨益。

通常研究税收对资本所得影响的方法有三种。第一是计量经济学模型法（Econometric Model Method，EMM）。Feldstein（1976）首次计量分析了税收对投资组合构成的影响[①]。发现在调整了净财富、年龄、性别、人力与非人力资本比率的影响后，个人所得税对投资组合资产的需求有非常大影响。然而，他忽略了不完整投资组合的方法论意义（许多家庭实际上可能只持有研究资产样本中的部分子集），可能导致在样本选择上出现偏差。20 世纪 80 年代早期到 90 年代的研究，利用 heckman 两步法克服了该局限性。认为家庭会做出两个储蓄决策为影响投资组合构成：首先决定是否持有特定资产（离散资产配置的选择），然后决定持有多少资产（持续资产配置的选择）。许多早期研究一致发现，税收对持有的特定资产具有极大的影响，尽管税收对持有多少资产的影响证据更为复杂。最近，倾向于自然实验方法研究，即利用时间序列数据和税制改革前后税率的变化，来估计税收对投资组合构成的影响。结果通常是显著的，尽管该影响比横截面研究中获取的要小。

第二是法定税率法（Statutory Tax Rates，STRs）。Harding（2013）提供了法定税率法分析框架，考察 34 个 OECD 国家（普通股）股息，银行储蓄存款和政府债券利息，以及长期（租赁）不动产资本利得和股票资本利得的法定税率差异。Harding & Marten（2018）进一步补充完善了这一研究。例如，增加了两种资本所得（企业债券利息和短期股票资本利得），增减了部分国家（增加了新加坡和哥斯达黎加，减少了日本和韩国等国家），考察了债务融资与股权融资两种方式对综合法定税率的影响，比较了 2012 年到 2016 年间资本所得法定税率的变动。主要缺点是没有考虑各种税前扣除对纳税人实际税负的影响。

第三是边际实际税率法（Marginal Effective Tax Rates，METRs）。通常认为分析税收对投资决策影响的适当方法是考虑对纳税人投资决策的边际激励。King & Fullerton（1984）最早提出该方法，通过税前与税后真实资本回报的差异除以税前真实回报来计算边际投资回报率。他们分析了四个国家（涉及中央与地方层面）的资本所得税（包括企业所得税、个人所得税和财产税），描述了每个国家的法定税率和税收规则，计算了不同资产、不同行业、不同资金来源和不同所有者情况下的总体边际有效税率。之后，该方法得到了广泛应用。例如，OECD（1994，2018）采用该方法，计算了许多国家的资本所得实际边际税率。与法定税率法相比，实际边际税率似乎更能真实地反映资本所得的税收负担，但该方法也存在局限性。MERTs 对场景（如收入水平的选择）和假设（如通货膨胀水平、真实回报率和预期持有时间长短等）很敏感。更为重要的是，仅从个人层面考虑资本所得的税收负担，无法概括股权投资所得的总体税负水平，与其他资产的实际税负之间不具有可比性。

毫无疑问，三种方法各有利弊，本专著选择第二种方法：法定税率法。与已有研

---

① 除了税收对资产配置结构的影响外，税收对经济中的储蓄水平也有影响。已有经验证据非常复杂，大多数实证分析都侧重于对退休储蓄的税收激励分析。

究相比，主要边际贡献有：首先，重新界定资本所得的课税方法。对于股权投资，适用企业层面和个人层面不同课征方法的组合，而不是如 Harding（2013）以及 Harding & Marten（2018）一样，将企业层面与个人层面采用的课税方法演变成独立的并列关系。例如，同样是企业股权津贴法（Allowance for Corporate Equity，ACE），但比利时和意大利（新股）在个人层面采用了单独的比例税策，而土耳其（新股）采用了综合的累进税（结合部分免征）。此外，部分研究将最终预扣税（Final Withholding，FW）作为独立的课税方法也值得商榷，因为股权投资的古典制和改进的古典制下都可能采用 FW 方法。

其次，推导普遍适用的课税公式。根据 OECD 国家对资本所得适用的课税方法，推导普遍适用的课税公式，尤其是重点阐述新出现的诸如企业股权津贴法（ACE）和回报率津贴法（Rate of Return Allowance，RRA）等方法。此外，资本利得受通货膨胀的影响极大，许多国家对其进行了调整，但已有研究大多是定性分析，因而推导出经通货膨胀调整（Inflation Adjustment，IA）后的资本利得课税公式也意义卓著。

最后，拓展研究对象。随着市场经济的不断发展，特别是证券市场、金融市场与房地产市场的成熟发展，股权投资、金融资产投资、房地产投资行为越来越普遍，居民收入来源也日益多元化、复杂化。已有研究对象涉及范围相对狭窄而不完全具有代表性，本专著增加了以下资本所得类型：政府债券利息、自住房产和租赁房产的租金所得，以及自住房产的资本利得。

二、资本所得课税的主要假设、方法及数据来源

（一）资本所得课税的主要假设

第一，涉及的税种。主要聚焦对资本所得回报的课税，包括各级政府企业所得税与个人所得税（及附加税）[①]，忽略可能涉及的投资交易税和净财富税。由于后者在各国并非普遍存在，且有的国家的涉税群体相对狭窄。例如，少数几个国家（例如，法国、挪威、西班牙和瑞士）对银行利息、企业债券利息和股息需要课征净财富税，意大利对银行利息课征净财富税，但赋予巨大的免征额，因而高财富所有者才需缴税。又如，只有法国、挪威、西班牙和瑞士四个国家对住所不动产课征净财富税，或设立高额门槛，或只对部分房产价值课税。此外，也不考虑经常性财产税。虽然 OECD 国家都课征经常性财产税，但大多是作为地方税，税率也因地而异（有些地区甚至不征税）。

第二，纳税人。通常根据住所标准和停留时间标准将纳税人划分为居民和非居民。假设纳税人为某国居民。考察对象为普通小股东。当然，各国对大股东与小股东

① 在联邦制国家，个人和企业所得税率包括联邦和州两个层面，后者采用加权平均或代表性州对应的数据。

的界定可能不一样，通常根据持股的比例来划分。例如，瑞典（10%）、捷克（5%）和奥地利（1%）。

第三，课税对象。假设课税对象为纳税人的非经营性资产，因为许多纳税人（尤其是雇员和领取养老金者）直接从自主经营中获得资本所得。具体情况为：企业税后利润全部分配给股东形成股息；银行利息和（企业和政府）债券利息；自住住所和租赁住所的（估算）租金，前者为主要或唯一普通住所；完全源自公司留存利润再投资获得的股票资本利得；自住住所和租赁住所的资本利得。此外，假设金融资产在诸如养老金、退休金账户或投资基金之外持有。因为这些账户在各国的重要性不同，对其进行国际比较时需谨慎。

第四，法定税率和税基。在企业层面，法定税率是标准比例税率，不考虑优惠税率。在个人层面，法定税率是最高边际税率或比例税率①。在持有时间或其他条件变化下，法定税率可能涉及多级税收优惠税率。囿于空间限制，考察最优惠的法定税率。一般来说，法定税率不受税基的影响，但实质会受资本所得课税方法的影响。例如，税收抵免的还原系数、免征的比例、ACE 和 RRA 等扣除法。受通货膨胀的影响，某些（长期）资产出售取得的资本利得含有虚增的成分，因而部分国家对资本利得进行了指数化调整。为了简化，假设各国对其进行消费者价格指数调整。还有许多国家为资本所得提供了固定免税额，此时适用的仍是完全课税法。因为资本所得超过最低门槛时，其适用的边际税率并没有受到影响。

最后，课税环境。上市与非上市公司的股票资本所得可能适用截然不同的税收政策，故只考察上市公司股票。譬如韩国对上市公司的股票资本利得免税，而对非上市股票的资本利得课税；假设资本投资的名义回报率为 4%，这是类似研究中常用的代表性投资回报率②；假设资本投资于国内市场。虽然当前国际资本流动已成为常态，但考虑到重复课征和跨国企业会计行为的复杂性，将之推迟单独研究是更好的选择。

（二）资本所得课税方法及数据来源

区别于 Harding 等对资本所得课税体系的界定，将资本所得课征先区别为企业层面和个人层面，再对其可能适用的方法进行细致阐述，找寻不同方法之间事实上的共同特征。

在企业层面，企业税前利润需缴税，适用方法主要有：完全课征法、分税率法和企业扣除法。其中：分税率制是指在企业层面对分配利润比留存利润适用更低税率③。1953 年，德国最早采用这种计税方式，但并未得到很多人的赞同，主要原因是本国股

① 各国的最高边际税率可能适用不同数量的纳税人，具体取决于各国收入分配中免征额的位置。因此，税收再分配的效果也可能很不一样。

② 高风险资产通常要求更高的投资回报率。投资回报率也会随家庭财富变化，因为家庭财富越多，能获取更高质量的投资机会信息。

③ 例外的国家有爱沙尼亚，其对保留利润不课企业所得税，而对分配利润课征企业所得税。

东为享受免税利益还须在申报纳税时填写金额；企业扣除法是指股息支出在企业层面可全部或部分税前扣除，与利息支出的税收处理类似。企业股权津贴法（ACE 法）是一种特殊的企业扣除形式。1994 年，克罗地亚最早采用 ACE 法。奥地利于 2000 年也部分引入 ACE 法。但是，克罗地亚于 2001 年恢复完全课税法。此后不久，奥地利也废除了这种方法。2012 年，比利时全面引进和意大利部分引进（新股）ACE 法，2015 年土耳其对新股也引进 ACE 法。在欧洲以外的国家，巴西自 1996 年开始使用变形的 ACE 法。

在个人层面，股权投资所得和其他资本所得都需缴税，课征方法尤为丰富，可重新界定为两类：综合课征和单独课征。前者的基本特征是：除少数比例课征外，通常与劳动所得汇总后课征累进税。而后者的基本特征恰好完全相反。具体而言，除古典制[①]或完全课征制外，股息和股票资本利得，可能适用完全或部分抵免制、完全或部分免征法、改进的古典制、回报率津贴法（Rate of Return Allowance，RRA）和估算回报法（Presumptive Return，PR）。利息和租金可能适用完全或部分免征法，以及 PR 法。不动产资本利得可能适用完全或部分免征，以及优惠税率法[②]。此外，对（股票和不动产）资本利得通常会考虑通货膨胀调整（Inflation Adjustment，IA）。单独课征时采用从源头控制的最终预扣制（Final withholding，FW），可更好地减少征管和遵从成本[③]。

事实上，除课征的环节不同外，RRA 法是 ACE 法的自然对应物，皆对资产无风险回报部分不征税，且未使用的扣除额可结转到以后年度继续使用。前者在投资分配、注入新股还是留存收益间的选择，以及股份变现时间（消除资产变现存在的锁定效应）等方面具有许多吸引人的中性优势，后者则在确保股权和债权投资决策中保持中性，都能够较好地减轻资本所得的税收负担（Klemm，2007；Mirrlees et al.，2012；Spiritus & Boadway，2017）。例如，如果企业税前利润等于 2 倍的企业股权无风险回报，则在 ACE 法下，企业所得税将减少二分之一，法定税率也随企业实际资产回报的增加而增加。相反，在 PR 法下，只对股东近似于无风险回报部分征税，超过的部分不征税，因而法定税率随资产回报的上升而下降。

结合前述主要假设以及 OECD 国家对资本所得的课税实践，推导出股息、利息、租金和资本利得法定税率的计算公式。如表 4 - 18 所示，C 为企业所得税率；L 为综合课征时个人层面对应的最高边际税率（或比例税率）；单独课征时，S 为古典制下的比例税率（或最高边际税率），$S^\wedge$为改进古典制（或优惠税率）下的比例税率（或

① 古典制存在于综合课征和单独课征中，但累进税率通常高于比例税。

② 当对资本所得课征比例税时，部分免征与优惠税率政策下的效果是相同的，只是表达方式不同而已。

③ 预扣税可能会影响资本最终税负，通常可抵消资本所得最终应纳税额。如果资本所得适用税率高于预扣税，则不会影响总体税负水平。如果资本所得适用税率低于预扣税，则最终税率取决于特定的税收体系。如果税收体系允许超额的预扣税退税或者抵消其他所得，则最终税率也是个人所得适用税率。如果不能退税，则最终税率将由纳税人的预扣税决定。

最高边际税率）。通常 L 大于 S 和 $S^{\wedge}$，且 S 大于 $S^{\vee}$；I 为抵免率，G 为还原系数。如果以实际缴纳的企业所得税率还原，则 $G(1-C)=1$。其中：完全抵免后股息的法定税率简化为 L，而部分抵免后对应的法定税率简化为 $C+L-I(C>I)$。如果以设定的系数还原，则公式简化为 $C+G(L-I)$ $(1-C)$①。此外，如果 $C<I$，纳税人将获得超额抵免。通常国家将企业所得税率设定为最高抵免率，以防止纳税人利用税收抵免套利；X 为课税比例，则（$1-X$）代表免税比例；R 为资产名义回报率，r_1，r_2，r_3 和 r_4 依次为 ACE 法、RRA 法、IA 法以及 PR 法中对应的扣除率或课征率。如果 r_1，r_2 和 r_3 小于 R，则适用表 4－18 中公式计算法定税率。相反，资本所得税率为零。

在实践中，没有国家对所有潜在的资本所得始终如一地实施任何一种方法，各国具体实施的同种方法也存在实际税负的差异。譬如澳大利亚和新西兰股息所得都采用综合累进的完全抵免制，但税负差异极大。除非另有说明，数据源自于荷兰国际财政文献局（IBFD）、经合组织（OECD）、普华永道（PWC）和毕马威（KPMG）等平台中 2018 年原始最高边际税率和计算结果。囿于空间限制，没有在文中列出各类资本所得适用的税收体系和长期法定税率，但在对其进行了细致的比较分析。

表 4－18　　不同资本所得类型的法定税率计算公式

企业层面	个人层面		企业层面与个人层面		个人层面		
			股息	股票资本利得	利息	租金	不动产资本利得
完全课征	综合课征	古典制/完全课征	$C+L(1-C)$	$C+L(1-C)$	L	L	L
		古典制/完全课征（IA）		$C+L(1-r_3/R)(1-C)$			$L(1-r_3/R)$
		完全抵免	L				
			$C+G(L-I)(1-C)$				
		部分抵免	$C+L-I$				
			$C+G(L-I)(1-C)$				
		部分免征	$C+XL(1-C)$	$C+XL(1-C)$		XL	XL
		部分免征（IA）					$(1-r_3/R)XL$
		PR	$C+L\,r_4/R$			Lr_4/R	
ACE		古典制（IA）		$L(1-r_3/R)+C(1-r_1/R)[1-L(1-r_3/R)]$			
		部分免征	$XL+C(1-r_1/R)(1-XL)$				

① 加拿大和韩国采用设定的还原系数法，2016 年之前英国也是（部分抵免），但 2016 年起采用改进古典制。

续表

企业层面	个人层面		企业层面与个人层面		个人层面		
			股息	股票资本利得	利息	租金	不动产资本利得
完全课征	单独课征	古典制/完全课征	$C+S(1-C)$	$C+S(1-C)$	S	S	S
		古典制/完全课征（IA）		$C+S(1-r_3/R)(1-C)$			$S(1-r_3/R)$
		改进古典制/优惠税率	$C+S^{\wedge}(1-C)$	$C+S^{\wedge}(1-C)$			$S^{\wedge}$
		改进古典制/优惠税率（IA）		$C+S^{\wedge}(1-r_3/R)(1-C)$			$S^{\wedge}(1-r_3/R)$
		完全免征	C	C	0	0	0
		部分免征	$C+XS(1-C)$	$C+XS(1-C)$	XS	XS	XS
		RRA	$C+S(1-C-r_2/R)$	$C+S(1-C-r_2/R)$			
		PR	$C+Sr_4/R$	$C+Sr_4/R$	Sr_4/R	Sr_4/R	Sr_4/R
ACE		古典制	$S+C(1-r_1/R)(1-S)$	$S+C(1-r_1/R)(1-S)$			
		完全免征		$C(1-r_1/R)$			

三、OECD 国家的股息课税体系及法定税率比较

对股息所得首先课征企业所得税，然后将税后利润分配给股东，并在个人层面再次课税。因此，股息的法定税率实际是企业所得税税率、个人所得税税率以及课税体系的综合作用结果。如表 4－19 所示，在土耳其，股息综合法定税率（新股）最低为 17.5%，在瑞士，对应税率最高为 57.8%。在 OECD 国家，对应非加权法定平均税率为 42.3% 或 41.6%（新股）。

第一，选择有利于缓解股息重复课征的税收体系。在综合课征制下（10 个国家），除爱尔兰和瑞士采用综合古典制外，澳大利亚、加拿大[①]、智利、墨西哥和新西兰采用完全抵免制，韩国采用部分抵免制，卢森堡和土耳其选择部分免征（50%）。在单独课征模式下，有 14 个国家采用古典制，5 个国家采用改进的古典制，4 个国家采用部分免税制（含挪威 RRA 法）以及 2 个国家采用完全免税法。这些方法都有利于完全或部分缓解股息的重复课征现象，从而减轻纳税人的税收负担，实现对资本所

① 在加拿大，由于联邦和省级企业所得税的相互作用，还原系数被设定为接近缴纳的（加权平均）企业所得税率。所以，OECD 将之归为完全抵免制。

得课税的横向公平目标。

第二，突显差异化的股息所得课税政策。如图 4 - 8 所示，在比利时、意大利（新股）、土耳其和挪威，股息的综合法定税率伴随着企业资产回报率的上升而增加。相反，在荷兰，股息的综合法定税率随企业资产回报率的上升而下降①。如果将资产回报率增至 14%，则比利时的股息综合法定税率从 46.9% 上升到 49.6%，意大利对应从 37.1% 上升到 41.9%，土耳其对应从 17.5% 上升到 20.1%，挪威对应从 40.4% 上升到 44.8%，实质形成对股息所得累进课税。而荷兰对应从 58.6% 下降到 34.6%，造成了事实上的累退课税。

此外，股息的综合法定税率变动趋势也存在差异，实质反映了不同国家累进性变化的差异。其中：在比利时、意大利（新股）和挪威，股息的法定税率在资产回报率较小时变动较大，但资产回报率达到 6% 之后则变动缓慢。而受通货膨胀影响，土耳其的股息适用较高的 ACE 扣除率，因而在资产回报率达到 12% 之前，股息所得在企业层面都免税，但之后随资产回报率的上升，股息所得的税负迅速增长。

第三，大多数国家对股息采用较低的比例税率。一方面，除少数 OECD 国家对股息课征累进税外，其他国家对股息所得设计了比例税率，通常低于劳动所得的最高边际税率，这有利于税收经济效率目标的实现。另一方面，许多国家采用最终预扣税制（FW）即分配公司或者代表股东的机构扣缴税款，而股东不需缴税，可极大地提高征管效率。

最后，部分国家提高股息的适用税率②。考虑到资本所得差距的进一步扩大以及税收征管水平的加强，尤其是国际间税收征管合作大步迈进，部分国家对资本所得单独课征累进税，以更好兼顾资本与劳动所得之间的横向公平，以及股息所得本身课税的纵向公平。再有，部分国家提高股息所得适用的比例税率，以平衡劳动与资本所得之间的税负水平。例如，2018 年，挪威对股息进行 1.33 的系数调整，因而 23% 的比例税率最终调整为 30.6%。希腊将股息税率从 10% 提高到了 15%。日本从 2014 年开始将股息税率增加到了 20.32%（含重建税）。

表 4 - 19　　2018 年 OECD 国家的股息课税体系及综合法定税率比较

国家	体系	企业所得税率	应税股息	最终预扣税率	归集抵免率	个人所得税率	综合法定税率
澳大利亚	综合累进（完全抵免）	30.0	142.9		30.0	47.0	47.0

① 比利时，意大利（新）和土耳其（新）的 ACE 法扣除率依次为 0.726%（2012 年为 3%，2016 年为 1.13%），1.5%（2012 年为 3%，2016 年为 4.8%）和 12.0%（2016 年为 6.8%）。挪威 RRA 扣除率为 0.8%（2016 年为 0.5%）。2017 年起，荷兰根据净资产价值设置 3 级累进收益率 2.0%，4.33% 和 5.38%（2017 年之前为 4%）。

② 对于较低资本所得的纳税人，或者通过设置免征额门槛，或者赋予课征模式选择权，也能实现一定程度的税负公平。例如，英国对资本所得免征 2000 英镑，德国为 801 欧元和比利时为 800 欧元。又如，奥地利股息、利息和金融工具资本利得可按累进税率综合征税（虽然最低边际税率为 27.5% 或 25% 的情况在实践较少）。日本股息也可选择综合课征。法国也开始赋予股息（和利息）综合课征累进税的选择权。

续表

国家	体系	企业所得税率	应税股息	最终预扣税率	归集抵免率	个人所得税率	综合法定税率
奥地利	单独比例（古典制/FW）	25.0	100.0	27.5			45.6
比利时	ACE/单独比例（古典制）	29.6	100.0			30.0	46.9
加拿大	综合累进（完全抵免）	26.8	138.0		25.0	53.5	55.6
智利	综合累进（完全抵免）	25.0	133.3		25.0	35.0	35.0
捷克	单独比例（古典制/FW）	19.0	100.0	15.0			31.2
丹麦	单独累进（改进古典制）	22.0	100.0			42.0	54.8
爱沙尼亚	单独比例（完全免税）	20.0	0.0				20.0
芬兰	单独累进（部分免税）	20.0	85.0			34.0	43.1
法国	单独比例（部分免税）	34.4	60.0			34.0	47.8
德国	单独比例（古典制/FW）	29.9	100.0	26.4			48.4
希腊	单独比例（改进古典制/FW）	29.0	100.0	15.0			39.7
匈牙利	单独比例（古典制/FW）	9.0	100.0	15.0			22.7
冰岛	单独比例（古典制）	20.0	100.0			22.0	37.6
爱尔兰	综合累进（古典制）	12.5	100.0			48.0	54.5
以色列	单独比例（古典制）	23.0	100.0			28.0	48.4
意大利	单独比例（古典制/FW）	24.0	100.0	26.0			43.8
意大利（新）	ACE/单独比例（古典制/FW）	24.0	100.0	26.0			37.1
日本	单独比例（改进古典制/FW）	29.7	100.0	20.3			44.0
韩国	综合累进（部分抵免）	27.5	111.0		9.9	46.2	56.7
拉脱维亚	单独比例（完全免税）	20.0	0.0				20.0
立陶宛	单独比例（古典制/FW）	15.0	100.0	15.0			27.8
卢森堡	综合累进（部分免税）	26.0	50.0			42.0	41.5
墨西哥	综合累进（完全抵免）	30.0	142.9		30.0	42.0	42.0
荷兰	单独比例（PR）	25.0	100.0			30.0	65.4
新西兰	综合累进（完全抵免）	28.0	138.9		28.0	33.0	33.0
挪威	单独比例（RRA）	23.0	100.0			30.6	40.4
波兰	单独比例（古典制/FW）	19.0	100.0	19.0			34.4
葡萄牙	单独比例（古典制/FW）	31.5	100.0	28.0			50.7
斯洛伐克	单独比例（改进古典制/FW）	21.0	100.0	7.0			26.5
斯洛文尼亚	单独比例（古典制/FW）	19.0	100.0	25.0			39.3
西班牙	单独累进（古典制）	25.0	100.0			23.0	42.3
瑞典	单独比例（古典制）	22.0	100.0			30.0	45.4

续表

国家	体系	企业所得税率	应税股息	最终预扣税率	归集抵免率	个人所得税率	综合法定税率
瑞士	综合累进（古典制）	21.2	100.0			46.5	57.8
土耳其	综合累进（部分免税）	22.0	50.0			35.0	35.7
土耳其（新）	ACE/综合累进（部分免税）	22.0	50.0			35.0	17.5
英国	单独累进（改进古典制）	19.0	100.0			38.1	49.9
美国	单独比例（改进古典制）	25.8	100.0			29.2	47.5

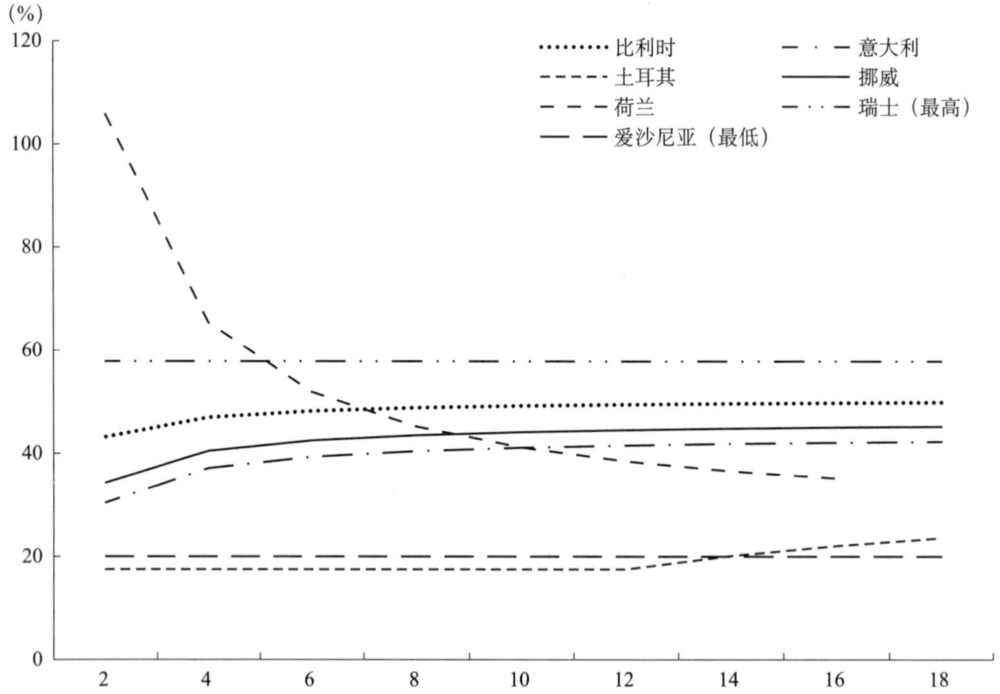

图 4-8 股息综合法定税率受资产回报率变化的影响

四、OECD 国家的利息课税体系及法定税率比较

与股息不同，不论是银行储蓄利息还是债券利息，都只在个人层面缴税。OECD 国家对企业债券与政府债券利息的课税政策基本相同，保证了对两者选择的税收中性。囿于空间限制，表 4-20 中没有列出政府债券利息的法定税率，仅在文中阐述。

首先，大多数国家对不同类型的利息单独适用比例税率。除土耳其、奥地利、爱尔兰和爱沙尼亚四个国家外，其他国家对银行储蓄利息和企业债券利息的课税方法相同，以避免对纳税人投资决策行为的扭曲。因此，OECD 国家非加权的银行储蓄利息与企业债券利息适用的税率较为相近，分别为27.8%和28.6%。较低的利息税率促使投资者将股票投资化为储蓄投资，有利于降低对股票的需求和总体的投资风险。此外，大多数国家对利息适用单独的比例课征模式。以银行储蓄利息为例，除 10 个国家采用综合累进课征制，西班牙采用单独累进课征制和爱沙尼亚采用免税制外，剩下的 OECD 国家都采用单独的比例课征制。

其次，大多数国家对利息所得全额课税。利息所得课税方式相对简单，不存在重复课征的困境，因而大多数国家对利息所得全额课征（爱沙尼亚银行利息免税除外）。不过，许多 OECD 国家对利息也设立了免税门槛，以便实现一定程度的税收公平和提高税收的征管效率。例如，在以色列，纳税人和配偶的总所得不超过 61920 谢克尔时，银行利息免征 9720 谢克尔。超过 61920 谢克尔时，银行利息的免征额会调整减少①。

最后，许多国家对利息适用最终预扣税。与股息所得一样，对利息课税也常常通过最终预扣税来实现②，尤其针对较低的资本所得，极大地减轻税收的征纳成本，也便于对利息税率灵活调整，更好地实现政府的宏观政策目标。例如，在韩国，如果利息和股息所得之和小于 2000 万韩元，则适用最终预扣税；在墨西哥，纳税人其他所得少于 40 万比索以及利息所得小于 10 万比索时，也适用最终预扣税。

表 4－20　　2018 年 OECD 国家的利息课税体系及法定税率比较

国家	体系	银行账户利息			企业债券利息		
		最终预扣税	个人所得税率	法定税率	最终预扣税	个人所得税率	法定税率
澳大利亚	综合累进（完全课征）		47.0	47.0		47.0	47.0
奥地利	单独比例（完全课征/FW）	25.0		25.0	27.5		27.5
比利时	单独比例（完全课征 FW）	30.0		30.0	30.0		30.0
加拿大	综合累进（完全课征）		53.5	53.5		53.5	53.5
智利	综合累进（完全课征）		35.0	35.0		35.0	35.0
捷克	单独比例（完全课征 FW）	15.0		15.0	15.0		15.0
丹麦	综合累进（完全课征）		55.9	55.9		55.9	55.9
爱沙尼亚	单独比例（完全免税）		0.0	0.0			
	综合比例（完全课征）					20	20.0
芬兰	单独比例（完全课征/FW）	30.0		30.0	30.0		30.0
法国	单独比例（完全课征）		34.0	34.0		34.0	34.0
德国	单独比例（完全课征/FW）	26.4		26.4	26.4		26.4

① 还有许多国家对利息设计了免税额。例如，智利（23660 比索）、德国（801 欧元）、冰岛（150000 克朗）、立陶宛（500 欧元）、斯洛文尼亚（1000 欧元）和英国（1000 英镑）。

② 在爱尔兰，最终预扣税只适用银行利息而不适用于企业债券利息，后者按综合累进方式课税。

续表

国家	体系	银行账户利息			企业债券利息		
		最终预扣税	个人所得税率	法定税率	最终预扣税	个人所得税率	法定税率
希腊	单独比例（完全课征/FW）	15.0		15.0	15.0		15.0
匈牙利	单独比例（完全课征/FW）	15.0		15.0	15.0		15.0
冰岛	单独比例（完全课征）		22.0	22.0		22.0	22.0
爱尔兰	单独比例（完全课征/FW）	37.0		37.0			
	综合累进（完全课征）						40.0
以色列	单独比例（完全课征）		28.0	28.0		28.0	28.0
意大利	单独比例（完全课征/FW）	26.0		26.0	26.0		26.0
日本	单独比例（完全课征/FW）	20.3		20.3	20.3		20.3
韩国	单独比例（完全课征/FW）	14		14	14		14
拉脱维亚	单独比例（完全课征/FW）	20.0		20.0	20.0		20.0
立陶宛	单独比例（完全课征）		15.0	15.0		15.0	15.0
卢森堡	单独比例（完全课征/FW）	20.0		20.0	20.0		20.0
墨西哥	综合累进（完全课征）		35.0	35.0		35.0	35.0
荷兰	单独比例（PR）		40.4	30.0		30.0	40.4
新西兰	综合累进（完全课征）		33.0	33.0		33.0	33.0
挪威	单独比例（完全课征）		24.0	24.0		24.0	24.0
波兰	单独比例（完全课征/FW）	19.0		19.0	19.0		19.0
葡萄牙	单独比例（完全课征/FW）	28.0		28.0	28.0		28.0
斯洛伐克	单独比例（完全课征/FW）	19.0		19.0	19.0		19.0
斯洛文尼亚	单独比例（完全课征/FW）		25.0	25.0		25.0	25.0
西班牙	单独累进（完全课征）		23.0	23.0		23.0	23.0
瑞典	单独比例（完全课征）		30.0	30.0		30.0	30.0
瑞士	综合累进（完全课征）		46.5	46.5		46.5	46.5
土耳其	单独比例（完全课征/FW）	15.0		15.0	10.0		10.0
英国	综合累进（完全课征）		45.0	45.0		45.0	45.0
美国	综合累进（完全课征）		43.7	43.7		43.7	43.7

五、OECD 国家住所租金课税体系及法定税率比较

与利息所得一样，各国对租金所得也只在个人层面课税。股息和利息通常以总所

得为税基，允许扣除的费用较少。而租金通常以净所得为税基，或者可扣除与租赁相关的税金和维护费用，或者为了简便征管允许扣除固定的金额。不过，自住住所的估算租金与租赁住宅的租金的课税体系差异较大（见表4－21）。

一方面，绝大多数国家对估算租金免税。税务专家一致认为课税原则是：对抵押贷款的利息支出进行税前扣除与对估算的租金收入课税相结合，或者不对抵押贷款的利息支出税前扣除与对估算的租金收入不课税相结合。但是，为了最大程度地保障个人或家庭的基本居住条件，考虑到租金估算过程的复杂性以及对估算租金课税可能存在的累退性，大多数国家对（主要或唯一）自住住所的估算租金免税。这对拥有自住房非常有利，也能间接带动房地产市场的繁荣和发展。

相反，少数几个国家对估算的租金课税。例如，希腊和瑞士对租金估算采用的资产收益率分别为3%和3.5%（退休人员为4.25%），而丹麦和荷兰的资产收益率为2级累进，前者为1%和3%，后者为0.7%和2.35%（如图4－9所示），这在一定程度上能缓解累退性，也标榜是为了保证税收体系的对称公平性。值得一提的是，瑞士对估算租金课税和对抵押贷款利息支出慷慨的税前扣除是造成其自有住户拥有率在西欧最低的重要原因（Bourassa & Hoesli，2010）。这些税收政策对住房市场和其他市场的投资决策也会造成一定的效率损失，对收入分配差距也会造成一定的恶化后果。

另一方面，大多数国家对租赁所得适用完全的综合累进税。除少数国家对租赁所得单独课征外，大多数国家对租赁所得综合累进课征。类似地，部分国家也赋予租赁所得单独课征的选择权。例如，意大利和以色列对租赁所得分别课征比例税21%和10%。此外，大多数国家对租金所得完全课税。因而租赁租金的平均法定税率远高于估算租金和利息的平均法定税率，达到37.9%。主要例外情况有：比利时和荷兰对租赁所得采用PR法[①]，芬兰、冰岛和西班牙对应采用部分免征法[②]，免征比例分别为20%、50%和60%。

表4－21　　2018年OECD国家的租金课税体系及法定税率比较

国家	自住住所		租赁住所			
	税收体系	法定税率	税收体系	税基	个人所得税率	法定税率
澳大利亚	单独课征（完全免征）	0.0	综合累进（完全课征）	100.0	47.0	47.0
奥地利	单独课征（完全免征）	0.0	综合累进（完全课征）	100.0	55.0	55.0
比利时	单独课征（完全免征）	0.0	综合累进（PR）	100.0	79.2	79.2

① 在比利时，住所的估算租金由地籍处根据实际情况估算，全国没有统一的资产收益率，无法考察法定税率的变动。在荷兰，住所的估算租金根据净资产规模确定的3级累进资产收益率来估算。

② 部分国家的租金所得也设置免税门槛。例如，以色列（60360新锡克尔）、斯洛伐克（500欧元）和土耳其（4400里拉）。

续表

国家	自住住所		租赁住所			
	税收体系	法定税率	税收体系	税基	个人所得税率	法定税率
加拿大	单独课征（完全免征）	0.0	综合累进（完全课征）	100.0	53.5	53.5
智利	单独课征（完全免征）	0.0	综合累进（完全课征）	100.0	35.0	35.0
捷克	单独课征（完全免征）	0.0	综合比例（完全课征）	100.0	15.0	15.0
丹麦	综合累进（PR）	41.9	综合累进（完全课征）	100.0	55.9	55.9
爱沙尼亚	单独课征（完全免征）	0.0	综合比例（部分免征）	80.0	20.0	16.0
芬兰	单独课征（完全免征）	0.0	单独比例（完全课征）	100.0	30.0	30.0
法国	单独课征（完全免征）	0.0	综合累进（完全课征）	100.0	55.4	55.4
德国	单独课征（完全免征）	0.0	综合累进（完全课征）	100.0	47.5	47.5
希腊	单独累进（PR）	33.8	单独累进（完全课征）	100.0	45.0	45.0
匈牙利	单独课征（完全免征）	0.0	综合比例（完全课征）	100.0	15.0	15.0
冰岛	单独课征（完全免征）	0.0	单独比例（部分免征）	50.0	22.0	11.0
爱尔兰	单独课征（完全免征）	0.0	单独比例（完全课征）	100.0	37.0	37.0
以色列	单独课征（完全免征）	0.0	综合累进（完全课征）	100.0	50.0	50.0
意大利	单独课征（完全免征）	0.0	综合累进（完全课征）	100.0	47.2	47.2
日本	单独课征（完全免征）	0.0	综合累进（完全课征）	100.0	55.9	55.9
韩国	单独课征（完全免征）	0.0	综合累进（完全课征）	100.0	46.2	46.2
拉脱维亚	单独课征（完全免征）	0.0	综合累进（完全课征）	100.0	31.4	31.4
立陶宛	单独课征（完全免征）	0.0	综合比例（完全课征）	100.0	15.0	15.0
卢森堡	单独课征（完全免征）	0.0	综合累进（完全课征）	100.0	42.0	42.0
墨西哥	单独课征（完全免征）	0.0	综合累进（完全课征）	100.0	35.0	35.0
荷兰	综合累进（PR）	30.6	单独比例（PR）		30.0	40.4
新西兰	单独课征（完全免征）	0.0	综合累进（完全课征）	100.0	33.0	33.0
挪威	单独课征（完全免征）	0.0	综合比例（完全课征）	100.0	23.0	23.0
波兰	单独课征（完全免征）	0.0	综合累进（完全课征）	100.0	32.0	32.0
葡萄牙	单独课征（完全免征）	0.0	综合累进（完全课征）	100.0	53.0	53.0
斯洛伐克	单独课征（完全免征）	0.0	综合累进（完全课征）	100.0	25.0	25.0
斯洛文尼亚	单独课征（完全免征）	0.0	单独比例（完全课征/FW）	100.0	25.0	25.0
西班牙	单独课征（完全免征）	0.0	综合累进（部分免征）	40.0	43.5	17.4
瑞典	单独课征（完全免征）	0.0	单独比例（完全课征）	100.0	30.0	30.0
瑞士	综合累进（PR）	40.7	综合累进（完全课征）	100.0	40.0	40.0
土耳其	单独课征（完全免征）	0.0	综合累进（完全课征）	100.0	35.8	35.8

续表

国家	自住住所		租赁住所			
	税收体系	法定税率	税收体系	税基	个人所得税率	法定税率
英国	单独课征（完全免征）	0.0	综合累进（完全课征）	100.0	45.0	45.0
美国	单独课征（完全免征）	0.0	综合累进（完全课征）	100.0	43.7	43.7

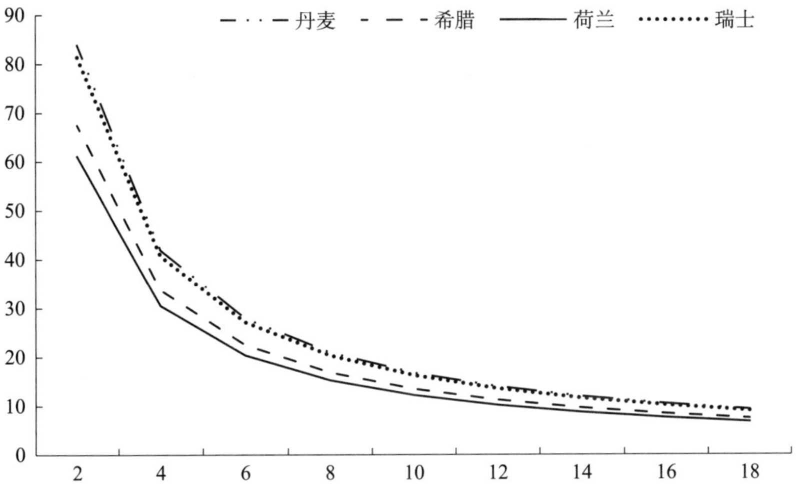

图 4－9　自住住所估算租金法定税率受资产回报率变化的影响

六、OECD 国家的股票资本利得课税体系及法定税率比较

与股息所得一样，如何缓解股票资本利得重复课税也是其主旋律。如表 4－22 和图 4－10 所示，长期和短期股票资本利得的平均综合税率分别为 38.0% 和 41.1%。如若意大利和土耳其按新股适用政策计算，则对应的平均法定税率分别为 37.2% 和 40.3%。

第一，部分国家对长期资本利得单独适用税收优惠政策①。为了鼓励纳税人长期持有股票，避免投机行为，维持股票市场的稳定，部分国家对长期持有股票所获资本利得单独适用税收优惠政策：免税（例如，捷克、卢森堡和土耳其）、部分免税（例如，澳大利亚）、优惠税率（例如，美国）或者综合运用各种税收优惠（例如，匈牙利和斯洛文尼亚②）。不过，对股票资本利得享受优惠需持有时间的政策规定差异较

① 部分国家也赋予股票资本利得课税模式的选择权。例如，2017 年起，智利的股票资本利得可单独课征税率 10%。2018 年起，法国的股票资本利得可单独综合课征（部分免征）。

② 匈牙利将股票持有时间划分为三个阶段：3 年以下（税率 15%），3 到 5 年（税率 10%），5 年以上（完全免税）；斯洛文尼亚对股票资本利得课征比例税 25%。持有时间每隔五年，股票资本利得的税率递减：5 年后对应税率为 15%，10 年后对应税率为 10%，15 年后对应税率为 5%，20 年后则免税。

大。其中：卢森堡半年，澳大利亚、土耳其和美国1年，捷克3年，匈牙利5年，芬兰10年以及斯洛文尼亚20年。还有部分国家对股票资本利得直接适用完全或部分免税政策。其中：比利时、韩国、新西兰、荷兰和瑞士对股票资本利得完全免征，加拿大仅免征50%。类似地，单独课征的股票资本利得也可通过最终预扣税实现。

第二，部分国家的股票资本利得综合法定税率受资产回报率的影响。其中：比利时和土耳其的股票资本利得法定税率低于股息，而意大利（新股）、挪威和荷兰的股票资本利得和股息的法定税率相同。因为在个人层面，比利时对股票资本利得免税，土耳其对股票资本利得综合累进课征，但可进行通货膨胀调整①。假设资产回报率增至14%，则比利时的股票资本利得综合税率从24.2%上升到28.4%，而土耳其因为通货膨胀率为16.33%，其对股票资本利得的法定税率保持不变。此外，为最高与最低法定税率的国家也发生变化，股票资本利得对应的国家是澳大利亚（61.5%）和瑞士（21.1%），而股息对应国家是瑞士（57.8%）和爱沙尼亚（20%）。

最后，部分国家对实际而非名义的股票资本利得课税。以色列、墨西哥、葡萄牙和土耳其等国对实际而非名义资本利得征税，即进行通货膨胀调整（IA）。在IA调整之前，四个国家法定税率依次为44.6%、37%、50.7%和49.3%，而之后对应的法定税率依次降为40.2%、30%、45.9%和22%，调整的力度主要取决于通货膨胀的水平和适用法定税率的水平高低。

表4－22　　2018年OECD国家的股票资本利得课税体系及法定税率比较

国家	体系	企业所得税率	持有时间	应税股息所得	最终预扣税率	个人所得税率	法定税率
澳大利亚	综合累进（部分免征）	30.0	>1	50.0		47.0	46.5
	综合累进（古典制）	30.0	≤1	100.0		45.0	61.5
奥地利	单独比例（古典制/FW）	25.0		100.0	27.5	27.5	45.6
比利时	ACE/单独比例（完全免税）	29.6		0.0			24.2
加拿大	综合累进（部分免征）	26.8		50.0		53.5	46.4
智利	综合累进（古典制）	25.0		100.0		35.0	51.3
捷克	单独比例（完全免税）	19.0	>3	0.0			19.0
	单独比例（古典制）	19.0	≤3	100.0		15.0	31.2
丹麦	单独累进（修订古典制）	22.0		100.0		42.0	54.8
爱沙尼亚	单独比例（古典制）	20.0		100.0		20.0	36.0
芬兰	单独累进（古典制）	20.0	10	100.0		34.0	47.2
法国	单独比例（古典制）	34.4		100.0		34.0	56.7
德国	单独比例（古典制/FW）	29.9		100.0	26.4	26.4	48.4

① 2018年，土耳其的通货膨胀率高达16.33%，是超过5%的唯一国家，OECD国家非加权的平均水平仅2.4%。

续表

国家	体系	企业所得税率	持有时间	应税股息所得	最终预扣税率	个人所得税率	法定税率
希腊	单独比例（改进古典制）	29.0		100.0		15.0	39.7
匈牙利	单独比例（完全免税）	9.0	>5	0.0			9.0
	综合比例（古典制）	9.0	<3	100.0		15.0	22.7
冰岛	单独比例（古典制）	20.0		100.0		22.0	37.6
爱尔兰	单独比例（古典制）	12.5		100.0		33.0	41.4
以色列	单独比例（古典制/IA）	23.0		100.0		28.0	44.6
意大利	单独比例（古典制）	24.0		100.0		26.0	43.8
意大利（新）	ACE/单独比例（古典制）	24.0		100.0		26.0	37.1
日本	单独比例（改进的古典制/FW）	29.7		100.0	20.3	20.3	44.0
韩国	单独比例（完全免税）	27.5		0.0			27.5
拉脱维亚	单独比例（古典制）	20.0		100.0		20.0	36.0
立陶宛	单独累进（古典制/FW）	15.0		100.0	20.0		27.8
卢森堡	单独比例（完全免税）	26.0	>0.5	0.0			26.0
	综合累进（古典制）	26.0	≤0.5	100.0		42.0	57.1
墨西哥	单独比例（改进古典制/FW/IA）	30.0		100.0	10.0		37.0
荷兰	单独比例（PR）	25.0		100.0		30.0	65.4
新西兰	单独比例（完全免税）	28.0		0.0			28
挪威	单独比例（RRA）	23.0		100.0		30.6	40.4
波兰	单独比例（古典制）	19.0		100.0		19.0	34.4
葡萄牙	单独纳税（古典制/FW/IA）	31.5		100.0	28.0		50.7
斯洛伐克	单独完全（古典制/FW）	21.0		100.0	19.0		36.0
斯洛文尼亚	单独比例（完全免税）	19.0	>20				19.0
	单独比例（古典制/FW）	19.0	<5	100.0	25.0		39.3
西班牙	单独累进（古典制）	25.0		100.0		23.0	42.3
瑞典	单独比例（古典制）	22.0		100.0		30.0	45.4
瑞士	单独比例（完全免税）	21.1		0.0			21.1
土耳其	单独比例（完全免税）	22.0	>1	0.0			22.0
	综合累进（古典制/IA）	22.0	≤1	100.0			22.0
土耳其（新）	ACE/单独比例（完全免税）	22.0	>1	0.0			0.0
	ACE/综合累进（古典制/IA）	22.0	≤1	0.0			0.0
英国	单独比例（改进古典制）	19.0		100.0		20.0	35.2

续表

国家	体系	企业所得税率	持有时间	应税股息所得	最终预扣税率	个人所得税率	法定税率
美国	单独比例（改进古典制）	25.8	>1	100.0		15.0	37.0
	综合累进（古典制）	25.8	≤1	100.0		43.7	58.2

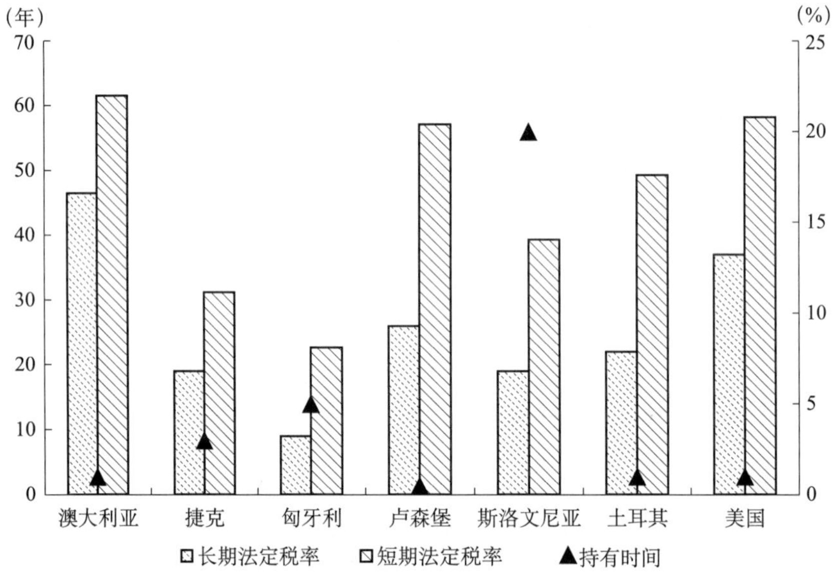

图 4－10 长期和短期股票资本利得的法定税率比较

七、OECD 国家的不动产资本利得课税体系及法定税率比较

不动产资本利得也仅在个人层面缴税，通常以销售实现为课税前提，等于购买价格与销售价格之间的差额。不过，自住和租赁不动产资本利得享受的税收待遇相差甚远。自住不动产资本利得长期和短期的平均法定税率分别为 2.6% 和 13.1%，而租赁不动产对应的平均法定税率分别为 15.9% 和 26.9%（见表 4－23）。

首先，自住不动产资本利得享受了较充分的税收优惠政策。许多国家对其直接免税（17 个国家）或适用优惠税率。还有许多国家对通过持有时间测试后的资本利得也适用免税（15 个国家）或综合优惠政策。例如，日本对持有时间小于 5 年的不动产资本利得，适用税率 39%。如果持有时间超过 5 年，对应税率为 20%。如果持有时间超过 10 年，第一个 6000 万日元的资本利得适用税率降为 14%。需要指出的是，如果不动产资本利得符合规定的支出用途，部分国家的资本利得也能享受免税或延期纳税政策。

其次，租赁不动产资本利得享受持有时间测试后的税收优惠政策。OECD 国家通常对租赁不动产资本利得都征税，符合对超出基本生活需求保障所得的课税原则。但租赁不动产作为重要投资方式之一，在满足最低持有时间测试后，为了实现特定的社会经济目标，许多国家对其可能适用完全免税法、部分免税法、优惠税率或其他税收优惠政策。与自住不动产相比，对租赁不动产持有的测试时间可能更长，设计更复杂①。具体持有时间情况有：澳大利亚、智利和美国为1年，卢森堡为2年，比利时、捷克共和国、新西兰、意大利、波兰、斯洛伐克共和国和土耳其为5年，芬兰和匈牙利为10年，斯洛文尼亚为20年，希腊为26年和法国为30年。

最后，部分国家对不动产资本利得进行了通货膨胀调整。一方面，对不动产资本利得直接进行通货膨胀调整。以租赁不动产为例，希腊、爱尔兰、以色列、卢森堡、墨西哥、葡萄牙、西班牙、土耳其和美国都对其进行了通货膨胀调整，极大地减轻纳税人负担。另一方面，有些国家对资本利得通过设计免征额间接进行通货膨胀调整。例如，希腊根据持有年限进行部分免征，第26年及以上免征40%。当然，对不动产资本利得设计免征额的国家还有很多，目标也可能多样化。

资本利得往往集中于高收入阶层，应尽可能把各种资本利得纳入课税范围，否则会产生新的税收不公平。但是，还没有一个国家将所得的资本利得彻底地纳入课税范围。因为资本利得存在对资产价值估价的难题，尤其是那些非市场流通的资产。此外，即便在OECD这些相对发达的国家，资本利得的财政收入筹集作用也是有限的。因为当对资本利得课税时也允许对资本损失扣除。

如表4－24所示，1990年到2018年，部分国家的个人资本利得税占GDP比重情况为零，部分国家的占比在1%以下。其中：位于前三的国家分别是瑞典、美国和斐济。此外，从OECD国家的平均占比水平来看，呈先上升后下降的趋势，2018年该比重仅0.2%。期间的波动主要受两次危机影响：其一是1997年—1998年的亚洲金融危机，是继20世纪30年代世界经济大危机之后，对世界经济有深远影响的一次。其二是2007年—2008年环球金融危机，对相当大型的金融机构造成重创，倒闭或者被政府接管。

表4－23　　2018年OECD国家不动产资本利得课税体系及法定税率比较

国家	租赁房产			自住房产		
	税收体系	持有时间（年）	法定税率	课税体系	持有时间	法定税率（%）
澳大利亚	综合累进（部分免征）	>1	23.5	单独课征（完全免征）		0.0
	综合累进（完全课征）	≤1	45.0			

① 在希腊，不动产资本利得的税基从100%（持有时间1年以下）递减到60%（持有时间26年及以上）；在法国，不动产资本利得缴纳19%比例税和17.2%社会税（总税率36.2%），但持有时间22年后，完全免除19%比例税。持有时间30年后，完全免除17.2%的社会税；在韩国，如果持有时间小于1年，不动产资本利得适用税率42%。如果持有时间达到5年，15%部分免征。如果持有时间达10年，38%部分免征；在斯洛文尼亚，不动产资本利得每隔5年税率递减，20年后免税；在匈牙利，不动产资本利得的税率在5年内逐渐减少至零。

续表

国家	租赁房产			自住房产		
	税收体系	持有时间（年）	法定税率	课税体系	持有时间	法定税率（%）
奥地利	单独比例（完全课征）		30.0	单独课征（完全免征）		0.0
比利时	单独课征（完全免征）	≥5	0.0	单独课征（完全免征）		0.0
	单独比例（完全课征）	<5	33.0			
加拿大	综合累进（部分免征）		26.8	单独课征（完全免征）		0.0
智利	单独比例（完全课征）		10.0	单独课征（完全免征）	>1	0.0
				单独比例（完全课征）	≤1	10.0
捷克	单独课征（完全免征）	≥5	0.0	单独课征（完全免征）	>2	0.0
	综合比例（完全课征）	<5	15.0	综合比例（完全课征）	≤2	15.0
丹麦	单独累进（完全课征）		42.0	单独课征（完全免征）		0.0
爱沙尼亚	综合比例（完全课征）		20.0	单独课征（完全免征）		0.0
芬兰	单独累进（完全课征）		34.0	单独课征（完全免征）	>2	0.0
				单独累进（完全课征）	≤2	34
法国	单独课征（完全免征）	≥30	0.0	单独课征（完全免征）		0.0
	单独比例（完全课征）	<5	36.2			
德国	单独课征（完全免征）	>10	0.0	单独课征（完全免征）	>2	0.0
	综合累进（完全课征）	≤10	45.0	综合累进（完全课征）	≤2	45.0
希腊	单独比例（部分课征）	≥26	9.0	单独课征（完全免征）		0.0
	单独比例（完全课征）	<1	15.0			
匈牙利	单独课征（完全免征）	>5	0.0	单独课征（完全免征）	>5	0.0
	综合比例（完全课征）	≤3	15.0	综合比例（完全课征）	≤3	15.0
冰岛	单独比例（完全课征）		22.0	单独课征（完全免征）	>2	0.0
				单独比例（完全课征）	≤2	22.0
爱尔兰	单独比例（完全课征/IA）		29.0	单独课征（完全免征）		0.0
以色列	单独比例（完全课征/IA）		22.3	单独比例（完全课征/ID）		22.3
意大利	单独课征（完全免征）	>5	0.0	单独课征（完全免征）	>5	0.0
	综合累进（完全课征）	≤5	46.3	综合累进（完全课征）	≤5	46.3
日本	单独比例（优惠税率）	>5	20.3	单独比例（优惠税率）	>5	20.3
	单独比例（完全课征）	≤5	39.8	单独比例（完全课征）	≤5	39.8

续表

国家	租赁房产			自住房产		
	税收体系	持有时间（年）	法定税率	课税体系	持有时间	法定税率（%）
韩国	综合累进（部分免征）	>10	26.0	单独课征（完全免征）	>3	0.0
	综合累进（完全课征）	<1	42.0	综合累进（完全课征）	≤3	42.0
拉脱维亚	单独比例（完全课征）		20.0	单独课征（完全免征）	>5	0.0
				单独比例（完全课征）	≤5	20.0
立陶宛	单独课征（完全免税）	>10	0.0	单独课征（完全免征）	>2	0.0
	单独累进（完全课征）	≤10	20.0	单独累进（完全课征）	≤2	20.0
卢森堡	综合累进（部分免征/IA）	>2	13.0	单独课征（完全免征）		0.0
	综合累进（完全课征/IA）	≤2	25.9			
墨西哥	综合累进（完全课征/IA）		35.0	单独课征（完全免征）		0.0
荷兰	单独比例（PR）		40.4	单独课征（完全免征）		0.0
新西兰	单独课征（完全免征）	>5	0.0	单独课征（完全免征）		0.0
	综合累进（完全课征）	≤5	33.0			
挪威	综合比例（完全课征）		23.0	单独课征（完全免征）	>2	0.0
				综合比例（完全课征）	≤2	23.0
波兰	单独课征（完全免征）	>5	0.0	单独课征（完全免征）	>2	0.0
	单独比例（完全课征）	≤5	19.0	单独比例（完全课征）	≤2	19.0
葡萄牙	综合累进（部分免征/IA）		21.1	单独课征（完全免征）		0.0
斯洛伐克	单独课征（完全免征）	>5	0.0	单独课征（完全免征）		0.0
	综合累进（完全课征）	≤5	25.0			
斯洛文尼亚	单独课征（完全免征）	>20	0.0	单独课征（完全免征）	>3	0.0
	单独比例（完全课征）	<5	25.0	单独比例（完全课征）	≤3	25.0
西班牙	单独累进（完全课征/IA）		13.3	单独累进（完全课征/IA）		13.3
瑞典	单独比例（完全课征）		30.0	单独比例（优惠税率）		22.0
瑞士	综合累进（完全课征）		28.5	单独课征（完全免征）		0.0
土耳其	单独课征（完全免征）	>5	0.0	单独课征（完全免征）		0.0
	综合累进（完全课征/IA）	≤5	0.0			
英国	单独累进（完全课征）		28.0	单独课征（完全免征）		0.0
美国	单独比例（优惠税率/IA）	>1	5.9	单独比例（优惠税率/IA）	>1	15.0
	综合累进（完全课征/IA）	≤1	14.4	综合累进（完全课征/IA）	≤1	37.0

表 4 - 24　　个人资本利得税占 GDP 比重的国际比较

国家	1990	1995	1997	1998	2000	2005	2007	2008	2010	2015	2018	人均 GDP（2018 年，美元）	区域
澳大利亚	0.04	0.13	0.27	0	0	0	0	0	0	0	0	57305	大洋洲
丹麦	0.02	0.03	0.02	0.02	0.02	0.02	0.02	0.02	0.02	0.01	0.01	60596	欧洲
芬兰	0.05	0	0	0	0	0	0	0	0	0	0	49960	欧洲
希腊	0	0.02	0.02	0.02	0.02	0.02	0.02	0.02	0.03	0.06	0.07	20324	欧洲
爱尔兰	0.09	0.1	0.24	0.31	0.71	1.16	1.57	0.76	0.21	0.25	0.31	77450	欧洲
以色列		0	0.09	0.16	0.2	0.11	0.17	0.12	0.08	0.21	0.22	43641	亚洲
意大利	0.12	0.1	0.08	0.06	0.06	0	0	0	0	0	0	33228	欧洲
韩国	0.55	0.4	0.36	0.18	0.21	0.46	1.04	0.81	0.62	0.72	0.19	32000	亚洲
立陶宛		0	0	0	0	0.22	0.28	0.19	0.12	0.13	0.02	19090	欧洲
荷兰	0.02	0.01	0.01	0.01	0.01	0.02	0.02	0.02	0.03	0.03	0.01	52978	欧洲
瑞典	0.1	0.17	0.05	0.05	1.43	0.78	0	0.77	0.97	1.62	1.44	54112	欧洲
英国	0.31	0.1	0.05	0.15	0.2	0.17	1.5	0.33	0.16	0.29	0.36	42491	欧洲
美国	0.53	0.62	0.99	1.08	1.32	0.89	0.25	0.52	0.4	0.96	1.02	63004	北美洲
OECD 平均数	0.08	0.05	0.07	0.06	0.13	0.12	1.05	0.11	0.08	0.13	0.15		
阿根廷	0.02	0.03	0.03	0.03	0.03	0.01	0.19	0.01	0.01	0.01	0.02	11653	南美洲
保加利亚		0	0	0	0	0	0.01	0.11	0.12	0.19	0.31	9273	欧洲
喀麦隆						0	0.1	0	0	0.01	0.01	1527	非洲
多米尼加					0	0.01	0	0.01	0.01	0.01	0.01	7650	北美洲
埃及						0	0.01	0	0.01	0.01	0.01	2549	非洲
斐济							0	0	0	0.24	0.41	6202	大洋洲

续表

国家	1990	1995	1997	1998	2000	2005	2007	2008	2010	2015	2018	人均 GDP（2018 年，美元）	区域
马达加斯加		0.09	0.12	0.15	0.16	0.14		0.44	0.18	0.08	0.12	461	非洲
摩洛哥					0.5	0.48	0.21	1.05	0.54	0.45	0.04	3237	非洲
尼日尔					0	0	0.83	0	0	0	0.01	412	非洲
菲律宾		0.22	0.24	0.23	0.13	0.09	0	0.1	0.1	0.13	0.15	3198	亚洲
塞内加尔			0.02	0.01	0.02	0.03	0.09	0.02	0.02	0.03	0.04	1522	非洲
突尼斯					0.04	0.01	0.03	0.02	0.02	0.05	0.05	3447	非洲
乌拉圭							0.02	0.28	0.29	0.4	0.52	16246	南美洲
南非							0.11		0.04	0.03	0.01	6340	非洲
拉丁美洲和加勒比地区								0.1	0.1	0.14	0.18		

注：在此期间，许多国家的个人资本利得税为零或近似为零。主要包括奥地利、比利时、加拿大、捷克、爱沙尼亚、芬兰、法国、德国、匈牙利、冰岛、日本、拉脱维亚、卢森堡、新西兰、挪威、斯洛伐克、斯洛文尼亚、西班牙、瑞士、土耳其、不丹、乍得、刚果、库克群岛、科特迪瓦、赤道几内亚、斐济、印度尼西亚、莱索托、列支敦士登、马拉维、马来西亚、毛里塔尼亚、蒙古、纳米比亚、瑙鲁、尼日利亚、巴布亚新几内亚、卢旺达、萨摩亚、塞舌尔、新加坡、所罗门群岛、埃斯瓦蒂尼、泰国、多哥等。

数据来源：根据 OECD 数据库整理得到。

八、OECD 国家资本所得课税的结论及启示

近年来，OECD 国家个人资本所得税改革的趋势是，资本利得和股息税负有中等程度的提高，但是一些国家也加大了对养老金储蓄和小额储户投资的激励（OECD，2019）。在界定资本所得课税方法和推导普遍适用的课税公式基础上，实证考察了 2018 年 OECD 国家股息、利息、租金和资本利得等不同资本所得类型的课税体系和法定税率，得到以下几个有意义的结论及启示。

（一）对资本所得课税侧重效率目标

长期以来，发达国家对资本所得的课税方法是以美国为代表的综合课税模式为主。20 世纪 80 年代末 90 年代初，北欧四国（丹麦、芬兰、挪威和瑞典）推出对劳动所得和资本所得分别课税的二元所得税制。主要特征是：对劳动所得综合课征累进税，而对资本所得课征比例税，且与对劳动所得课征的第一级税率以及企业所得课征的比例税率相同，以最大可能地减轻资本所得税负和对投资行为的扭曲。然而，纯粹的混合个人所得税致命的弱点是很难分离兼有劳动所得和资本所得的个体经营者、私营业主的混合所得（Sørensen，1994）。虽然纯粹的混合个人所得税制没有在全球普及，但对资本所得单独课征低税率的思想却被各国广泛接受。大多数 OECD 国家采用混合个人所得税制模式，其差异主要在于“大综合”与“小综合”之分，与此对应的是对资本所得单独课征的范围大小，以及不同资本所得适用税率的差异。此外，即便在对资本所得综合课征的国家，也可能对其单独适用更优惠的税收政策。譬如芬兰、冰岛和西班牙仅将租金所得的 80%、50% 和 40% 计入综合课征范围。表明国际上对个人资本所得的课税由侧重公平原则逐渐转向侧重效率原则。

这种转化的具体有力表现有：其一是对股权投资所得（股息和股票资本利得）缓解重复课税方式的选择。在之前综合课税制下备受推崇的抵免制，虽然较好地缓解对资本所得的经济性重复课税，但方法设计过于复杂。而资本所得单独课征后，由复杂的抵免制转为操作程序上更为简单的改进古典制、完全或部分免征制等顺理成章。值得一提的是，部分 OECD 国家采用 ACE 法或 RRA 法，力求税收的中性目标。一般来说，中性税收制度将与家庭行为扭曲相关的福利损失降至最低。其二是对税收征管方式的选择。单独的比例课征使金融机构在收入来源处扣缴变得可行且操作简便，许多国家对资本所得（尤其是股息、利息和股票资本利得）实施最终预扣税制，在一定程度上简化税制，避免了不必要的征纳成本。

（二）对资本所得课税也兼顾了税收公平

资本所得的综合累进课征无疑能更好地实现税收公平目标，但这不是资本所得课征的主旋律，大多数 OECD 国家在个人层面选择单独课征模式。在许多 OECD 国家，

居民的资本所得份额呈现上升趋势，而劳动所得份额呈现下降趋势，收入分配差距日益扩大。同时，财政赤字日益庞大，国债规模不断突破限额。因此，近年来随着各国税收征管水平的逐步提高，以及国际税收协调合作的进一进加强，许多国家推出诸多政策以兼顾一定程度的税收公平。

具体表现为以下几个方面：一是许多 OECD 国家扩大对资本所得的课税范围。为保持税基的完全性，体现税收公平原则，许多 OECD 国家扩大了课税范围。即从综合课征制下对资本所得赋予极大的税收优惠，转化为单独课征下结合整洁的税基，尽管仍有小部分资本所得游离于税收制度之外。二是部分国家单独设置少量的累进税率级次或者提高资本所得税率。譬如，丹麦对股息所得适用 27% 和 42% 两档超额累进税率。在企业层面和个人层面，对资本所得分别实施 ACE 法和 RRA 法等特殊免税法，实际形成随着资本收益率增长而递增的法定税率。三是许多 OECD 国家对资本所得设置免税门槛，更有力地减轻低收入者的税收负担；或者赋予纳税人在资本所得课征模式上的选择权，实质仍是对低收入者课以更低的税收；或者对资本所得进行通货膨胀指数化处理，一定程度上也能实现资本所得与劳动所得之间税收的横向公平。当然，大多数国家不对资本所得进行通货膨胀调整，而是以对资本所得课以低税率这种粗略的方法代替（Bird & Zolt，2011）。

（三）对资本所得单独课税也导致了税收不公平

诚然，资本所得适用单独的比例税率能够较好地实现税收的效率目标，但也造成了资本所得与劳动所得实际税负的横向不公平。对资本所得课以较轻的税收，最后结果几乎肯定会恶化收入和财富的分配。尤其是财富的分配远比收入的分配更不均等。此外，不同资本所得的法定税率迥异，也导致一定程度的资本间税收的横向不公平。从 OECD 国家非加权平均法定税率来看，股息和股票资本利得的法定税率最高，租赁不动产租金所得次之，接着是利息所得和不动产资本利得。这扭曲了在债务和股权融资之间、资本利得和其他形式资本所得之间，以及自有住房和其他资产之间的选择。

长期以来，人们一直认为对资本所得课税比支出税（对其不课税）更会扭曲投资模式，部分原因是没有对所有资本所得都按相同的税率征税，造成税制的复杂性，鼓励了避税行为，增加了纳税人的遵从成本和政府的征管成本（Coleman，2017）。当然，即使一个理论上有说服力的税收中性政策，也需要与造成税收制度更复杂的弊端进行权衡。这也许是 ACE 法和 RRA 法没有得到广泛推广的重要原因之一。更为重要的是，尽管人们普遍希望对不同形式的投资之间保持课税的中性，但可能有很好的理由去更慷慨地对待养老金储蓄和自有住房的估算租金等资本所得。

总而言之，对资本所得是单独课征还是综合课征？答案已不言而喻。在单独课征的主流思想主导下，注重外部征管条件的变化以及收入分配差距的现实也很重要，力求形成经济的稳步增长与收入分配的合理调控并行路径。事实证明，伴随着课税目标的多元化变动，相机抉择地调整对资本所得的课税政策也是各国的明智选择。

第五章

综合与分类相结合个人所得税的再分配效应及影响机制分析

综合与分类相结合个人所得税制是更符合最优所得税制的选择，因为它兼顾了税收公平与效率原则。纯粹的混合个人所得税制对劳动所得课征累进税和对资本所得课征比例税（等于劳动所得最低边际税率和企业所得税率）。综合与分类相结合个人所得税的再分配效应及影响机制如何？需要进一步深入探讨分析。因此，本章主要内容有：在对国内外文献梳理的基础上，首先推导综合个人所得税制再分配效应及分解公式，以及综合与分类相结合个人所得税的再分配效应分解公式。然后，运用微观数据实证分析我国分类个人所得税，以及综合与分类相结合个人所得税的再分配效应及影响因素。最后，劳动所得税是公平性的主要来源，是更复杂更关键的设计部分。在构建最优劳动所得税模型的基础上，运用微观数据比较分析无税、比例税和累进税三种税率结构下最大社会福利水平，并进一步延伸分析其演进的路径及原因。

第一节　国内外文献综述

一、国外相关文献综述

长期以来，无论是理论上还是实践中，对公平的关注都聚焦于综合所得税制（例如，Lambert，2001；Wagstaff et al.，1999）。当然，仅仅知道总体税收再分配效应是远远不够的，将之分解为税收的纵向公平和横向公平更有意义。一方面，横向不公平会导致税收再分配效应的损失，许多学者都意识到了这一点，试图把横向不公平从纵向公平中分离出来。从分解方法的演进路径来看，主要可以划分为三个阶段和对应的三种方法：APK 分解法（Atkinson，1980；Plotnick，1981；Kakwani，1984，1986）、AJL 分解法（Aronson，Johnson & Lambert，1994；Aronson & Lambert，1994；Lambert & Trippeer，1999），修正的 AJL 分解法（Urban & Lambert，2005）①。另一方面，纵向公平性分析也是专家学者关注的重点。Kakwani（1977）认为纵向公平是累进性和平均税率的函数。Pfähler（1990）在 Kakwani 分析的基础上，将税收累进性分解为税基和

① 对于三种方法的详细描述，参见彭海艳（2008b）。为了表述清晰和便于比较，后文将我国学者采用的方法与这三种方法对应起来。

税率的影响，并把税基进一步分解为免税额和费用扣除项目的作用。虽然还有其他分解方法，但是这个分析框架具有遵循税收体系逻辑的优势，因而被广泛采用（Seetharaman，1994；Keen et al.，1996；Delipalla & Papapanagos，1996；Young et al.，1999）。

20 世纪 80 年代和 90 年代，北欧国家引入了二元混合个人所得税制，并取得了极大成功（Genser & Reutter，2007）。随后，人们开始关注混合个人所得税对财政收入的影响、混合个人所得税的优缺点，以及混合所得如何分离为劳动所得和资本所得等方面（Sørensen，1994，1998，2001，2005）。但是，对混合个人所得税制公平性的研究在经济学领域长期被搁置一旁 Kristjánsson（2010）首次构建了衡量混合个人所得税再分配效应及影响机制的理论框架。选择基尼系数作为不平等性度量指标，结合对收入来源的不平等性分解（Shorrocks，1982，1983）、收入再分配效应（Kakwani，1977；Pfähler，1990）以及横向不公平性和再排序效应（Aronson & Lambert 1994）的结果，能够深入了解混合个人所得税制的运作机理。Calonge & Tejada（2011）也分析了混合个人所得税的再分配效应，但没有考察税制本身对不平等效应的影响。讨论的情景为当劳动所得和资本所得完全一致时的再分配问题，即两者存在明显的正相关关系。这显然也与现实不完全相符。

受 Kristjánsson（2010）的启发，Lamber & Thoresen（2011）研究了纯粹混合个人所得税体系的总体不平等效应。通过简单的例子表明，劳动所得与资本所得分布的相关性、混合个人所得税制的税率差异化程度以及纳税人重新排序可能会使分析复杂化。运用挪威所得税数据，获得了明确减少不平等的充分条件，并确定了劳动所得和资本所得之间隐性再分配的性质。Erlend et al.（2012）讨论了混合个人所得税制度横向不平等效应的含义和衡量方法。基于税前与税后收入联合分布的 copula 函数识别策略建立了横向不平等评估方法，并利用 2000 年—2008 年期间挪威的微观数据评估了横向不平等的变动情况。Miyazakiet al.（2016）运用 Kristjánsson（2010）提出的分解方法，结合 1984 年—2009 年期间日本的家庭微观数据，探讨个人所得税改革在不同年龄段之间的再分配效应差异。

二、国内相关文献综述

21 世纪以来，国内对个人所得税再分配效应的分析成果逐渐丰富。彭海艳（2007，2008a，2008b，2010，2011，2012，2014a，2014b）在梳理国内外文献的基础上，构建了税收再分配效应及其影响因素的数学理论模型，建立了其总体分析框架：税收再分配效应分析、税收再分配效应分解分析、税收累进性分析和税收累进性分解分析。基于该分析框架，采用我国城镇居民家庭的分组数据，对税收再分配效应及影响机制进行了深入的实证研究。彭海艳（2008c）以 2007 年我国中部地区某市的工资收入和纳税情况微观数据为样本，采用 APK 分解法、AJL 分解法和修正的 AJL 分解法，对工资薪金所得税的再分配效应进行分解，揭示了税收横向不公平性。

近年来，国内许多专家学者拓展研究方法以及充分利用全国（或地区）的微观数据，对个人所得税再分配效应进行了深入细致的实证研究，取得了丰硕的成果。岳希明和徐静（2012）以2002年和2007年城镇住户调查数据为基础进行漏报和低报调整后，运用APK分解法对我国个人所得的收入再分配效应进行了分解分析。张玄、岳希明和邵桂根（2020）利用2013年中国家庭收入调查数据（CHIP2013），运用APK分解法测算我国个人所得税的再分配效应。张玄、岳希明（2021）运用CHIP2018数据，测算2018年税改对个人所得税收入再分配效应带来的影响。此外，曹桂全和任国强（2014）基于Pfähler（1990）的分析框架，以2008年天津市城镇住户调查微观数据为样本，分析了免征额、税前扣除、税率结构、免税收入对税收累进性和再分配效应的影响和贡献率。

此外，将税收与转移支付（社会保障）纳入财税再分配效应一体化的研究构架也是重点研究方向。刘柏惠和寇恩惠（2014）利用2002年—2009年城镇住户调查数据，采用修正的AJL分解方法，对政府税收和各项转移收支的收入再分配的影响进行了分析。李实等（2017）运用2013CHIP数据为样本测算，结果表明个税和社会保障的总体再分配效应为14.49%，其中个税、社会保障缴纳、公共收入转移和私人收入转移的再分配效应分别为0.25%、-0.12%、10.98%和3.81%。蔡萌和岳希明（2018）以CHIP2013数据为样本测算，发现全国、城镇住户、农村住户的社会保障收入再分配分效应分别为5.31%、17.42%和3.65%。岳希明、周慧和徐静（2021）创新性地将税收的APK分解法运用到对转移支付的再分配效应分析中，提出再分配非效率指数，将其分解为排序改变和累进性偏离两项。运用卢森堡微观收入数据（LIS）以及CHIP2013数据展开国际比较研究。解垩（2018）运用2013年中国健康与养老追踪调查（CHARLS）的追踪数据，分析了个人所得税（含社保缴费）、公共转移支付对再分配效应中的垂直效应、经典横向不平等效应及再排序效应的贡献。同时，研究了转移支付的反贫困效率。卢洪友和杜亦譞（2019）拓展了传统的财政再分配分析方法，将财政收入端和支出端纳入统一研究框架，基于CFPS2012入户调查数据和投入产出表，构建居民收入核算账户，运用标准财政归宿法，测算出中国居民的财政净受益；采用“匿名”与“非匿名”评价指标，综合测度了“一揽子”财政工具的再分配和减贫效应。

不过，鲜有文献对综合与分类相结合个人所得税的再分配效应进行分解研究。岳希明等（2012）将收入构成分为工资薪金所得与其他所得，推导出税收的收入再分配效应指数按收入构成的分解方法。并使用2009年城镇住户调查数据，模拟了2011年个税改革的效应。发现平均税率的高低是我国个人所得税再分配效应大小的主要决定因素，累进性则是次要的。更进一步，累进性随工资薪金所得费用扣除的提高呈倒U形。万莹、熊惠君（2019）借鉴该方法，将收入构成分为综合所得与其他所得，利用2014年的中国家庭追踪调查（CFPS）数据，微观模拟了2018年我国个人所得税改革的再分配效应。

如前所述，现有文献对混合个人所得税制的公平和/或不公平效应都没有进行充分的理论与实证分析。基于此，本部分首先对综合个人所得税再分配及分解机制进行简单回顾，其次，采用新的方法对混合个人所得税的再分配效应分解及影响机制进行理论推导。最后，对我国综合与分类相结合个人所得税再分配效应进行实证分解分析。同时，从最优所得税的视角，对劳动所得税进行优化模拟分析。

第二节　综合个人所得税的再分配效应及分解

一、综合个人所得税的再分配效应

洛伦兹曲线（lorenz curve）是用来衡量社会收入分配（或财产分配）平均程度的曲线。按家庭或个人的收入由低到高排序，然后考虑收入最低的任意百分比人口所得到的收入百分比。如图 5 - 1 所示，横坐标代表家庭或个人累计人数百分比，纵坐标代表对应收入或其他经济指标累计百分比。对角线表示绝对平均分配线，实曲线表示收入变量的洛伦兹曲线。两者之间围成的面积以 A 表示（斜虚线区域），实曲线右下方与横坐标、纵坐标一起围成的面积为 B。

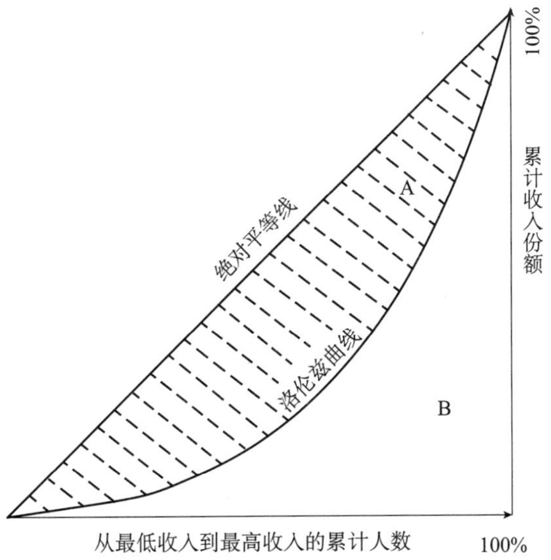

图 5 - 1　洛伦兹曲线

根据洛伦斯曲线可以计算出反映收入分配平等程度的指标，这一指标称为基尼系数，其等于 2A（或 1 与 2B 之差）。Musgrave & Thin（1948）提出了测量税收再分配效应的方法，使用税前收入分配基尼系数与税后收入分配基尼系数之差来表示。因此，税收再分配效应（π^{RS}）可以表示为：

$$\begin{aligned}\pi^{RS} &= \left(1-2\int_0^1 L_x(p)\,dp\right)-\left(1-2\int_0^1 L_x^N(p)\,dp\right)\\ &= 2\int_0^1 [L_x^N(p)-L_x(p)]\,dp \end{aligned} \tag{5-1}$$

式（5-1）中，$L_x^N(p)$ 为税后收入分配对应的洛伦兹曲线，$L_x(p)$ 为税前收入分配对应的洛伦兹曲线。即 π^{RS} 测量的是税后收入分配洛伦兹曲线 $L_x^N(p)$ 和税前收入分配洛伦兹曲线 $L_x(p)$ 围成面积的两倍（Reynolds & Smolensky，1977）。

换句话说，税收再分配效应（π^{RS}）也可表示税前收入分配基尼系数 G_x 与税后收入分配基尼系数 G_x^N 之差：

$$\pi^{RS} = G_x - G_x^N \tag{5-2}$$

式（5-2）中，如果 π^{RS} 大于 0，表明税收能够正向调节收入分配差距，π^{RS} 越大，则正向调节收入分配差距的效果越好；如果 π^{RS} 等于 0，表明税收不能发挥调节收入分配差距的作用；如果 π^{RS} 小于 0，表明税收逆向调节了收入分配差距，且绝对值越大，则逆向调节收入分配差距的结果越明显。

一般而言，为使测量结果的误差最小化，优先采用直接计算法估算税前或税后收入分配的基尼系数，本专著采用以下直接计算公式①：

$$G = 1-\sum_{i=1}^{n} P_i\left(2\sum_{k=1}^{i} I_K - I_i\right) \tag{5-3}$$

式（5-3）中，G 为基尼系数，P_i 为第 i 个收入阶层人口比重，I_i 为第 i 个收入阶层的收入比重。

二、综合个人所得再分配效应的分解

Atkinson（1980）、Plotnick（1981）和 Kakwani（1984，1986）提出了把横向不平等从纵向公平中分离出来的方法（以下简称 APK 分解法）。则税收再分配效应（π^{RS}）可以分解为：

$$\pi^{RS} = V^K - R^{APK} \tag{5-4}$$

Kakwani（1977）把 V^K 进一步分解为以下两个因素：

$$V^K = \frac{g}{1-g}K \tag{5-5}$$

式（5-5）中，g 为平均税率，K 为累进性。表明 V^K 是平均税率和累进性综合作用的结果。K 测量的是应纳税额的集中系数（C_t）与税前收入基尼系数（G_x）之差，等于税前收入分布洛伦兹曲线（L_x）与税收分布集中曲线（L_t）围成面积的

① 本专著涉及的所有相关变量的基尼系数或集中系数都采用该公式计算。不过，集中系数不是以自身排序为基础，而是以其他经济变量排序为基础。

两倍。

$$K = 2\int_0^1 [L_x(p) - L_t(p)]dp$$
$$= C_t - G_x \qquad (5-6)$$

Pfähler（1990）在此基础上，扩展了这一方法以确定累进性的构成来源可归因于税制要素，即费用扣除以及税率结构。假设费用扣除（A）① 是确定应纳税所得额时从总收入中的所有扣除，则可以得到税前扣除对应的累进性 ρ_A：

$$\rho_A = 2\int_0^1 [L_A(p) - L_x(p)]dp$$
$$= G_x - C_A \qquad (5-7)$$

式（5－7）中，L_A 和 C_A 分别为税前扣除对应的集中曲线和集中系数。如果税前扣除为定额的，则可得到 $C_A = 0$ 和 ρ_A 大于零。税前扣除（A）对累进性的贡献 K_A 为：

$$K_A = 2\int_0^1 [L_x(p) - L_y(p)]dp$$
$$= C_y - G_x \qquad (5-8)$$

式（5－8）中，y 是应纳税所得额，即 $y = x - A$，L_y 和 C_y 分别为应纳税所得额的集中曲线和集中系数。则税前扣除对总体累进性的贡献 K_A 可表示为：

$$K_A = \frac{\gamma}{1-\gamma}\rho_A \qquad (5-9)$$

式（5－9）中，γ 为平均税前扣除，$\gamma = \frac{\bar{A}}{\bar{x}}$。类似的，可以得到税率结构的累进性 K_R：

$$K_R = 2\int_0^1 [L_y(p) - L_t(p)]dp$$
$$= C_t - C_y \qquad (5-10)$$

最后，税收再分配效应 π^{RS} 的分解结果可表示为：

$$\pi^{RS} = \frac{g}{1-g}\left(K_R + \frac{\gamma}{1-\gamma}\rho_A\right) - R^{APK} \qquad (5-11)$$

Aronson、Johnson & Lambert（1994）、Aronson & Lambert（1994）、Lambert & Trippeer（1999）在 APK 分解法基础上提出了新的方法（简称 AJL 分解法）。此时，税收再分配效应 π^{RS} 分解为：

$$\pi^{RS} = V^{AJL} - H^{AJL} - R^{AJL} \qquad (5-12)$$

式（5－12）中，V^{AJL} 测量的是同等收入或境况同等对待的纵向公平效应，H^{AJL} 测量 的是同等收入或境况的纳税人缴纳不同的税款，造成税收再分配效应损失，R^{AJL} 测

① 税前扣除是指计算应纳税所得额时的所有扣除，为了简化，此处推导不考虑税收抵免和偷逃税行为的影响。

量额外的再排序效应损失，如果税后所得排序不同于税前所得（如果有的话）。

在 AJL 分解法中，假设不存在组间再排序效应和组内再排序效应，这显然与现实不符合。现实中也很少存在收入完全相等的群体，而是存在大量收入近似相等的群体。Urban & Lambert（2005）对 AJL 分解法进行了修正（简称修正的 AJL 法）①，提出了三种形式的再排序效应，并对纵向公平效应和横向不公平效应进行了重新界定，即完全纵向公平效应（V）、第二种类型的横向不公平效应（H）和 APK 再排序效应（R^{APK}，即组内再排序效应 R^{WG}、组间再分配效应 R^{EG} 和 AJL 再排序效应 R^{AJL} 三者之和）。可表示为：

$$\pi^{RS} = V - H - R^{APK} \tag{5-13}$$

$$= V - H - (R^{WG} + R^{EG} + R^{AJL}) \tag{5-14}$$

式（5-12）和（5-14）表明了 AJL 分解法和修正的 AJL 分解法两者之间的关系。由于模型中包含许多变量、系数以及变量间的关系，更多细节和解释可以参照 Urban & Lambert（2005）。需要指出的是，这两种方法都涉及虚拟的税制设计，以分离出同等收入同等对待境况，因而税制要素的分解也是基于此虚拟的税制设计，而不是现实中的税制设计，虚拟的税制设计也恰恰反映了更为理想的税制设计方向。

第三节　综合与分类相结合个人所得税的再分配效应分解及边际探讨

一、综合与分类相结合个人所得税的再分配效应分解

（一）收入分布的理论假设与现实情境的冲突

纯粹的综合与分类相结合个人所得税制，对劳动所得课征累进税，对资本所得课征比例税。这种税收体系总体的不平等效应可正可负，取决于税收函数本身的结构，适用税收的组成部分的分布，以及它们组成的联合分布。为了看到收入不平等可能的增加，只需要考虑在税收之前收入完全平等的情景，但纳税人的劳动所得和资本所得有着不同的组合：除非特殊的情况下外，综合与分类相结合个人所得税制不可避免地会在没有收入不平等的情况下导致收入不平等现象的产生。

假设税前总收入为 $x = w + d$，其中 w 为劳动所得，d 为资本所得。劳动所得税是累进的，资本所得税是比例税。假设劳动所得税的免征额为 A，资本所得税无免征额。w 和 d 对应的税后所得分别为 v 和 k，则税后总所得 $y = v + k$。基于以上假设，根据 Fellman（1976）和 Jakobson（1976）提出的定理，可以得到：

① 修正的 AJL 分解法需要按一定带宽划分近似相同的群体，因而不同带宽的选择得到的结果是也不相同。

$$L_v(P) \geqslant L_w(P) \tag{5-15}$$

$$L_k(P) = L_d(P) \tag{5-16}$$

式（5-15）和式（5-16）中，P 是纳税人在总收入或净收入中的排序。L_v 和 L_w 分别表示税前劳动所得和税后劳动所得对应的洛伦兹曲线，L_k 和 L_d 分别是税前资本所得和税后资本所得对应的洛伦兹曲线。表明对劳动所得课征累进税（通常税前扣除），则税后劳动所得的收入分布更公平。而对资本所得课征比例税（没通常有税前扣除），税前资本所得分布与税后资本所得分布对应的洛伦兹曲线没有发生变化。

Calonge & Tejada（2011）提出一个完美对称性的假设：即税前劳动所得与税前资本所得同时增加，但这显然并不是事实。现实中，逆向完美对称性是更典型的情况，可能存在某纳税人拥有的劳动所得更少而资本所得更多的情况，或者完全相反的事实。例如，2004 年西班牙的劳动所得与资本所得的排序存在正的但并不显著的相关关系。Lambert & Thoresen（2011）提出了逆向完美对称性假设：劳动所得递增和资本所得递减，而总所得和净所得同步递增，即存在横向不平等效应，但没有产生再排序效应。当然，这个最终是一个实证问题，有论据和研究表明，在混合个人所得税制下，纳税人可能将缴税较多的劳动所得转化为纳税较少的资本所得（Thoresen & Alstadsäter，2010）。

（二）综合与分类相结合个人所得税制的再分配效应分解

假设以 α_L 和 α_K 分别代表劳动所得和资本所得分别在总体所得中的占比，g_L 和 g_K 分别代表各自的平均税率，即 $g_L = \frac{\overline{t_L}}{\overline{w}}$，$g_K = \frac{\overline{t_K}}{\overline{d}}$。$g$ 是总所得的平均税率，$g = \frac{\bar{t}}{\bar{x}}$，则可计算得到净劳动所得与净资本所得在总体净所得中的占比分别为：

$$\alpha_L^N = \alpha_L\left(\frac{1-g_L}{1-g}\right) \tag{5-17}$$

$$\alpha_K^N = \alpha_K\left(\frac{1-g_K}{1-g}\right) \tag{5-18}$$

Shorrocks（1982）通过构建一系列基本公理，给出了要素来源分解的一般框架，将要素来源对总收入不平等的贡献视为要素分项收入集中系数的加权平均之和（所谓的要素来源“自然分解法”），则根据收入自然分解规则可以得到：

$$G_x = \alpha_L C_L + \alpha_K C_K \tag{5-19}$$

$$G_x^N = \alpha_L^N C_L^N + \alpha_K^N C_K^N \tag{5-20}$$

式（5-19）和式（5-20）中，C_L 和 C_K 是税前劳动所得和税前资本所得的集中系数，C_L^N 和 C_K^N 为税后劳动所得和税后资本所得的集中系数。同样，综合与分类相结合个人所得税再分配效应 π^{RS} 也可通过税前总收入基尼系数 G_x 与税后总收入基尼系数 G_x^N 之差计算，并进一步变形得到：

$$\pi^{RS} = (\alpha_L C_L - \alpha_L^N C_L^N) + (\alpha_K C_K - \alpha_K^N C_K^N)$$

$$= \alpha_L(C_L - C_L^N) + \alpha_K(C_K - C_K^N) + (\alpha_L C_L^N - \alpha_L^N C_L^N) + (\alpha_K C_K^N - \alpha_K^N C_K^N)$$
$$= \alpha_L(C_L - C_L^N) + \alpha_K(C_K - C_K^N) - C_L^N(\alpha_L^N - \alpha_L) - C_K^N(\alpha_K^N - \alpha_K) \quad (5-21)$$

令 $\varepsilon_L = \alpha_L^N - \alpha_L$，代表税后劳动所得占比与税前劳动所得占比的变化，$\varepsilon_K = \alpha_K^N - \alpha_K$，代表税后资本所得占比与税前资本所得占比的变化。显然，$\varepsilon_L + \varepsilon_K = 0$①。

则式（5-21）可简化为：

$$\pi^{RS} = \alpha_L(C_L - C_L^N) + \alpha_K(C_K - C_K^N) - (\varepsilon_L C_L^N + \varepsilon_K C_K^N)$$
$$= \alpha_L \pi_L^{RS} + \alpha_K \pi_K^{RS} - (\varepsilon_L C_L^N + \varepsilon_K C_K^N) \quad (5-22)$$

式（5-22）中，π_L^{RS} 和 π_K^{RS} 分别为劳动所得税和资本所得税的垂直公平。根据 Kakwani（1997）的观点，垂直公平可以进一步表示为平均税率和累进性的函数。

$$\pi^{RS} = \alpha_L \frac{g_L}{1 - g_L}\pi_L^K + \alpha_K \frac{g_K}{1 - g_K}\pi_K^K - (\varepsilon_L C_L^N + \varepsilon_K C_K^N) \quad (5-23)$$

式（5-23）中，π_L^K 和 π_K^K 分别为源自劳动所得税和资本所得税的累进指数。式中第一和第二项为直接效应，第三项为间接效应。结合式（5-17），可得到 ε_L 为：

$$\varepsilon_L = \alpha_L\left(\frac{1 - g_L}{1 - g}\right) - \alpha_L = \alpha_L\left(\frac{g - g_L}{1 - g}\right) \quad (5-24)$$

同理，结合式（5-18），可得到 ε_K 的简化式为：

$$\varepsilon_K = \alpha_K\left(\frac{g - g_K}{1 - g}\right) \quad (5-25)$$

根据式（5-24）和式（5-25），可得到以下基本性质：

如果 $g_K < g < g_L$，则 $\varepsilon_L < 0 < \varepsilon_K$。即税后劳动所得占比减少，而税后资本所得占比增加。表明对劳动所得课以重税，对资本所得课以轻税；如果 $g_L < g < g_K$，则 $\varepsilon_K < 0 < \varepsilon_L$。即税后劳动所得占比增加，而税后资本所得占比减少。表明对劳动所得课以轻税，对资本所得课以重税；如果 $g_L = g = g_K$，则 $\varepsilon_K = 0 = \varepsilon_L$。表明劳动所得与资本所得税负相等，税后收入占比都没有变化。

因此，如果 $g_L \neq g_K$，总体税收再分配效应 π^{RS} 同时包括间接效应与直接效应。令间接效应为 π_i^{RS}，结合式 ε_L 和 ε_K 之间的关系，可以得到：

$$\pi_i^{RS} = -(\varepsilon_L C_L^N + \varepsilon_K C_K^N)$$
$$= \varepsilon_L(C_K^N - C_L^N) \quad (5-26)$$

从式（5-26）可知，如果 $\varepsilon_L < 0$，则只有 $C_L^N > C_K^N$ 时，间接效应 π_i^{RS} 才会大于零。如果 $\varepsilon_L > 0$，则只有 $C_L^N < C_K^N$ 时，间接效应 π_i^{RS} 才会大于零。

综上所述，在混合个人所得税制中，税收再分配效应 π^{RS} 可分解为三部分：第一，对劳动所得课税产生的直接效应。第二，对资本所得课税产生的直接效应。第三，不

① $\varepsilon_L + \varepsilon_K = (\alpha_L^N - \alpha_L) + (\alpha_K^N - \alpha_K) = (\alpha_L + \alpha_K) - (\alpha_L^N + \alpha_K^N) = 1 - 1 = 0$

同所得来源课税差异（如果存在的话）产生的间接效应，这依赖于税后所得分配情况[①]。通常税后劳动所得的集中系数小于税后资本所得的集中系数，这意味着混合个人所得税制下，只要 $\varepsilon_L>0$，则间接效应也会有利于总体再分配效应。

如果对各部分所得都没有按公平原则课税，那么按照 Aronson & Lambert（1994）观点，横向不平等和再排序效应也会进入式（5－23）中，其可扩展为[②]：

$$\pi^{RS}=\alpha_L\frac{g_L}{1-g_L}\pi_L^K-\alpha_L(H_L+R_L)+\alpha_K\frac{g_K}{1-g_K}\pi_K^K-\alpha_L(H_K+R_K)-(\varepsilon_LC_L^N+\varepsilon_KC_K^N) \tag{5-27}$$

其中：H_L 和 H_K 分别源自劳动所得税和资本所得税产生的横向不公平，R_L 和 R_K 分别源自劳动所得税和资本所得税产生的再排序效应。在实践中，式（5－27）的测算并不简单，因为这涉及构建具有最佳带宽的近似相等的税前所得组。Urban & lambert（2008）对此进行了全面的处理和讨论。

更进一步，可以观察到各国通常对资本所得部分课征比例税，则此时式（5－23）和式（5－26）中的 $C_K=C_K^N$ 和 $\pi_K^K=0$。对超过免征额的劳动所得课征累进税，适用 Pfähler（1990）分解式，则式（5－23）可转变化为（暂时不考虑式横向不平等和再排序效应）：

$$\pi^{RS}=\alpha_L\frac{g_L}{1-g_L}\left(\pi_R^K+\frac{\gamma}{1-\gamma}\pi_A^K\right)+\alpha_K\frac{g_K}{1-g_K}\pi_K^K-(\varepsilon_LC_L^N+\varepsilon_KC_K^N) \tag{5-28}$$

式（5－23）、式（5－26）和式（5－28）为我们提供一个方便简洁的量化框架，可用于分析混合个人所得税总体再分配效应的影响机制[③]。其中：平均扣除率 $\gamma=\frac{\overline{A}}{\overline{w}}$，A 为平均劳动所得宽免额。$\pi_R^K$ 为税率结构的累进性，是劳动所得应纳税额集中系数和应纳税所得额集中系数之差，即为（$C_{LT}-C_{L0}$）。π_A^K 为劳动所得税基本宽免的累进性，是税前劳动所得集中系数与基本宽免集中系数之差，即为（C_w-C_A）。

二、综合与分类相结合个人所得税的再分配效应影响机制边际探讨

式（5－28）可用于确定综合与分类相结合个人所得税制变化对收入再分配的影响。接下来，考虑以下三个方面的边际影响。

---

① 需要注意排序问题，式（5－23）和式（5－27）中劳动所得与资本所得都不是独立的。例如，资本所得分配的变化可能会影响总收入的排序，从而影响税后劳动所得集中系数和税后资本所得集中系数的大小。

② Kristjánsson（2010）论文中采用了修正的 AJL 分解法。不过，在举例实证应用时并没有考虑横向不公平效应。此外，值得一提的是，原文式（20）中存在一个错误，右边公式的第二项和第四项的权重应为税前分项收入占比，而不是税后分项收入占比。

③ 如果劳动所得税还有其他扣除额和/或如果资本所得税是累进的，则可以在（5－28）中加入更多对应项目。

（一）税收水平变化的边际影响

结合前面假设，税收水平变化主要源自以下三个方面：劳动所得税的平均扣除率 γ、劳动所得税的平均税率 g_L 和资本所得的平均税率 g_K。

对式（5－28）中的 γ 微分，可以找到基本宽免 A 增加的边际效应。结合观察到的 $\varepsilon_K = -\varepsilon_L$，可以得到：

$$\frac{\partial \pi^{RS}}{\partial \gamma} = \alpha_L \frac{\partial\left(\frac{g_L}{1-g_L}\right)}{\partial \gamma}\left(\pi_R^K + \frac{\gamma}{1-\gamma}\pi_A^K\right) + \alpha_L \frac{g_L}{1-g_L}\frac{\partial\left(\frac{\gamma}{1-\gamma}\right)}{\partial \gamma}\pi_A^K + \frac{\partial \varepsilon_L}{\partial \gamma}(C_K^N - C_L^N) \tag{5-29}$$

式（5－29）中，如果不考虑课税对税前收入 G_x 带来的扭曲变化，当基本宽免 γ 增加时，式（5－29）中的各部分效应对收入再分配的影响方向并不一致。首先，π_A^K 大于零，π_R^K 通常也大于零，而 $\frac{\partial\left(\frac{g_L}{1-g_L}\right)}{\partial \gamma}$ 的影响为负方向，因而第一部分的效应是负值。其次，$\frac{g_L}{1-g_L}$ 的变化是负方向的，而 $\frac{\partial\left(\frac{\gamma}{1-\gamma}\right)}{\partial \gamma} = \frac{1}{(1-\gamma)^2} > 0$，因而第二部分的效应也是负值。最后，因为平均扣除率 γ 增加会导致劳动所得税率 g_L 下降，从而税后劳动所得 ε_L 的比重提高，即 $\frac{\partial \varepsilon_L}{\partial \gamma} > 0$。通常税后资本所得分布比税后劳动所得分布更不均等（$C_K^N > C_L^N$），即此时间接效应增强了再分配效应。所以，基本宽免的边际增加对总体效应的影响 $\frac{\partial \pi^{RS}}{\partial \gamma}$ 是模糊的。当 γ 超过一定的数额时，可能会对收入再分配起负方向作用（Lambert，1985）。

接下来，探讨资本所得平均税率 g_K 提高对总体再分配效应的影响：

$$\frac{\partial \pi^{RS}}{\partial g_K} = \alpha_K \frac{\partial\left(\frac{g_K}{1-g_K}\right)}{\partial g_K}\pi_K^K - \frac{\partial \varepsilon_K}{\partial g_K}(C_K^N - C_L^N) \tag{5-30}$$

式（5－30）中，如果资本所得税是比例税，则 $\pi_K^K = 0$，g_K 增加并没有产生直接效应①。如前所述，通常 $C_K^N > C_L^N$，而 $\frac{\partial \varepsilon_K}{\partial g_K} = -\frac{\alpha_K}{1-g} < 0$。因此，间接效应是正方向的，即降低资本所得税后收入比重（提高 g_K）会增加混合个人所得税的再分配效应。

---

① 如果资本所得税是累进的，则资本所得的直接效应为正值，因为 π_K^K 和 $\frac{\partial\left(\frac{g_K}{1-g_K}\right)}{\partial g_K} = \frac{1}{(1-g_K)^2}$ 都大于零。

类似地，如果税前收入分布不会扭曲改变，可探讨增加劳动所得平均税率 g_L 所产生的效应。对式（5-28）中的 g_L 微分，得到：

$$\frac{\partial \pi^{RS}}{\partial g_L} = \alpha_L \frac{\partial\left(\frac{g_L}{1-g_L}\right)}{\partial g_L}\pi_L^K + \frac{\partial \varepsilon_L}{\partial g_L}(C_K^N - C_L^N) \tag{5-31}$$

式（5-31）中，由于 $\frac{\partial\left(\frac{g_L}{1-g_L}\right)}{\partial g_L} = \frac{1}{(1-g_L)^2} > 0$，$\pi_L^K$ 通常也大于零，则直接效应为正值。此外，$\frac{\partial \varepsilon_L}{\partial g_L} = -\frac{\alpha_L}{1-g} < 0$，则间接效应为负值。因此，劳动所得税 g_L 对总体效应的影响是不确定的。

（二）累进性变化的边际影响

在混合个人所得税制中，对劳动所得课征累进税，对资本所得课征比例税（同等情况下，比例税对收入分配不产生影响）。接下来，进一步分析劳动所得累进税率变动对总体再分配的影响。通过式（5-28）对 π_R^K 求微分，可以得到：

$$\frac{\partial \pi^{RS}}{\partial \pi_R^K} = \alpha_L \frac{g_L}{1-g_L} - \varepsilon_L \frac{\partial C_L^N}{\partial \pi_R^K} \tag{5-32}$$

式（5-33）中，由于 α_L 和 $\frac{g_L}{1-g_L}$ 都大于零，$\frac{\partial C_L^N}{\partial \pi_R^K} < 0$，因而直接效应和间接效应都为正值。类似地，如果资本所得也课征累进税，即 $\pi_K^K \neq 0$，对式（5-28）中的 π_K^K 求微分，效果也完全相同。

$$\frac{\partial \pi^{RS}}{\pi_K^K} = \alpha_K \frac{g_K}{1-g_K} - \varepsilon_K \frac{\partial C_K^N}{\partial \pi_K^K} \tag{5-33}$$

因此，在混合个人所得税制度下，对资本所得税部分引入累进税率也将通过直接和间接效应增加总体再分配效应。类似地，对 π_A^K 求微分，当然，如果资本所得也有定额免征额，其发挥作用的机制与劳动所得免征额的作用机制是类似的，在此不再赘述。

（三）总收入构成变化的边际影响

最后，我们考虑总收入构成变化对税收再分配效应的影响。以资本所得在总收入中的比重 α_K 为例，对式（5-22）求微分，同时假设 $\pi_K^K = 0$。结合 $\alpha_L + \alpha_K = 1$，以及 $\varepsilon_L + \varepsilon_K = 0$，可以得到：

$$\frac{\partial \pi^{RS}}{\partial \alpha_K} = (\pi_K^{RS} - \pi_L^{RS}) - \frac{\partial \varepsilon_K}{\partial \alpha_K}(C_K^N - C_L^N) \tag{5-34}$$

式（5-34）中，在其他条件不变的情况下，通常资本所得税的纵向公平效应小于劳动所得的纵向公平效应（$\pi_K^{RS} < \pi_L^{RS}$），即直接效应为负值。此外，间接效应中 $\frac{\partial \varepsilon_K}{\partial \alpha_K} =$

$\frac{g-g_K}{1-g}>0$，且通常 $C_K^N>C_L^N$。因此，直接效应与间接效应都为负值，这将毫无疑问会减少总体再分配效应。类似地，可得到劳动所得在总收入中的比重 α_L 对总体再分配效应的边际影响：

$$\frac{\partial \pi^{RS}}{\partial \alpha_L}=(\pi_L^{RS}-\pi_K^{RS})-\frac{\partial \varepsilon_L}{\partial \alpha_L}(C_L^N-C_K^N) \tag{5-35}$$

同理，式（5－35）表明税收的直接效应与间接效应（通常 $\frac{\partial \varepsilon_L}{\partial \alpha_L}=\frac{g-g_L}{1-g}>0$）都为正。因此，如果劳动所得比重 α_L 增加，税收总体再分配效应将增加。

总之，综合与分类相结合个人所得税制通常将对劳动所得（包括转移收入）的累进课征与资本所得的比例课征结合起来。通过上述方法可以将综合与分类相结合个人所得税的总体再分配效应分解为直接效应和间接效应，还可以考虑横向不平等和再排序效应对总体再分配效应的影响。这种方法选择基尼系数作为不平等衡量标准，以及选择一种特定的分解规则（自然规则分解法）来衡量不同所得来源对总体基尼系数的贡献。当然，关于综合与分类相结合个人所得税的再分配效应，无论是理论方面还是实证方面，还有很多工作要做。例如，对诸如市场所得课税后被扭曲变化等相关问题的探讨。

第四节　中国分类个人所得税再分配效应的实证分析

众所周知，我国在 2019 年之前采用的是分类个人所得税制。接下来，我们可以采用综合所得税再分配效应及分解方法，来测算分类个人所得税的总体再分配效应及可能存在的效应损失。

一、微观数据来源及数据处理

采用北京大学中国社会科学调查中心的中国家庭追踪调查数据（China Family Panel Studies，CFPS）。CFPS 在 2008 年和 2009 年对部分地区初访与追访测试调查的基础上，于 2010 年开始正式访问获取微观调查数据，并将当年所有基线家庭成员及其今后的血缘/领养子女作为 CFPS 的基因成员，作为永久追踪对象。数据每隔两年更新一次，保证了数据的延续性和可靠性。采用最新公开可用的 2018 年 CFPS 数据，完整覆盖了我国 31 个省、市、自治区，是一个能够代表全国的微观样本。2018 年数据包括 34734 个成人个体（16 岁及以上）和 14218 户家庭。根据研究需要，提取并计算受访者的收入和家庭成员基本信息。具体处理规则如下：

工资薪金所得。通过主要工作总收入“QG12”获得该项所得，结合部分估计值，汇总为变量"incomeb"。该所得涵盖了所有的工资薪金、现金福利和实物补贴和年终奖（不包括税金和五险一金）。假设每月工资变动较小，则通过除以12个月得到每月税后所得。然后，按税法规则计算还原得到每月税前所得。最后，乘以12个月计算得到年税前工资薪金所得（见表5-1）。目前，虽然退休养老金所得"QI202"① 无须缴纳个人所得税，但均为个人所得来源，也纳入总所得中。工资薪金所得的税前扣除政策为：每月免征额为3500元。

表5-1　2018年税改之前税后工资薪金所得还原计算公式　单位：元

含税税率级距	税率	速算扣除数	税后收入 Y	税前收入 X
$x \leq 1500$	0	0	$Y \leq 3500$	$X = Y$
	3%	0	$3500 < Y \leq 4955$	$X = (Y - 105)/0.97$
$1500 < x \leq 4500$	10%	105	$4955 < Y \leq 7655$	$X = (Y - 350 - 105)/0.9$
$4500 < x \leq 9000$	20%	555	$7655 < Y \leq 11255$	$X = (Y - 700 - 555)/0.8$
$9000 < x \leq 35000$	25%	1005	$11255 < Y \leq 30755$	$X = (Y - 875 - 1005)/0.75$
$35000 < x \leq 55000$	30%	2755	$30755 < Y \leq 44755$	$X = (Y - 1050 - 2755)/0.7$
$55000 < x \leq 80000$	35%	5505	$44755 < Y \leq 61005$	$X = (Y - 1225 - 5505)/0.65$
$x > 80000$	45%	13505	$Y > 61005$	$X = (Y - 1575 - 13505)/0.55$

注：x为含税级距（应纳税所得额）。

劳务报酬所得。除主要工作收入外，CFPS数据中还有一般工作收入来源数据（每人最多涉及7项）包括每项收入的税后月收入和税后年收入金额，汇总变量为"incomea"②。同样，对每项月税后收入按税法规则计算还原得到月税前劳务报酬。然后，乘以工作月数（通过年税后收入除以月税后收入得到）计算得每项的年税前劳务报酬所得（见表5-2）。最后，纳税人的所有一般工作收入对应数据加总。劳务报酬所得的税前扣除政策为：每次或每月劳务报酬所得在4000元以下时，税前扣除为800元。每次或每月劳务报酬所得在4000元以上时，税前扣除为劳务报酬所得的20%。

表5-2　2018年税改之前税后劳务报酬所得还原计算公式　单位：元

含税税率级距	税率	速算扣除数	税后收入 Y	税前收入 X
$x \leq 20000$	0	0	$Y \leq 800$	Y
	20%	0	$800 < Y \leq 3360$	$X = (Y - 160)/0.8$
	20%	0	$3360 < Y \leq 21000$	$X = Y/0.84$

① 需要指出的是，退休养老金所得"QI202"中包括离退休金和各类养老保险，可能涉及小额商业养老保险。理论上来说，商业养老保险是需要单独缴税的。考虑到涉及该收入的群体较少，也没有对应的数据，故暂不单独考虑其影响。

② 所有劳动所得数据为变量"incomea"与"incomeb"加总，即变量"income"。当然，报告中没有给出稿酬所得数据，也没有涉及特许权使用费数据。

续表

含税税率级距	税率	速算扣除数	税后收入 Y	税前收入 X
$20000 < x \leq 50000$	30%	2000	$21000 < Y \leq 49500$	$X = (Y - 2000)/0.76$
$x > 50000$	40%	7000	$Y > 49500$	$X = (Y - 7000)/0.68$

注：X 和 Y 分别为税前收入和税后收入，x 为含税级距（应纳税所得额）。

经营所得。经营所得数据源自家庭库，主要有两种类型①：其一是家庭农业纯收入。通过以下过程计算得到：销售农产品价值（销售价或估计得到）加上自己消费价值（视同销售价或估计得到），减去成本费用（包括种子化肥农药费、雇工费、机器租费、浇灌费、种畜鱼苗费、机器租赁费、饲料费和其他费用）。删除无效信息，得到有效数据家庭 6105 户。其中 1980 户家庭亏损，90 户家庭收入为零，剩下 4035 户家庭收入为正值。根据从事自家农业的人员名单，统计得到 8247 个人参与农业生产经营。将每户收入在家庭成员中平均分配，进一步将之与个人数据库中的个体信息匹配，最后有 7390 个信息匹配成功。虽然农业纯收入也不需缴纳个人所得税，但均为个人所得来源，应纳入总收入计算。

其二是经营净利润所得。事实上，这项所得既包括个体经营所得，也包括私营企业所得。前者主要有个体工商户和个人合伙企业，其缴纳个人所得税，而后者主要有私营有限责任公司、私营股份责任公司、私营合伙企业和私营独资企业。这四类企业中前两类缴纳企业所得税，后两项缴纳个人所得税。遗憾的是，报告中没有显示企业的不同类型。考虑到调查对象主要是个体经营者，故不对此区分，都视之为缴纳个人所得税的纳税主体。

报告中的个体经营主体共有 1451 户，显示有效数据的家庭为 1435 户，其中亏损为 58 户，收入为零为 62 户，剩下有正值收入为 1315 户。此外，部分家庭有多项个体经营所得，但报告中并未单独披露数据。本专著计算平均值作为单项税前经营所得，并按照税法规定还原为税前所得（见表 5－3）。然后，将每项税前所得乘以项目数，得到每户家庭的总体税前所得。再有，家庭数据库中显示了从事个体私营的名单，每户至多 6 个。按照平均规则分配给家户中的个人，得到 1986 个微观个体。最后，将该数据信息与个人数据库中的个体信息匹配，有 1719 个个体匹配成功。经营所得的税前扣除政策规定：年税前扣除额为 42000 元。

表 5－3　2018 年税改之前税后经营所得还原计算公式　单位：元

含税税率级距	税率	速算扣除数	税后收入 Y	税前收入 X
$x \leq 15000$	0	0	$Y \leq 42000$	$X = Y$
	5%	0	$42000 < Y \leq 56250$	$X = (Y - 2100)/0.95$
$15000 < x \leq 30000$	10%	750	$56250 < Y \leq 69750$	$X = (Y - 4200 - 750)/0.9$

① 农业纯收入属于免税项目，个体经营所得是缴税项目，两项合并得到经营净所得项目。

续表

含税税率级距	税率	速算扣除数	税后收入 Y	税前收入 X
$30000 < x \leqslant 60000$	20%	3750	$69750 < Y \leqslant 93750$	$X = (Y - 8400 - 3750)/0.8$
$60000 < x \leqslant 100000$	30%	9750	$93750 < Y \leqslant 121750$	$X = (Y - 12600 - 9750)/0.7$
$x > 100000$	35%	14750	$Y > 121750$	$X = (Y - 14700 - 14750)/0.65$

注：x 为含税级距（应纳税所得额）。

财产租赁所得。财产租赁所得主要包括土地或其他生产资料出租收入、房屋出租收入、其他租金收入和出卖财物收入。对于存款利息、股票、基金和债券等金融资产的获利所得，家庭库中没有将之计入当年的财产性收入中，但报告了房屋、土地及其他资产的年租金所得。通常每月租金所得变动不大。个人租金所得通常没有扣缴义务人，即报告中的租金所得为税前所得，则通过除以 12 个月得到月租金所得。我国个人所得税的相关法律规定：不动产出租所得每月可以预扣修缮费 800 元。如果租金所得在 4000 元以下，还可税前扣除 800 元。如果租金所得在 4000 元以上，则可扣除租金所得的 20%。假定理性的经济人每月都享受了这些税收优惠，且出租住房获取的租金所得可以享受优惠税率 10%。土地和其他资产出租所得的税前扣除计算方式与房屋出租所得相同，只是适用税率为 20%。最后，按照每月应纳税额乘以 12 得到当年应纳税额，并将这项所得匹配到家庭中对财务熟悉的个体，得到正值财产租赁所得个体 2122 个。与个人数据库中的个体信息匹配，有 2041 个匹配成功。

二、各类税前所得来源一般性描述

将上述所得项目汇总到一起，得到有收入的个体为 21543 个。表 5－4 和表 5－5 分别为税前分类所得和总所得、对应的应纳税额的主要特征，包括正值样本数、最小值、最大值、平均值和标准差。

表 5－4　　税前分类所得和总所得的主要特征

所得类型	正值样本数	最小值	最大值	平均值	标准差
工资薪金所得	10203	1	500000	39409.15	34812.24
劳务报酬所得	2681	4	1111765	27038.51	48007.55
养老金所得	6362	1	600000	15937.58	20386.64
农业经营所得	7390	3	312500	4289.809	10343.51
个体经营所得	1719	300	8370923	53843.18	231939.3
财产租赁所得	2041	1	800000	10876.51	27646.02
总所得	21543	1	8470923	31171.19	74514.21

表 5－5　　税前分类所得和总所得对应的应纳税额的主要特征

所得类型	正值样本数	最小值	最大值	平均值	标准差
工资薪金所得税	10203	0	149057.1	1266.596	6410.093
劳务报酬所得税	2681	0	271764.7	3958.351	9784.36
养老金所得税	6362	0	0	0	0
农业经营所得税	7390	0	0	0	0
个体经营所得税	1719	0	2870923	8729.288	78246.27
财产租赁所得税	2041	0	63232	479.4256	2196.888
总所得税	21543	0	2877098	1668.76	22263.1

三、分类个人所得税收再分配效应及分解机制分析

根据式（5－4）、式（5－5）、式（5－6）、式（5－12）、式（5－13）和式（5－14），计算我国分类个人所得税的再分配效应，结果见表 5－6。

总体上来看，我国分类个人所得税的再分配效应为正值，只是数值较小。绝对差异只有 0.0166593，相对差异[①]也只有 2.91%。表明我国分类个人所得税的再分配效应非常有限。而在英国，1999 年—2000 年度个人所得税再分配效应的相对差异高达 13.16%[②]。究其主要原因：

第一，分类个人所得课征模式弱化了税收再分配效应。这反映在横向不平等效应和再排序效应对总体再分配效应的抵消，尤其是后者。此外，组内、组间和 AJL 再排序效应分别为 2.10%、78.59% 和 19.30%。由于我国不同来源所得的税收待遇差异很大，这导致了组间再排序效应起主导作用。

表 5－6　　2018 年我国分类个人所得税再分配效应分解比较[③]

总体再分配效应 π^{RS}		0.0166593		
税前收入基尼系数 G_x		0.572086		
税后收入基尼系数 G_x^N		0.5554267		
APK 分解法	V^K	0.0170493	K	0.3014188
			g	0.053535332
	R^{APK}	0.00039		

① 相对差异 $\alpha = \frac{RE}{G_X} \times 100\% = \frac{G_X - G_N}{G_X} \times 100\%$。

② 根据 Kakwani N. C. Measurement of Tax Progressivity: An International Comparison［J］Economic Journal, 1977 (87): 77，以及 http://www.scotland.uk/stats/ses2002/ses2－08.asp 数据整理计算得到。

③ 本专著的数据一般取小数后 2 位和 4 位。此处由于数值较小，没有取小数位。

续表

AJL 分解法	V^{AJL}	0.0167438		
	H^{AJL}	9.2E-06		
	R^{AJL}	7.53E-05		
修正的 AJL 分解法	V	0.0170503		
	H	1E-06		
	R^{APK}	0.00039	R^{WG}	8.2E-06
			R^{EG}	0.0003065
			R^{AJL}	7.53E-05

注：由于数据较小，没有限制小数点位数。

第二，总体税负水平相对较低。我国个人所得税主要针对较高收入者课税，总体平均税率仅5.35%。这远低于发达国家的税负水平，也低于同等收入水平的发展中国家的税负水平。例如，以无小孩的家庭为例，在不发达国家，土耳其平均收入家庭对应的税收负担都相对较高，而墨西哥对应税负水平相对较低，但呈增长趋势，目前两个国家的对应税负水平差距极大缩小。在发达国家，美国对应的税负水平相对较低，而丹麦对应的税负水平相对较高。从 OECD 国家对应的平均税负水平来看，都达到10%以上。此外，有小孩的平均收入家庭对应税负水平大多更低，尤其是美国表现特别明显。当然，2018年我国还未出台针对家庭的专项附加扣除政策，这事实上有利于降低了税收再分配效应的损失。

第三，还可以采用基尼系数分解法来获取不同收入来源对总收入差距的贡献①。其表达式为：

$$G_x = \propto_i C_i \tag{5-36}$$

式（5-36）中，G_x 是总收入的基尼系数；α_i 是第 i 项收入（包括正值收入和负值收入）在可支配收入中的比例；C_i 是第 i 项收入的集中系数。表示的含义为：在某一年份，如果某项正值收入的集中系数小于可支配收入的基尼系数，表明该项收入能够起到缩小可支配收入差距的作用，反之，则起到扩大的作用。而如果为负值收入，则与正值收入的调节方向正好相反。此外，第 i 项收入的分配对总收入不均等程度的贡献率（e_i）可表示为：

$$e_i = \propto_i C_i / G_x \times 100\% \tag{5-37}$$

如表5-7所示，无论是税前还是税后，工资薪金所得差距是收入差距的最主要来源，分别为59.7%和62.29%。其次是个体工商户，分别为16.42%和14.22%。

① 可支配收入也采用类似的方法。

表 5 - 7　　2018 年税前与税后收入分布情况比较

收入来源	$\propto_i$	C_{Ij}	e_i	$\propto_i$	C_{Ij}	e_i
工资薪金所得	55.81	0.6120	59.70	57.08	0.6061	62.29
劳务报酬所得	10.08	0.5977	10.53	9.09	0.5436	8.90
农业纯收入	4.39	-0.0043	-0.03	4.64	-0.0023	-0.02
个体工商户所得	12.43	0.7560	16.42	11.07	0.7134	14.22
财产租赁所得	3.09	0.6396	3.46	3.13	0.6285	3.54
养老金所得	14.20	0.3996	9.92	15.00	0.4103	11.08
总收入	0.5721（G_x）			0.5554（G_x^N）		

第五节　中国综合与分类相结合个人所得税的再分配效应分解

一、所得类型归并的基本假设

目前，由于我国个人所得税并不是纯粹的混合个人所得税制，拟采用归并数据的简化处理方法，模拟测算综合与分类相结合个人所得税的再分配效应。考虑到我国经营所得水平较低，且份额相对较小，可将之全部归为综合劳动所得部分。将财产租赁所得之外的全部所得归为综合课征部分。不考虑专项附加扣除，综合所得的免征额仍保持每月 3500 元，适用 7 级超额累进税率。租金所得享有税前扣除政策，都适用 20% 的比例税率。则式（5 - 28）可以拓展为①：

$$\pi^{RS} = \alpha_L \frac{g_L}{1 - g_L}\left(\pi_R^K + \frac{\gamma}{1 - \gamma}\pi_A^K\right) + \alpha_K \frac{g_K}{1 - g_K}\left(\pi_K^K + \frac{\beta}{1 - \beta}\pi_D^K\right) - (\varepsilon_L C_L^N + \varepsilon_K C_K^N) \tag{5 - 38}$$

式（5 - 38）中，β 表示资本所得的税前扣除率，$\beta = \frac{\overline{D}}{d}$。如前所述，$\pi_R^K$ 为劳动所得税率结构的累进性，是劳动所得应纳税额集中系数 C_{LT} 和应纳税所得额集中系数 C_{L0} 之差。π_A^K 为基本宽免的累进性，是税前劳动所得集中系数 C_w 与基本宽免集中系数 C_A 之差。类似地，π_K^K 为资本所得税率结构的累进性，是资本所得应纳税额集中系数 C_{KT} 和应纳税所得额集中系数 C_{K0} 之差。π_D^K 是资本所得税前扣除的累进性，是税前资本所得集中系数 C_v 与税前扣除集中系数 C_D 之差。

---

① 由于没有考虑其他可能的税收优惠政策，也不考虑社会保障的影响，因而劳动所得税和资本所得税都不存在横向不平等效应和再排序效应。

二、综合与分类相结合个人所得税的再分配效应及作用机制

结合处理数据、税收政策和公式（5－37），运用stata统计软件编程计算得到结果（见表5－8）。发现劳动所得比资本所得分布更为均等，两者对应的集中系数分别为0.5699和0.6394。而资本所得适用比例税率，所以税率结构的再分配效应或累进性为零。不过，资本所得的税前扣除产生了累进性。劳动所得和资本所得税前扣除的集中系数分别为0.4296和0.4688①。由于没有考虑特殊的税收优惠和偷逃税行为，因而混合个人所得税制没有产生横向不平等效应和再排序效应。

第一，综合与分类相结合个人所得税制发挥了较小的正向再分配效应。总体再分配效应 π^{RS} 的绝对值偏小，为0.0167，相对系数也仅为2.9%。其中：直接效应与间接效应都为正值，分别对应为0.0166和0.0001

第二，直接效应是综合与分类相结合个人所得税再分配效应的主要正向来源。直接效应为0.0166，在总体效应中占比为99.40%，是主要正向效应来源。其中：劳动所得税和资本所得税都产生了正向的直接效应。不过，资本所得税的正向效应来源贡献非常小，仅为0.0007，在总体中的占比仅为4.19%。主要原因是资本所得课征比例税，因而税率结构产生的直接效应为0；资本所得税前扣除产生的累进性也非常小，仅为0.1707；资本所得的占比也很小，仅为3.09%。

第三，劳动所得税是主要的正向直接效应来源。劳动所得税直接效应为0.0159，在总体中占比为95.21%。表明正向直接效应主要源自于劳动所得税，这是劳动所得税的定额扣除和超额累进税率的综合作用。其中：劳动所得超额累进税率的直接效应相对较小，仅为0.0022，在总体中占比为13.17%。虽然劳动所得的比重较大，但税率结构的累进性和平均税率都较小，分别为0.0555和0.0418。当然，相对于收入水平来说，基本宽免的数额较大，造成劳动所得的平均税率以及总所得的平均税率极大地减少。最后，劳动所得税的基本宽免是主要的正向直接效应来源。劳动所得基本宽免的直接效应为0.0167，在总体中占比为81.44%。表明综合与分类相结合个人所得税制中的正向直接效应主要源自于劳动所得税的基本宽免。

主要原因在于：我国劳动所得适用3%～45%的7级超额累进税率，其产生的直接效应大于零，为0.0022；劳动所得税的基本宽免采用了较高水平的定额扣除，但大量的低收入者并没有充分享受扣除，因而基本宽免的集中系数不为零，导致宽免额对应的累进性大打折扣，仅为0.1403（低于资本所得税对应的累进性0.1707）。劳动所得税的收入水平偏低，平均税率仅为0.1001（低于资本所得税对应的平均税率0.1328）。不过，劳动所得极大的占比（为96.91%），最终导致劳动所得是直接效应

① 需要注意的是，税前扣除的集中系数取值越小，越有利于税收再分配效应的产生。这与税率结构的集中系数值正好完全相反。其取值越大，越有利于税收再分配效应的产生。

的最大贡献来源。

表 5-8　　综合与分类相结合个人所得税的再分配效应分解

直接效应					0.0166
劳动所得税 $\alpha_L\pi_L^{RS}$				0.0159	
税率结构 $\alpha_L\frac{g_L}{1-g_L}\pi_R^K$			0.0022		
累进性 π_R^K		0.0555			
应纳税额集中系数 C_{LT}	0.9627				
应纳税所得额集中系数 C_{L0}	0.9073				
平均税率 $\frac{g_L}{1-g_L}$		0.0418			
劳动所得份额 α_L		0.9691			
基本宽免 $\alpha_L\frac{g_L}{1-g_L}\frac{\gamma}{1-\gamma}\pi_A^K$			0.0136		
累进性 π_A^K		0.1403			
税前劳动所得集中系数 C_w	0.5699				
基本宽免集中系数 C_A	0.4296				
平均税率 $\frac{g_L}{1-g_L}\frac{\gamma}{1-\gamma}$		0.1001			
劳动所得份额 α_L		0.9691			
资本所得税 $\alpha_K\pi_K^{RS}$				0.0007	
税率结构 $\alpha_K\frac{g_K}{1-g_K}\pi_K^K$			0.0000		
累进性 π_K^K		0.0000			
应纳税额集中系数 C_{KT}	0.8869				
应纳税所得额集中系数 C_{K0}	0.8869				
平均税率 $\frac{g_K}{1-g_K}$		0.0840			
资本所得份额 α_K		0.0309			
税前扣除 $\alpha_K\frac{g_K}{1-g_K}\frac{\beta}{1-\beta}\pi_D^K$			0.0007		
累进性 π_D^K		0.1707			
税前资本所得集中系数 C_d	0.6394				
税前扣除集中系数 C_D	0.4688				
平均税率 $\frac{g_K}{1-g_K}\frac{\beta}{1-\beta}$		0.1328			

续表

资本所得份额 α_K		0.0309			
间接效应 $-(\varepsilon_L C_L^N + \varepsilon_K C_K^N)$					0.0001
源自劳动所得 $\varepsilon_L C_L^N$		0.0006			
税后劳动所得集中系数 C_L^N	0.5538				
税前税后劳动所得比重变化 ε_L	0.0012				
源自资本所得 $\varepsilon_K C_K^N$		-0.0007			
税后资本所得集中系数 C_K^N	0.6092				
税前税后资本所得比重变化 ε_K	-0.0012				
总体再分配效应 π^{RS}					0.0167
税前收入基尼系数 G_x				0.5721	
税后收入基尼系数 G_x^N				0.5554	

第六节　最优劳动所得税制的构建及优化求解

一、最优劳动所得税模型基本假设及构建

效用函数通常用来表示消费者从消费既定的商品组合中获得满足的程度。效用函数是一个数学抽象的方式，是连续的凹函数。本专著采用柯布道格拉斯函数：

$$u(x,y) = x^{\propto} y^{\beta} \tag{5-39}$$

式（5-39）中，$x \geqslant 0$ 为每天消费支出（不考虑跨期，为可支配收入），y 是工作时间（以一天中工作时间比例表示，$0 \leqslant y < 1$）。$\propto$，$\beta \geqslant 0$，为权重参数。与 Mirrlees 一样，对效用函数采用柯布道格拉斯函数的单调转换，并将 β 标准化后得到：

$$u = \log(x) + \varepsilon \log(1-y) \tag{5-40}$$

式（5-40）中，ε 为休闲在效用中的重要性，假设 $\varepsilon = 1$，即对劳动与休闲赋予相同的权重。与 Mirrlees 不一样的是，本专著考虑到现实中税率级次的有限性，假设有 j 个不同的税率级次 k_1，k_2，$\cdots k_j$（当 $j = 1$ 时，即为线性所得税，因而该分析实际上包括了线性和非线性所得税率结构，可便于对两种情况进行有效比较）。当然，线性个人所得税制相对简单，税率结构 $t(z)$ 可以表示为（暂时不考虑税前扣除）：

$$t(z) = k_1 z \quad (k_1 \neq 0) \tag{5-41}$$

如果存在 i 级（$i \geqslant 2$）超额累进税率，则税率结构 $t(z)$ 需要分段表示为：

$$t(z) = k_1 z \quad z \leqslant z_1 \tag{5-42}$$

$$t(z) = k_1 z_1 + (z - z_1) k_2 \quad z_1 < z \leqslant z_2 \tag{5-43}$$

$$t(z) = k_1 z_1 + (z_2 - z_1)k_2 + (z - z_2)k_3 \quad z_2 < z \leqslant z_3 \tag{5-44}$$

以此类推，可以得到当收入 z 处于第 i 级收入区间时，$t(z)$ 可以表示为：

$$t(z) = k_1 z_1 + (z_2 - z_1)k_2 + (z - z_2)k_3 + \cdots + (z - z_{i-1})k_i \quad z_{i-1} < z \leqslant z_i \tag{5-45}$$

对上式简化可以得到如下公式：

$$t(z) = k_i z + \sum_{j=2}^{i} z_{j-1}(k_{j-1} - k_j) \quad z_{i-1} < z \leqslant z_i \tag{5-46}$$

式（5-46）中，令 $T_i = \sum_{j=2}^{i} z_{j-1}(k_{j-1} - k_j)$，代表的含义是超额累进与全额累进之差。如果该数值越小，表明超额负担越大，这对纳税人的行为扭曲越大。

按照 Mirrlees 模型，假设每个人选择 y_n 使得他的个人效用最大化，每个人的收入 $z_n = n_n y_n$，每个人的收入 z_n 都可以归到特定的收入等级，即 $z_{i-1} < z \leqslant z_i$。所以，个人所得税 $t(z_n) = k_i z_n + T_i$。一旦所得税决定了，第 n 个人的消费水平 x_n 也确定了：

$$x_n = g + z_n - t(z_n) \tag{5-47}$$

式（5-47）中，g 是政府的最低收入保障，假设其资金来源于通过个人所得税筹集的税收收入。最低社会保障 g 可以由下式决定：

$$g = \theta p \delta \tag{5-48}$$

式（5-48）中，θ 是比重（$0 \leqslant \theta \leqslant 1$）。$p$ 为基本贫困线，通常按样本中值收入的二分之一取值；δ 为家庭规模等价参数①。因此，θ 值代表基本贫困线的一定比重，该比重越大，则最低保障水平越高。当 θ 为零时，则没有最低保障。当 θ 为 1 时，则以基本贫困线保障基本生活。所以，θ 最终取值由政府的政策目标来决定。

将 x 取值代入式（5-40），则第 n 个人的效用函数 u_n 为：

$$u_n = \log(g + ny_n - k_i ny_n - T_i) + \log(1 - y_n) \tag{5-49}$$

如式（5-49）所示，我们知道第 n 个人的消费都依赖于对 y_n 的选择。因而问题在于第 n 个人怎样选择他的 y_n。进一步，假设社会中的技能分布 n 为对数正态分布，均值为 μ，标准差为 σ，则得到技能的对数正态分布函数 $f(n)$ 为：

$$f(n) = \frac{1}{\sigma n\sqrt{2\pi}} \exp\left[-\frac{(\log n - \mu)^2}{2\sigma^2}\right] \tag{5-50}$$

对于固定的 n，求 u_n 关于 y_n 的偏导。

$$\frac{du_n}{dy_n} = \frac{n - k_i n}{g + ny_n - k_i ny_n - T_i} - \frac{1}{1 - y_n} = 0 \tag{5-51}$$

对式（5-51）简化，得到 y_n 的表达式为：

$$y_n = \frac{1}{2} - \frac{g - T_i}{2n(1 - k_i)} \tag{5-52}$$

① 对家庭规模等价参数通常有以下两种调整方法：在 OECD 等值规模法中，第一个成年人系数为 1，额外的每一个成年人系数 0.5，每一个儿童（0～14 岁）系数为 0.3。在 Luxembourg 等值规模法中，对家庭总收入除以家庭人数开 α 次方，α 反映了家庭规模经济的程度。

社会福利是个体效应函数的加总：

$$W(u_1,\cdots,u_n) = \sum_{i=1}^{n} a_i u_i \tag{5-53}$$

假设赋予所有纳税人以相同的权重，即 $a_i=1$，则最大化社会福利函数为：

$$W = \int u_n f(n)\,dn \tag{5-54}$$

二、程序主要计算步骤

既然 n 服从对数正态分布（μ，σ^2）。因此，n 的范围有 99.7% 概率在 $\exp(\mu-3\sigma)$ 和 $\exp(\mu+3\sigma)$ 之间。为了确保我们考虑了社会中的所有收入水平，将 n 范围控制在 8σ 之间，即 n 的范围有 99.9% 概率在 $\exp(\mu-4\sigma)$ 和 $\exp(\mu+4\sigma)$ 之间。现在可以开始阐述相关运算步骤：

1. 选取在 $\exp(\mu-4\sigma)$ 和 $\exp(\mu+4\sigma)$ 范围之间的 n。

2. 对于 $1\leqslant i\leqslant j$，运用（5-52）计算 $y_n(i)$。

3. 对于 $1\leqslant i\leqslant j$，如果 $z_{i-1}\leqslant z_n(i)=ny_n(i)<z_i$，则计算：

$$u_n(i) = \log(g + ny_n(i) - t(z_n(i))) + \log(1 - y_n(i)) \tag{5-55}$$

4. 选择 $u_n=\max\limits_{1\leqslant i\leqslant j} u_n(i)$，对于 $1\leqslant i\leqslant j$，当得到最大化 $\max\limits_{1\leqslant i\leqslant j} u_n(i)$，记为 $\hat{i}$，设定 $y_n=y_n(\hat{i})$。

5. 计算总体社会福利：

$$W = \int_{\exp(\mu-4\sigma)}^{\exp(\mu+4\sigma)} u_n f(n)\,dn \tag{5-56}$$

6. 检查生产约束是否满足，即消费小于收入：

$$\int_{\exp(\mu-4\sigma)}^{\exp(\mu+4\sigma)} (g + ny_n - t(ny_n))f(n)\,dn \leqslant \int_{\exp(\mu-4\sigma)}^{\exp(\mu+4\sigma)} nf(n)\,dn$$

7. 在税率固定的情况下，如果总消费大于总收入，则减少最低保障收入 g，并重复运算程序。如果总消费极大地小于总收入，则增加最低保障收入 g。

8. 同样，在最低保障收入 g 固定的情况下，如果总消费大于总收入，则降低税率，并重复运算程序。如果总消费极大地小于总收入，则提高税率。

9. 更为重要的是，通过智能优化方法，在税率和最低收入保障同时变动的情况下，求解最优总社会福利水平集合。其中，总消费小于总收入时对应的最大福利水平为最优解，对应税率水平和最低保障收入也为最优解。

三、数据处理及统计性描述

最优个人所得税模拟需要详细、可靠的微观数据，尤其是涉及个人所得和工作时间的微观数据。中国健康与营养调查（China Health and Nutrition Survey，CHNS）

提供了详细、可靠的微观数据，尤其是细致的工作时间数据（包括每年工作月数、每周工作天数和每天工作小时数）。截至2022年6月，官方网站公布的最新数据年份是2015年，网站新闻显示2019年数据正在收集中。已公布10年数据分别为1989年、1991年、1993年、1997年、2000年、2004年、2006年、2009年、2011年和2015年。

考虑到样本数据中缺少微观个体缴纳的税额数据，借鉴当前学者常用的研究方法（例如，徐建炜等，2013；连洪泉等，2018），根据居民报告的税后收入，按照当年对应税率表，反推出微观个体的应纳税额和相应的税前收入（由于数据中只有医疗保险的相关信息，因而不考虑社会保障缴纳情况）。工资薪金所得的计税方法有两种：其一是雇员取得除全年一次性奖金之外的其也各种名目资金，一律与当月工资薪金收入合并，按税法规定缴纳个人所得税。在CHNS数据中对应变量为包括津贴在内的每月平均税后工资收变量C8。其二是年终奖单独计税[①]。年终奖对应变量为i19，其单独作为一个月收入计税，具体以年终奖除以12作为“应纳税所得额”并在税率表中找到适用的税率。如果当月工资收入低于免征额3500元，可以在年终奖中先扣除两者之间的差额后，再按上述方法计算应纳税所得额和应纳税额[②]。

2015年CHNS调查的是2014年数据，共有10540个微观个体。对数据进行清理，删除缺失数据后，得到工资收入有效观测值为3719个。通过前面所述的计算方法，还原计算得到税前工资总收入（工资+奖金）[③]。如表5-9所示，从总体上来看，2014年年平均工资性收入为41602元，月工资为3659元，年平均工作时间为11.28个月，周平均工作时间为5.48天，每天平均工作8.06小时，可以计算得到平均小时工资只有15.42元[④]。与其他国家，尤其是发达国家相比，中国居民的工作时间更长，平均工资水平水平更低。

表5-9　　2014年样本描述性统计

样本数	平均每年工资收入	平均每月收入	平均每年工作几个月	平均每周工作几天	平均每天工作几小时	平均小时工资
3719	41602元	3659元	11.28	5.48	8.06	15.42元

更进一步，将每天24小时标准化为1，则可以求出对应的劳动时间 y。此外，每

① 2019年1月1日到2023年12月31日期间，年终奖可以综合计税也可以单独计税。2023年之后，年终奖只能综合计税。

② 事实上，奖金包括月奖、季度奖、年终奖、节日奖和其他奖。CHNS中并没有分类数据，年终奖励通常在奖金中占有最大份额，因而将资金都视为年终奖。工作单位通常也会选择发放年终奖的方式，因为年终奖适用单独计税的优惠政策。

③ 税前工资总收入不是正态分布，但对其进行对数处理和离群值的截尾处理后，近似符合正态分布。

④ 国家统计局发布2014年不同岗位平均工资水平数据，全部调查单位就业人员年平均工资为49969元。由于CHNS中没有完整的社会保障数据，如果社会保障总体扣缴率为17%时，两者基本相等。因而本专著的消费数据41602元与全国总体数据比较接近。

天工资率 n 等于每年工资收入除以每年工作小时再乘以 24，而每天收入 $Z = ny$。图 5－2 中 n 近似符合对数正态分布，参数为（5.94，0.71）。σ 值大于 Mirrlees 模型中的 0.39，表明数据相对较为分散，这符合发展中国家的国情。

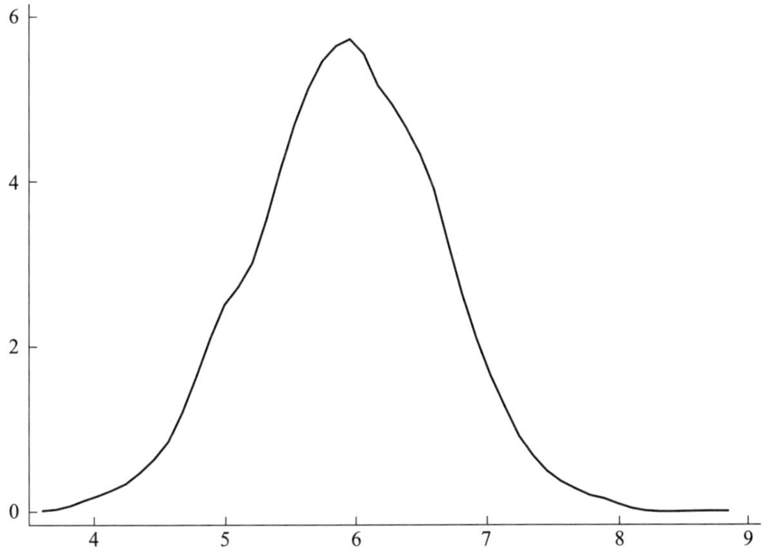

图 5－2　logn 概率密度分布

四、不同税率结构下最大社会福利比较

由于我国个人所得税是针对个人而不是家庭征收，因而 $\delta = 1$。2014 年样本中值收入每天约为 100 元，则最低保障 g 取值范围为 $0 \leqslant g \leqslant 50$。最低社会保障具有免征额不可比拟的优势。假设纳税人税前收入为 z，税后净收入（或消费，不考虑投资和储蓄）为 X，比例税率为 t，免征额为 a，则消费 X 等于：

$$\begin{cases} X = Z - T(Z) = Z - (Z - a)t = at + (1 - t)z & z > a \\ X = Z - T(Z) & z \leqslant a \end{cases} \tag{5-57}$$

式（5－57）表明：当 $z > a$ 时，所得税体系等价于一个转移支付和税收体系（如最低社会保障 at 和比例税率 t）。但是，当 $z < a$ 时，免征额的提高对低收入者是无效的，尤其是在超额累进税率结构情况下，高收入者的税收负担由于免征额的提高减少得更多，这个特征为我们提供了一个消除免征额的激励。

因此，比例所得税（含最低社会保障）也许是对当前 3%～45% 的七级工资薪金累进税率（含免征额）一个更好的替代。接下来，将从最优所得税的视角，试图来证明这一点。此外，证明税收是否有必要存在也具有重要意义。

如表 5－10 所示，揭示了在无税、七级累进税率（含免征额）和 20% 比例税率（含最低社会保障）三种税率结构下，最大社会福利水平的变化。在累进税率结构下，

发现当 $g=15$ 时，最大社会福利 W 为 4.6128。如果筹集的收入没有转移给低收入者，而是用于其他方面，此时 W 更小，仅为 4.5117。在 20% 比例税率下，可以找到 $g=43.4$ 时，最大社会福利 W 为 4.9081。表明比例税率情况下（20%，含最低社会保障）存在最大社会福利水平，因而税收的存在是有必要的。通过超额累进税率获取更高公平性乃至提高社会福利水平的传统观点不完全成立，最低社会保障与比例税率结合的方式也许是更好的选择。

表 5－10　　不同税率结构下最大社会福利比较

税率	g	W	X	Z
无税 0%	0	4.8019	257.53	257.53
比例税率 20%	43.4	4.9081	228.92	228.94
累进税率（7 级，含免征额）	0	4.5117	201.46	234.08
累进税率（7 级，含免征额）	15	4.6128	224.31	224.97

五、最低社会保障下线性所得税极值优化求解

接下来，有必要进一步深入分析最低社会保障下的比例所得税制。正如 Mirrlees（1971）指出，最优税率结构最令人震惊的结果特征也许是接近线性。可以表示为：

$$x_n = z_n - [-g + t(z_n)] \quad (5-58)$$

事实上，式（5－58）括号中的 $-g+t(z_n)$ 是斯特恩最优线性所得税模型（Stern，1976），其政策含义主要有：第一，最低社会保障支出可以被当作负所得税与（正）所得税结合起来使用，政府可以通过调整 g 和 t 的大小来调整不同收入群体的税收负担。这比现实中最低社会保障和正所得税作为独立的财税政策而存在，更能够减少执行成本；第二，由于负所得税（最低社会保障）和正所得税的综合作用，个人所得税负水平随收入的提高而越高，因而税制是累进的，体现了税收的纵向公平原则；第三，更大的累进性与更高的税率 t 是相联系的，因为需要筹集足够的收入来满足最低社会保障的需要。

最低社会保障水平和比例税率的组合，对最大社会福利水平究竟会产生怎样的影响呢？我们先保持一个变量不变，仅单独变化另一个变量，从而分别找到单个变量与最大社会福利 W 之间关系的变动趋势。

如表 5－11 所示，在保证税率 t 不变（$t=0.2$）的情况下，变化最低社会保障 g（$0 \leqslant g \leqslant 45$），我们可以发现 g 近似等于 43 时，W 最大。因为当 g 为 44 时，$X>Z$ 不满足生产约束条件。当 g 在 0 到 43 之间时，W 从 4.5666 上升到了 4.9053。表明在税率 t 固定不变时，在满足生产约束条件下，最大社会福利 W 是最低社会保障 g 的增函数。

表 5-11　　最低社会保障与最大社会福利关系分析（$t=0.2$）

W	4.5666	4.6529	4.7341	4.811	4.8841	4.9053	4.9123
X	206.02	211.29	216.57	221.84	227.12	228.71	229.23
Z	257.53	250.93	244.34	237.75	231.17	229.2	228.54
g	0	10	20	30	40	43	44

在保持最低社会保障 g 不变的情况下，税率 t 与社会福利水平的关系又如何呢？如表 5-12 所示，在最低社会保障 g 不变（如 35）的情况下，变化税率 $t(0<t<1)$。同样，当满足 $X \leqslant Z$ 时，有效税率在 0.16 和 0.94 之间。随着税率 t 的上升，最大社会福利 W 呈下降趋势，即社会福利 W 是税率 t 的减函数。

表 5-12　　比例税率与最大社会福利关系分析（$g=35$）

W	4.8872	4.848	4.7432	4.6275	4.4985	4.3533	4.1893	4.0063	3.8237	3.7706
X	234.78	224.48	198.73	172.98	147.24	121.55	95.871	70.684	47.218	40.279
Z	235.56	234.46	231.17	226.79	220.66	211.61	196.54	168.88	103.09	56.177
t	0.16	0.2	0.3	0.4	0.5	0.6	0.7	0.8	0.9	0.94

现在的关键问题是：g 和 t 可以同时变化，其中 t 取值范围在 0 到 1 之间，g 取值范围在 0 到 45 之间。如何寻找最大社会福利下，实现 g 和 t 的最优组合呢？对两个变量分别取取步长 0.01 和 0.15，通过极值搜寻法求解得到 25351 个最优解集。根据 $X \leqslant Z$ 约束，且 $W>0$ 时，得到有效的最优解集为 21438 个。图 5-3 展示了最优税率（x 轴）、最低社会保障（y 轴）和最优社会福利（z 轴）之间的三维立体空间关系。不同阴影表示社会福利对应的取值范围，社会福利从低取值到高取值的点呈上升趋势，最优解为最高取值集合中符合生产约束的点。最后得到最大的社会福利 $W=4.9182$，对应变量 $X=224.04$，$Z=224.14$，$t=0.23$，$g=48.8$。

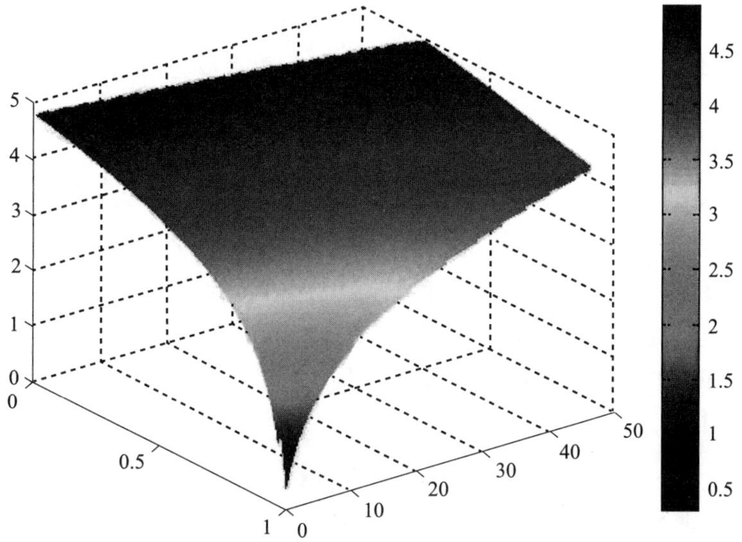

图 5-3　最优税率、最低社会保障及最大社会福利三维立体空间图

六、主要结论及演进路径成因分析

以上最优所得税理论与实践表明，超额累进税率和免征额不是获得公平性以及提高社会福利的必要条件，比例税与最低社会保障的有效组合也可以获得更大的社会福利水平。建立所得税与转移支付一体化的税收体系，较好地体现了个人所得税的“调高补低”功能。采用中国健康和营养调查（CHNS）的数据，对无税、累进税和比例税（含最低社会保障）三种情况进行了比较分析，发现在满足生产约束条件 $X \leqslant Z$ 时，最大的社会福利 W 为 4.9182，此时对应税率 t 为 0.23，最低社会保障 g 为 48.8。

产生这一结果的原因是什么呢？图 5－4 到图 5－8 描绘了三种情况下最大社会福利演进的路径及原因。具体而言，假设场景 1 是无税情况，场景 2 是比例税 20% 与最低社会保障 43 元的组合，场景 3 是七级超额累进税率（$g=0$）与免征额的组合①。

图 5－4 表明了工资率 n 和效用 Umax 之间的关系。当 n 小于 216 时，比例税情况下对应的效用最大，因为政府筹集税收收入后，通过最低社会保障的方式将收入转移给低收入者，带来了更高的社会效用。而无税和累进税情况下，低收入者既不用缴税，也没有得到额外的收入，两者的 Umax 相同，且都小于比例税情况下的 Umax；当 n 大于 216 左右时，无税情况下对应的效用最大，累进税情况下对应的效用最小。

图 5－5 表明了工资率 n 分别和消费 X，收入 Z 之间的关系。在无税情况下，消费 X 与收入 Z 重合；在比例税情况下，低收入者得到最低社会保障，对应的消费 X 大于收入 Z。由于需要缴纳比例税，高收入者对应的消费 X 小于收入 Z；在累进税情况下，低收入者不用缴税，对应的消费 X 等于收入 Z。由于需要缴纳累进税，高收入者对应的消费 X 小于收入 Z。此外，从开口的走向来看，累进税有助于减少高低收入者之间的收入差距。

图 5－6 表明了工资率 n 和劳动 Ymax 之间的关系。在无税情况下，任何工资率下的 Ymax 都为最大值 0.5。因为劳动供给不受税收扭曲的影响。类似地，在累进税情况下，低工资率者的劳动供给 Ymax 也为 0.5。相反，极低工资率者可以享受最低社会保障而 Ymax 为零。这与当前批判最低社会保障制度下，助长养懒汉现象的观点是相一致的。比例税与累进税情况下的 Ymax 变化完全相反。前者是 Ymax 呈上升趋势，而后者是 Ymax 呈下降趋势，表明比例税对高收入者的扭曲越来越小，而累进税对高收入者的扭曲越来越大。

---

① 在以下各变量关系的分析中，只能大致地分析不同收入水平在缴纳税收后效用演进的路径。对于整个社会来说，最终受到收入分布的影响。

图 5－7 表明了工资率 n 和实际税率 $t1$ 之间的关系。在比例税情况下，低工资率者的实际税率为负值，因为最低社会保障产生的负所得税效果。T1 从负值迅速上升，然后穿过横轴，最后缓慢逼近比例税率 20%；在累进税情况下，低工资率者享受基本宽免而没有缴税，因而实际税率为零。高工资率者需要缴纳累进税，因而平均税率平滑上升。

图 5－8 表明收入 z 和税收收入之间的关系（不考虑低保）。在比例税情况下，收入和税收之间的关系是一条通过圆点的直线；在累进税情况下，收入和税收之间的关系是斜率递增的曲线。在较低收入区间，累进税情况下的税收小于比例税，而在较高收入区间，累进税情况下对应的税收高于比例税。

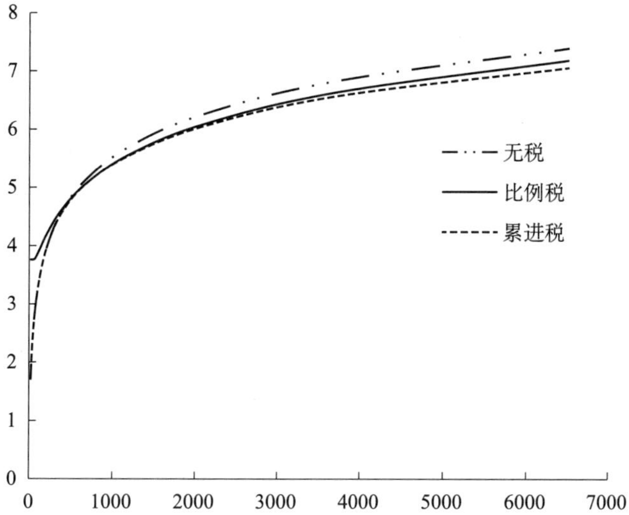

图 5－4　工资率 n 和效用 Umax 的关系

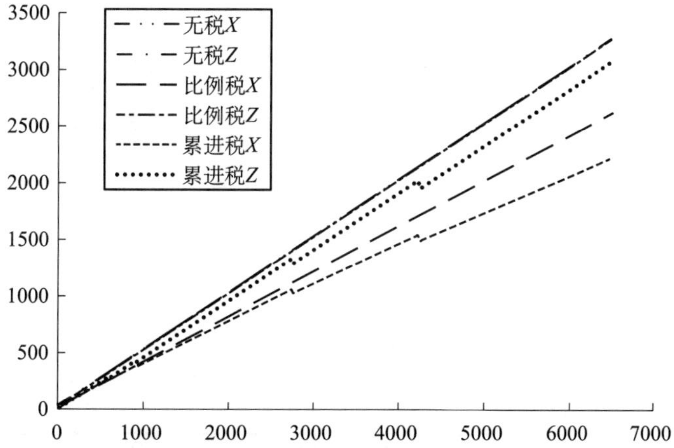

图 5－5　工资率 n 分别和消费 X 和收入 Z 的关系

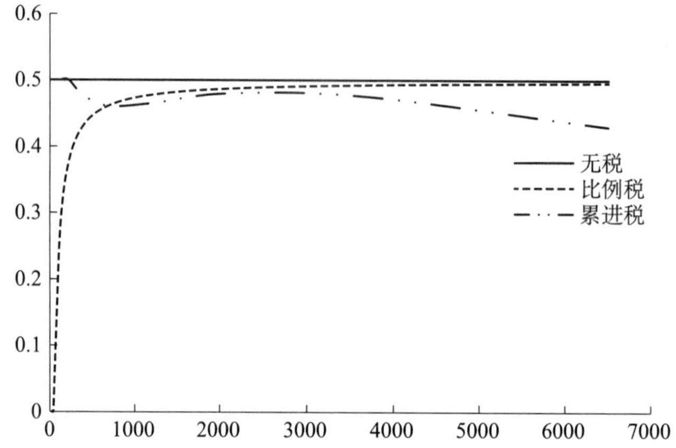

图 5－6 工资率 *n* 和劳动 *Y*max 的关系

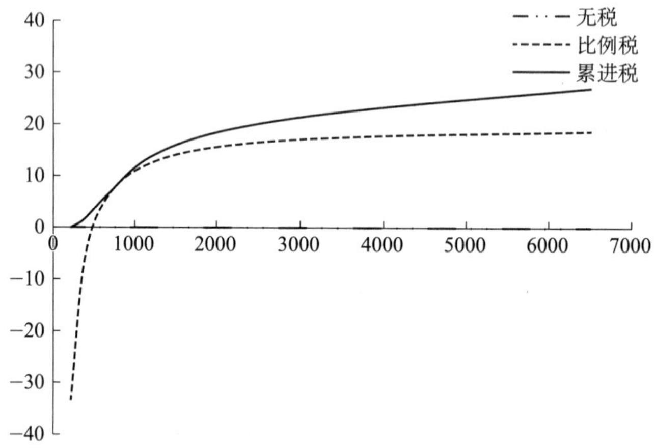

图 5－7 工资率 *n* 和实际税率 *t*1 的关系

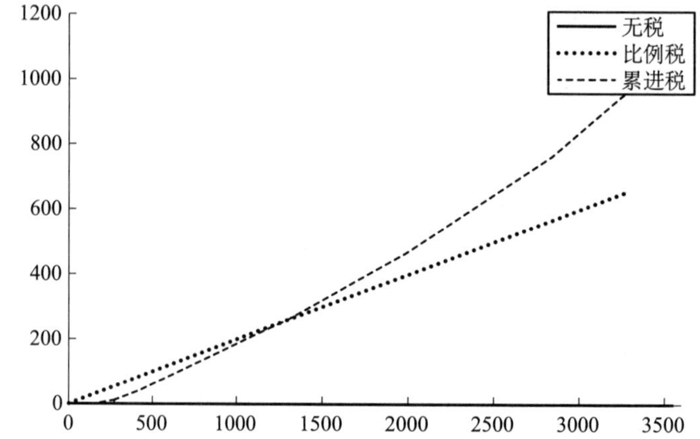

图 5－8 收入 *z* 和税收的关系

通过对以上诸多变量之间相互作用及影响机制的探讨，发现在比例税和最低社会保障相结合的制度下，社会福利水平可能更大。需要指出的是，也许存在一个更优的累进税率结构，但影响累进税率结构的因素很多，如边际税率的设定，各级级距的选择，税率级次及形式的确定，因而很难找到①。以上分析的意义在于：证实了当前我国工资薪金所得税累进税率结构（含免征额）不是最优的选择。相反，可以找到一个含最低社会保障的比例税率，能够产生比当前累进税制下更大的社会福利水平。更为重要的是，与单独的社会保障制度相比，它不需要经济审查，是一个无条件的基本收入，这有利于减少征管成本。此外，个人所得税本身不仅能起到“调高”作用，还可以通过筹集的财政收入发挥“补低”作用。如果我们仅仅分析前者，往往会低估其作用，最优所得税制反映的这种所得税与社会保障一体化的税收体系，将“调高补低”两种功能综合测算出来了。

当然，最优所得税的分析虽然具有很强的理论和现实意义，但分析中毕竟简化了现实中的问题，模拟分析得到的结论可作为税制设计的重要指导原则。各国在设计最优所得税制时，必须充分考虑自身的政治目标、社会福利函数取向、税收成本、经济发展水平和文化特征等众多因素。换句话说，个人所得税制要素具体设计没有一成不变的规则，结合模拟结果，我国应建立与本国经济社会发展相适应的合理所得税制。

---

① 在第六章，将改变个人所得税的部分税制要素，进一步探讨其变动对最大社会福利水平的影响。例如，免征额的变化和边际税率的变化。

第六章

中国综合与分类相结合个人所得税制的改革措施

在前面各章节中，我们界定了综合与分类相结合个人所得税的基本内涵，剖析了我国个人所得税制的历史演进、现状及存在的主要问题，厘清了综合与分类相结合个人所得税制的作用机理，提炼了综合与分类相结合个人所得税作为当前世界性税制改革趋势的典型特征，实证分析了我国综合与分类相结合个人所得税的再分配效应及内在运行机制，构建了最优劳动所得税模型并获取最优解集，这些为今后进一步改革与完善我国综合与分类相结合个人所得税制，奠定了较好的理论与现实基础。本章的主要研究内容有：个人所得税制设计的基本原则；我国综合与分类相结合个人所得税制设计的主要内容；全面的财税政策调控机制设计路径；我国综合与分类相结合个人所得税制发展的展望。

第一节　个人所得税制设计的基本原则

一、税收公平与税收效率原则相结合

税收基本原则是税制改革所遵循的基本指导思想和内在依据。2020 年 11 月 3 日，党的十九届五中全会在《中共中央关于制定国民经济和社会发展第十四个五年规划和二〇三五年远景目标的建议》中强调："完善现代税收制度，健全地方税、直接税体系，优化税制结构，适当提高直接税比重，深化税收征管制度改革"。个人所得税作为直接税的重要来源，理应以税收公平原则作为核心原则。

税收公平原则包括横向公平和纵向公平两个方面。税收横向公平是指对相同或相似经济状况的纳税人课税相同。这意味着对征税对象的选择应该宽广，将不同性质的所得尽可能纳入课税范围。理论上来说，工资性收入、经营性收入、财产性收入（包括推定收入）和转移性收入等都应纳入课税范围；税收纵向公平是指对不同收入的纳税人课税不同，对收入多者课以重税，对收入少者课以轻税。通过对高收入者适用更高的边际税率和更少的税前扣除，对较低收入者适用更低的边际税率和更多的税前扣除等方式，可更好地实现税收纵向公平目标。

而税收效率原则也是重要的课税原则。在个人所得税中，税收效率原则应作为辅助原则，起到推动作用。通常包括税收行政效率和税收经济效率。前者主要考虑遵从

成本与征管成本，力求以更小的成本费用筹集更多的税收收入。一般而言，税收负担越重，税收遵从成本越高，纳税人越有可能逃税。税收制度设计越复杂，遵从成本和征管成本也越高。应充分考虑政策执行过程中的征管效率，否则良好的立法也无法得到好的贯彻实施。当然，简化税收征管的同时，可能也会违背公平课税原则；后者主要考虑发挥税收对经济的调控作用，最大限度地促进经济增长或减轻对经济增长的扭曲。考虑到资本的流动性更大，资本所得的实际税负常常低于劳动所得，这正是个人所得税提升经济效率的具体体现。注重公平、兼顾效率也是世界各国个人所得税改革的基本价值取向。

二、国际经验与中国国情相结合

个人所得税制于英国首创，至今已有 200 多年的历史。20 世纪 80 年代后，世界性的个人所得税制改革也是如火如荼。例如，中东欧国家的单一税制改革、北欧四国二元所得税制改革，以及许多其他 OECD 国家推出的不同类型的综合与分类相结合个人所得税制改革，这为今后我国个人所得税制改革，尤其是在税制模式的选择和具体税制要素的设计方面，提供了丰富理论基础和实践经验借鉴。

毋庸置疑，世界各国都处于不同的政治、经济和社会环境中，应结合我国的现实国情改革与完善个人所得税制。2021 年 8 月，习近平总书记在中央财经委员会第十次会议上强调，“共同富裕是社会主义的本质要求，是中国式现代化的重要特征”。当前，我国居民收入分配差距持续扩大，这不符合共同富裕的发展目标。2020 年，居民可支配收入分配的基尼系数高达 0. 474。因此，个人所得税在调节收入分配差距方面应更有作为，这是坚持以人民为中心的发展思想，是解决地区之间差距、城乡之间差距、不同群体之间收入差距等问题的重要路径。

在税收征管水平和技术进步不断提高的情况下，2019 年，我国最终迈出了综合与分类相结合的个人所得税制的步伐，具体而言，这是一种“小综合大分类”的个人所得课税模式。虽然北欧国家采用的纯粹二元所得课税模式，较好地缩小了收入分配差距，但这种模式至少目前不适合我国的国情。事实上，北欧国家纯粹的二元个人所得税制也已发生了明显偏离。随着征管技术水平的突破和税收遵从度的进一步提高，我国应转向“大综合小分类”的综合与分类相结合个人所得税制模式。

三、税制规范与税收激励相结合

通常税前扣除可归为两类：一是为了实施规范的个人所得税而必需规定的税制本身所需要的扣除。二是选择的鼓励性扣除，这类扣除只有利于特别的产业、行业或人群。尽管这种区别看来很明确，但对规范的个人所得税定义也充满困难和争议，利益集团对鼓励性扣除的呼声很强烈，人们对鼓励性扣除的积极作用也持怀疑态度。因为选择性的税收激励一定程度上违背了横向公平原则（部分群体享受）以及纵向公平原则（累进税制下高收入群体获得更多的税收利益）。20 世纪 80 年代以来，世界性个人所得税改革浪潮的典型特征之一是整洁的税基，也许是对此的最有力证明。北欧国家的二元所得税制改革与中东欧国家的单一税制改革也深受此思想的影响。

党的十八届三中全会明确提出："落实税收法定原则"。规定"税种设立、税率确定和税收征收管理等税收基本制度"只能由法律制定。习近平总书记强调，坚持在法治轨道上推进国家治理体系和治理能力现代化。法治具有固根本、稳预期、利长远的保障作用。应自觉运用法治思维和法治方式深化改革、推动发展、化解矛盾，维护社会公平正义。在追求共同富裕目标下深化税收改革，应遵循税收法定原则和税收法治原则，动态调整鼓励性税前扣除政策。

2013 年以来，我国促进创新的个人所得税政策进入了新发展阶段。在创新驱动发展战略指导下，在"大众创业、万众创新"的引领下，普惠性创新创业财税支持政策发力，营造出合适于个人创新发展的制度环境；科研人员科技成果转化取得股权奖励收入分期纳税、个人技术成果投资入股递延纳税、天使投资个人税收抵免等一系列税收优惠，体现出明显的创新创业导向，对创新主体的激励更加全面，对创新驱动发展战略落实起到积极的促进作用；2020 年突如其来的新冠肺炎疫情使世界各国经济均受到不同程度的重创，我国政府陆续出台了一系列应对疫情的税收优惠政策，力图减轻企业及个人税负，助力复生产、保就业、稳增长；2021 年 6 月 10 日，第十三届全国人民代表大会常务委员会第二十九次会议通过《中华人民共和国海南自由贸易港法》，其中对港内符合条件的个人，实行个人所得税优惠政策。

四、国际税收竞争与国际税收合作相结合

20 世纪 80 年代以来，全球化及资本流动的国际化加剧了世界范围内的税收竞争。个人所得边际税率大幅度下降，国家之间或地区之间的税率差距也在不断缩。国际税收竞争已经成为吸引机构组织和人才不可或缺的方式。2017 年 12 月 23 日，美国总统特朗普正式签署《税收和就业法案》旨在降低总体税负。为了应对资本外流的压力，越来越多国家也启动了税收改革，全球性税收竞争程度骤然加剧。

与此同时，恶性的税收竞争加剧了宏观经济政策及其影响的不确定性，恶化了居民的收入分配状况，侵蚀了税基而降低政府公共品供给的能力，因此越来越多的国家开始谋求国际税收合作。国际税收合作不仅有助于消除税收竞争带来的以上种种问题，还能够有力打击国际避税行为。专家建议设定最低税率，作为国际税收合作的一种形式，促进国家福利水平的提升（Keen & Konrad，2015）。事实上，自拜登政府上台以来，为了缓解日益恶化的收入分配差距，美国也拟改变特朗普时期的减税政策，加大对最富阶层征税力度，诸如调高最高收入阶层的边际税率、调高最高收入阶层的个人资本利得税负，以及增加最高收入阶层的遗产税（陈丰，2021）。

第二节　综合与分类相结合个人所得税制的优化设计

我国今后的综合与分类相结合个人所得税制应采取“大综合小分类”的税制模式，具体从纳税单位、综合所得与分类所得的税制要素、现代税收征管能力等方面进行优化设计。

一、纳税单位的基本类型与我国对纳税单位的选择

（一）纳税单位的基本类型

纳税单位的选择通常有：个人、家庭[①]或者两者皆可。以家庭为纳税单位的主要目的是保障拥有不同收入构成的相同收入家庭的横向税负公平。例如，对单职工家庭与双职工家庭同等收入同等对待，符合横向公平税收原则。当夫妻之间收入水平较为相似时，以家庭为纳税单位可能会影响婚姻决策，因为在累进的课税体系中，平均税率会随着家庭收入的增加而上升，这就是所谓的“婚姻惩罚”。对此，部分国家也提供了相应的解决办法。例如，平均分割法和家庭系数法能够在一定程度上减轻家庭的税收负担。而当夫妻之间的收入水平差距悬殊时，以家庭为纳税单位通常税负更轻。因为低收入配偶无法全额享受的基本宽免可以转移给高收入配偶，家庭也可能因此适用更低的边际税率，这是所谓的“婚姻红利”。

以家庭为纳税单位还可能存在其他问题。家庭申报纳税通常只适用于已婚家庭，而不适用于其他结构形式的家庭（例如，未婚同居家庭）。从税收横向公平的视角来看，这种差异化待遇很难认为是合理的。未婚同居只是私人问题，检查人们是否未婚同居也不应是税务机关的任务。此外，家庭纳税申报可能减少了次要收入者参与市场工作的努力程度，减少了社会总体工作时间。因为次要收入者的初始边际税率将等于家庭中主要工作者的最高边际税率，与夫妻单独申报纳税相比，这意味着次要收入者的劳动所得面临着更高的平均税率和边际税率。通常这种负激励在低收入家庭表现得更为明显，尤其是对于接受政府转移支付的家庭（OECD，2006）。

而以个人为纳税单位，对于总所得相同但收入分配不同的家庭来说，税收负担通常是不相同的，不符合税收的横向公平原则。政府可通过配偶间特定税收宽免和抵免的转移，尝试一定程度缓解税负不公平。例如，在选择以个人纳税单位的部分 OECD 国家，已经为受抚养的配偶实施了税收宽免或抵免的转移政策。在实践中，这些条款

---

① 如前所述，家庭纳税申报可概括为三种主要方式：传统的合并申报、夫妻平均分割申报、考虑家庭成员的家庭系数法。

可能与家庭纳税申报具有异曲同工之妙。

类似地，以个人为纳税单位也会产生一些问题。例如，在这种情况下，非劳动所得需要在夫妻之间分配后再缴税。如果非劳动所得大部分或全部归属于高收入配偶，这可能意味着对不是高收入配偶的所得过度课税。如果夫妻能够自由选择所得分配的比例，非劳动所得可能会被转移给低收入配偶而逃避应缴纳的高额税款。

（二）我国个人所得税纳税单位的选择

在分类个人所得税制下，如果对不同性质的所得适用不同的比例税率。那么，对家庭成员是分别还是汇总征税，其差别是无足轻重的。不过，现实中很少有这种纯粹的分类个人所得税制。在分类个人所得税制下，我国选择以个人为纳税单位。在综合与分类相结合个人所得税制下，我国仍保持以个人为纳税单位。两种所得税制模式下，都采用了累进课征与比例课征相结合的方式。那么，对纳税单位应该如何选择呢？要回答这个问题并不容易。

无论是以家庭还是个人为纳税单位，皆各有利弊。如前所述，当前 OECD 国家仍以个人纳税单位为主流。以 2019 年为例，36 个 OECD 国家中只有法国和瑞士两国对已婚夫妻强制实施家庭纳税申报，7 个国家允许夫妻在家庭和个人纳税申报中选择。考虑到国际发展的主流趋势、税收的征管技术要求以及参与市场工作的负激励，我国至少在最近时期内应坚持选择个人纳税申报单位。同时，可适时设计婚姻宽免，助力我国生育率水平的提高。考虑到面临的税收征管困难，当前可为单职工家庭设计定额婚姻宽免（如按免征额的一定比例确定）[①]。

二、综合所得部分（劳动所得）设计

（一）征税范围确定及我国综合所得课税范围的改革

1. 征税范围的界定

拓宽税基是税收公平的重要表现：一是外延拓宽，即扩大征收范围；二是内涵拓宽，即减少税收优惠，使税基更加整洁[②]。在扩大征收范围方面，可以采用以下几种方法：第一，将实物福利（fringe benefit）纳入课税范围。将纳税人获得的工薪之外的实物按市场价值计入应税所得中。第二，将养老金所得纳入课税范围。理论上来说，缴纳时的养老金支出通常可以在税前扣除，领取时的养老金收入理应计入到应税所得中课税。第三，对资本利得课税范围进一步拓宽。拓宽税基可以一定程度上抵消

---

① 有专家观点认为，对妇女提供家务服务的非市场推定所得未被纳入税基之中课税，这意味着已经给予单职工已婚家庭较优惠的税收待遇。

② 事实上，区分外延拓宽和内涵拓宽并不容易。因为不同国家的界定可能存在差异，包含的内容也可能不尽相同。

由于税率下降所导致的税收收入下降，进一步强化税制公平性。当然，课税范围的扩大也受到征管水平及其他社会经济目标的制约。对综合所得征税范围的确定，可根据政府政策目标、实际情况及征管水平等多重因素而定。

2. 我国综合所得课税范围的改革

扩大综合所得课税范围符合量能课税原则，更大程度地反映了税收公平原则。目前，我国综合与分类相结合个人所得税采取的“小综合大分类”的课税模式。应逐步将部分分类所得纳入综合课征的范围。例如，择机将经营所得纳入综合所得课税范围。主要理由如下：经营所得属于混合性质的所得，兼有劳动所得和资本所得成份，但对其分离存在极大的困难。因而大多数国家对其采用单独课征或综合课征的方式。如前所述，我国当前经营所得水平较低，更多表现为劳动所得性质。如果纳税人仅拥有经营所得，可以享受与劳动所得者一样的税前扣除政策。如果纳税人同时拥有经营所得和综合所得，则经营所得不能享受同样的税前扣除。在当前收入来源多样化的背景下，这部分纳税人没有享受同等权利。类似地，特许权使用费所得的属性也存在争议，但毋庸置疑其含有一定的劳动所得属性，可继续保留在综合所得的课税范围内。

（二）免征额的设计及我国对免征额的选择

1. 免征额内涵的界定

国内外对免征额内涵界定的相关研究成果较为丰富，通常有广义和狭义两个视角。前者是指个人豁免，也称为生计扣除，是指为了维持纳税人本人及需要抚养或赡养的家庭成员生存所必需的收入。理论上来说，不应对其课税。而广义界定还包括费用扣除，是指为了弥补与纳税人工作相关的各种开销（如贷款利息支出）。理论上来说，也不能对其课税。当然，有时对两者很难区分清楚，有时为了简化而将两者合二为一。长期以来，我国的免征额实际上也是合二为一后的结果，这种简化安排主要是为了与我国较低的税收征管水平相适应（朱青，2003）。

世界上几乎所有国家的个人所得税制都设计了免征额，主要例外国家有：格鲁吉亚和乌兹别克斯坦。尽管存在政治、经济和传统文化等方面的差异，免征额的性质却有显著的相似性，源自宽免和抵免两种类型①，每类皆有起征点式、持续式、递减式等基本形式②。

接下来，以宽免为例，具体阐述三种基本形式的异同。起征点式是指税法对征税对象规定开始征税的数量界限，如若超过起征点，则应对其全额计税。主要目的是将收入等于或低于最低可容忍生活水平所需数额的穷人排除在外。持续式与起征点式两

① 长期以来，我们将免征额与宽免额对等起来，造成对免征额的局限性认识，这可能也是间接造成对免征额的形式选择上存在局限性的重要原因。

② Jacobs（1966）认为免征额有四种选择：起征点式、持续式、递减式以及抵免式。本专著认为将免征额归为宽免和抵免两大类别，每类皆有起征点式、持续式、递减式三种基本形式，更符合理论逻辑与各国实践。

者形成了鲜明对照，任何纳税人都可以享受相同的宽免额①。支持者认为对收入超过宽免额的纳税人实施差别化政策来获取累进性是不必要，也是不可取的，累进性最好来源于税率结构（Seltzer，2009）。递减式是指随着收入的增加宽免减少甚至消失，通常有水平台阶式和线性递减式。

起征点式相对简单，也可缓解财政收入极大减少的压力。但在临界点附近，应征和免征之间突然分离，同时损害了税收公平和经济效率目标②。递减式是一种合乎逻辑、渐进式的方式，避免了将宽免扩大到高收入者身上。与起征点式一样，递减式产生的财政收入损失相对更低，也可避免更高边际税率所带来的税收扭曲③。当然，递减式并不像持续式那样设计简单，对其必须更加谨慎地制定。如若要体现“以人为本”的精细化、弹性化设计，需要与相对较高水平的税收征管水平相匹配。而持续式虽然简单，但会产生较大的财政收入损失，这实际上也是虚幻的。因为如果在财政收入中性的前提下，缩小的税基需要通过提高税率来弥补。

2. 免征额的类型

（1）纳税人的基本免征额

基本免征额是指不论纳税人的行为、所处环境、经济状况或其他情况如何，都授予其一定的免征额。基本免征额④存在的合理性，一定程度上源自对其功能定位的差异。Goode（1976）给出了确定基本免征额的四点代表性理由：使申报纳税者的数量控制在可管理范围内，特别是控制那些税收贡献小于征收成本的纳税人；对维持最低生活水平所需的收入免税；在低收入区间获得平滑的税收累进性；按照纳税人的家庭规模区分纳税义务。合理的免征额水平有助于实现前面两个目标，但同时要考虑可能产生的较高财政损失。因为享受基本免征额会减少每个人应缴的税收，而不仅仅是那些不需要纳税的人（Zee，2005）。例如，在澳大利亚财税体系中，基本免征额既是确保税收累进性的主要来源，也是放弃的财政收入中最主要的组成部分。

近年来，改革免征额的建议颇多。例如，提高免征额水平（为了保证免征额的实际价值）⑤，部分取消免征额（为了保障财政收入的稳定性）⑥。对基本免征额的各种改革源自对税收公平与效率的权衡。尽管大家一般都赞成实行退出的免征额机制，但是该政策的总体效应并不明确。因为随着收入的增加，免征额退出机制会导致退出区

① 需要指出的是，零税率也是持续式宽免的一种表现形式。是否采用零税率主要取决于各国的习惯。

② 实践中，可采用大量狭窄的分级税率等级来避免这种情况，但同时会导致税制的复杂化。

③ 为了让所有人享受的宽免的税收价值相等，一些国家用抵免代替宽免。典型的情况是，抵免额等于所取代的宽免乘以最低边际税率后得到的数值，减少了那些高收入家庭的免征额所对应税收价值。

④ 免征额不同于起征点，这一点经过学术界和实务界的探讨，已无争议。需要指出的是，中国的免征额为持续式宽免。

⑤ 认为所得税的累进性被极大地侵蚀，主要原因在于免征额的指数化处理失败。为了解决这个问题，零税率门槛应该朝着它真实的水平增加。

⑥ 支持者认为对富裕的纳税人不需要提供免征额。将免征额受益群体从广泛性向选择性转移，可以更好地提高公平性。通过降低边际税率，工作负激励可能会减少，效率会增强。

间对应的边际税率提高。需要指出的是，在采用比例税制的国家，通常建议减少或取消免征额。改革的主要动机是：降低大部分纳税人的边际税率，减少对工作的负激励和超额负担。

（2）老年人的额外免征额

与其他纳税人相比，老年人通常会发生额外的费用，需要更多的所得来维持同样的生活水平。尽管这可能是事实，但很难找到证据支撑该观点。在日常生活中，与老年人相比，年轻人可能需要购买更多的商品和服务。在实际工作中，年轻人也会发生个人所得税、社会保障税以及与工作相关的其他费用，而没有工作的老年人通常不会发生这些费用。

支持者认为，在任何特定的收入水平上，老年人对收入逆转的承受能力都不如其他人，缺乏弥补损失的时间和能力，就业机会也有限。而反对者认为免征额和累进税率本身已经考虑了纳税人的缴税能力。与此相反的事实是，富裕的老年人也享受了税收优惠，收入越高的老年人享受了越多的税收优惠。另一个反对意见是，对许多老年人来说，额外的免征额不能发挥应有的作用，因为他们的应税收入没有超过免征额和其他扣除额。这就是税前扣除优惠的固有局限性，不能为那些不受税收约束者提供帮助。

上述事实并不一定是反对它的有力论据。在世界范围内，许多国家都赞成给予老年人额外的免征额。一个普遍观察到的事实是，老年人剩下的生命时间相对较短，许多老人（如果不是大多数的话）患有各种各样的疾病，这些夺走了他们在日常生活中的一些热情和乐趣。老年人是所有人的父母，这种关系影响着大家对此的态度。不管理论意义如何，对老年人提供额外的免征额，这符合大众的心理。

（3）受抚养者的额外免征额

在现实生活中，许多家庭可能有需抚养的未成年孩子。因此，在设置纳税人的基本免征额时，国家可能已经考虑了他们对家庭的责任。但这种考虑并不精准，没有承担家庭责任的纳税人也享受了同样的免征额。所以，通常为受抚养者单独设计额外的免征额，以平衡家庭责任不同的纳税人之间的税收负担。儿童是国家的未来，对受抚养人单独设计免征额的现象几乎是普遍存在的，尤其是在累进的个人所得税制中。此外，几乎所有的国家通过公共开支为教育承担相当大的责任，这具有异曲同工之妙。

有支持者甚至认为，父母决定生养孩子的数量取决于他们在抚养和教育孩子上花费，就好像孩子是耐用消费品一样。子女的数量与花费直接相关，对家庭的税收优惠政策间接增加了家庭收入而对家庭生育起到激励作用（Becker，1960）。

当然，也有人对此提出反对意见。一种观点认为，赡养子女是一种可选的消费方式，纳税人已从消费中获得巨大的满足感和幸福感，因而无权获得额外的税收优惠。第二个反对意见认为规模较大的家庭，已在诸如教育、卫生和娱乐等公共服务中得到了更多福利。还有观点认为对家庭的豁免在调节收入分配差距方面实际上做了一件坏事，因为他们降低了累进所得税在打击家庭经济权力集中方面的效果（Harold，1963）。此外，在最高的收入阶层中，对受抚养人的额外免税几乎没有必要。

虽然对不同受抚养者的额外免征额还有所不同，但基本原理是相同的。根据家庭人员规模和构成给予不同税收扣除的这种做法，实质上是税收横向公平原则的具体体现。需要指出的是，对受抚养者的免征额也可能与其他目标相一致或冲突，例如，人口生育激励或限制目标。当然，在不同国家或同一个国家的不同发展时期，对此的政策是动态变化的。目前，越来越多的国家面临人口老龄化率上升和生育率下降的双重压力，对家庭实施税收生育激励政策成为主流趋势之一。

对受抚养者的额外免征额与基本免征额一样，都是从净所得中减去规定的数额，可称为受抚养者的生计扣除。消费经济学理论指出，家庭是社会基本的经济单位。通常大家庭通过共同生活使消费达到某种规模经济，人均食宿支出会相应降低，因而受抚养者的免征额小于个人的基本免征额。更进一步，可根据子女的数量、年龄和出生的次序等不同情况规定不同的扣除标准，以充分体现税收的横向公平原则。如何有效缓解有小孩家庭的税收负担？还可采用家庭系数法。例如，1948 年，法国最早采用了这种方式，一些前法殖民地国家也采用这种办法。与分割法相比，家庭系数法不局限于夫妻，而是拓展到包括小孩在内的更多家庭成员。

（4）低收入配偶的额外免征额

如前所述，夫妻双方的收入通常并不相等，可能存在夫妻一方收入低于免征额的现象，也可能存在夫妻一方为了照顾家庭没有工作收入的现象。在单独申报纳税制下，这两种情况对应的家庭都不能充分享受基本免征额所带来的税收利益。例如，许多 OECD 国家直接将没有享受的免征额（全部或部分）转移给夫妻另一方，或者通过重新设计公式将之转移给夫妻另一方。

综上所述，除了考虑纳税人自身的基本免征额，各国通常还会考虑对受抚养的小孩、需要赡养的老人以及低收入配偶赋予额外免征额。此外，纳税人（及家属）因身体、精神或情感上存在一定程度的残疾，可能需要额外支出以维持与非残疾纳税人（及家属）相同的生活水平。因此，他们享受额外的免征额可能也是合理的。应如何选择享受额外免征额的残疾人？可能会考虑两个问题：是否容易获得残疾与否的简单而充分的证明；长期以来社会对某类残疾人是否特别同情。是否对不同程度的残疾人考虑不同的豁免，也存在不同的做法。由于设计的思路类似，在此不赘述。

3. 我国对免征额的选择

实证分析结果表明：劳动所得税基本宽免的直接效应为 0. 0167，在总体效应中的占比为 81. 44%，是个人所得税（有限）再分配效应的主要来源。我国个人所得税的基本宽免采用了持续式。2019 年，我国就业人员的平均工资稳步增长。其中：城镇非私营单位对应年平均工资为 90501 元，比上年增长 9. 8%；城镇私营单位对应年平均工资为 53604 元，比上年增长 8. 1%。因此，可计算得到 2019 年个人所得税的宽免额占平均工资的比例分别为 66. 3% 和 111. 93%。与 OECD 国家相比，这明显偏高。此外，2019 年又推出了子女教育附加扣除和赡养老人专项附加扣除。事实上，以适用高边际税率的纳税人来说，高宽免额更有利，而对低收入者形同虚设，导致个人所得税总体收入水平偏低，难以发挥有效的调节收入分配差距的作用。

接下来，引入变动因素之免征额，进一步探讨其对最大社会福利水平的影响。2018 年，每日免征额为 167 元。假设在其他因素不变的情况下，每日免征额在 0 ~ 2000 元区间变动，按步长 10 元变化，得到 200 个最优解集（见图 6 – 1）[①]。每日免征额为零时，最大社会福利为 4.44；直至每日免征额为 100 元时，最大社会福利迅速上升到 4.51；直至每日免征额为 200 元时，最大社会福利也以较快速度上升到 4.54。而在此之后，最大社会福利上升速度较为缓慢，直到在每日免征额为 1000 元时，达到最优解集中的最大值 4.55。表明免征额一旦超过该额度，对最大社会福利的增加是低效乃至无效的，这与我国收入水平明显偏低的事实也是一致的。随着免征额水平的提高，中低收入群体没有实际享受到税收优惠，高收入群体实际享受了更多的税收优惠，如图 6 – 2 所示的工资率与工资率对数的概率密度分布图。

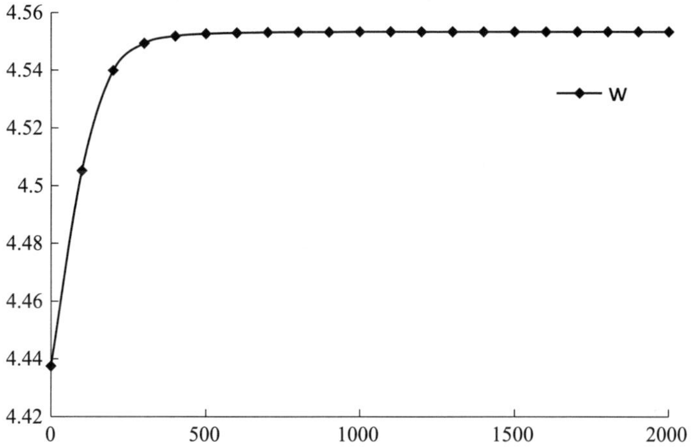

图 6 – 1　免征额和 Wmax 的关系

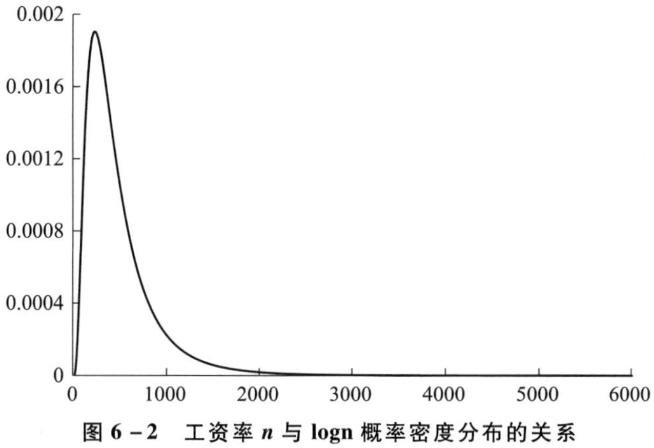

图 6 – 2　工资率 *n* 与 logn 概率密度分布的关系

① 由于数据太密集，按 100 元间隔显示数值。

因此，可推出基于就业或其他目标的税前扣除项目，采用递减的税收宽免，或适时推出（可退）税收抵免政策，让改革发展成果更多惠及低收入群体或某些特殊弱势群体；对有子女的家庭可推出退还的税收抵免，这尤其有利于低收入家庭，因为低收入家庭的人口规模通常更大；可设计婚姻宽免，助力我国生育率水平的提高。考虑到税收征管困难，当前可为单职工家庭设计定额婚姻宽免（例如，按免征额的一定比例确定）。

更进一步，以宽免转变为抵免为例，探讨最大社会福利水平变动情况。如前所述，部分 OECD 国家通过免征额乘以最低边际税率或其他边际税率的方式计算抵免额。采用类似的方法，按照基本宽免分别乘以 7 级边际税率计算抵免额，并结合最低社会保障情况，模拟计算得到最大社会福利的最优解集。如表 6－1 所示，一方面，随着税收抵免的增加，纳税人的税收负担减少，最大社会福利增加，从 4.4373（抵免为零）上升到 4.5346（抵免为 52.2）。在最低社会保障情况下，最大社会福利随着抵免额的增加而增加。另一方面，与宽免相比，抵免对最大社会福利的影响需要视具体情况而定。例如，每日抵免额为 3.48 元时（按第一级边际税率换算），对于适用 2 级及以上边际税率的纳税人来说，税收负担是增加的，所以最大社会福利反而会减少。在其他情况下（按第二级到第七级边际税率换算），同时存在低收入者税负不变或减少，高收入者税负不变或增加两种情况，最终最大社会福利取决于综合结果。结果表明，每日抵免额为 23.2 元开始，对应的最大社会福利开始大于采用宽免情况下对应的最大社会福利。

表 6－1　　宽免与抵免转变下的最大社会福利水平比较

宽免额/抵免额		g	W	X	Z
持续宽免	116	0	4.5117	201.46	234.08
		15	4.6128	224.31	224.97
持续抵免	3.48（116×0.03）	0	4.4592	201.46	234.08
		29	4.6577	216.86	217.66
	11.6（116×0.1）	0	4.4913	201.46	234.08
		29	4.6832	216.86	217.66
	23.2（116×0.2）	0	4.5126	201.46	234.08
		29	4.7004	216.86	217.66
	29（116×0.25）	0	4.5195	201.46	234.08
		29	4.7061	216.86	217.66
	34.8（116×0.3）	0	4.5249	201.46	234.08
		29	4.7105	216.86	217.66
	40.6（116×0.35）	0	4.529	201.46	234.08
		29	4.7139	216.86	217.66
	52.2（116×0.45）	0	4.5346	201.46	234.08
		29	4.7185	216.86	217.66

（三）税率结构的设计及我国的选择

1. 税率结构的设计

在纳税单位和税基确定之后，接下来可确定税率结构，包括税率级次和税率水平（以及对应的级距）。如前所述，在单一税制下，政府也能够通过设计合理的免征额，达到与累进税制下同样的收入再分配效应和最大社会福利水平。经济理论表明，更低的边际税率将引导纳税人更多地工作，而更高的边际税率会促使纳税人更少地工作（替代效应）。同时，更低的边际税率增加了纳税人的税后所得，促使纳税人更少地工作（收入效应）。在实践中，税收改革对纳税人劳动供给影响的最终结果取决于替代效应和收入效应的综合作用。

对于边际税率较高（例如，35%或更高）的发展中国家，转向混合个人所得税制可能意味着边际税率极大地下降。事实上，即便中等或相对较低边际税率的国家，由于边际税率降低带来的财政收入减少的压力也是税制改革的重要内容。边际税率下降的财政成本，部分取决于应纳税所得的分布情况，部分取决于政策制定者抓住机会拓宽税基的程度。通过对劳动所得课税获取的额外累进性，与对劳动所得和资本所得课税不同产生的潜在扭曲和套利机会之间权衡。在许多发展中国家，考虑到处理套利的管理成本，对劳动所得课税和资本所得课税之间的差异可以适当小些（Bird & Zolt，2014）。

2. 我国综合所得的税率结构选择

实证分析结果表明：劳动所得超额累进税率产生的直接效应相对较小，仅为0.0022，占比为13.17%。表明税率结构的累进性贡献率偏小，不占主体地位。这与我国个人所得税过高的名义边际税率不相称。而过高的边际税率也可能会带来一系列问题。例如，对高级人才的引进形成一定阻碍；税收征管成本加大；纳税人的逃税意识进一步增加。可从以下几个方面改革：

第一，起始税率。2011年9月1日起，工资薪金所得税的起始税率由5%降到3%。减轻了低收入者的税收负担，发挥了更好的收入分配功能，对此可保持不变。第二，最高边际税率。通常对最高边际税率的设定没有一个最优的标准，这与个人所得税的功能、个人所得税在本国的地位、本国的经济社会发展状况、收入分配状况等紧密联系。第三，税率级次。2018年，36个OECD国家个人所得税的累进税率级次集中在四级、五级、六级和七级，占比为55.56%，且四级税率占比最高，为27.78%。由于我国的收入水平偏低，七级边际税率形同虚设。因此，可适当降低边际税率水平及减少税率级次。最后，税率级距。2018年，我国个人所得税制改革扩大了第1至第3档级距，缩小了第4档级距，减轻了中低收入群体的税收负担。一般情况下，在低收入区间，级距的分布应相对小些。在较高收入区间，级距的分布相对大些，大体上呈几何关系。

如表6-2所示，进一步测算了税率级次、边际税率和级距变化对最大社会福利水平的影响。一方面，在其他因素不变的情况下，测算逐步减少级次情况下最大社会福利水平的变化。结果表明，在没有最低社会保障的情况下，结合3%比例税率得到了最大社会福利水平为4.5423。随着税率级次的增加，最大社会福利水平减少，在第4级次时达到最小值，之后保持不变。表明过高的边际税率与我国的低收入分布不匹配，高边际税率并没有改变最大社会福利水平，形同虚设。而在有最低社会保障的情况下，发挥了较好的收入再分配功能，最大社会福利水平随着级次增加而增加，表明更大的税收收入水平提供了更大的转移支付保障。当然，也存在类似的结果，第4级次税率之后最大社会福利水平也没有发生变化。

另一方面，在其他因素不变的情况下，测算税率级距的改变对最大社会福利水平的影响。结果表明总体最大社会福利从4.5117上升到了4.6128，主要原因是中低收入群体税收负担降低所带来的有利结果。需要指出的是，如果同时考虑最低社会保障，总体最大社会福利不一定会增加，因为总体税收收入的减少，导致最低社会保障功能也下降。最大社会福利从4.6128下降到了4.5958。

表6-2　　不同税率级次、边际税率和级距变化下的最大社会福利

时间	边际税率与级次	g	W	X	Z
2018年改革之前	3%（1级）	0	4.5423	238.91	242.95
		4	4.5694	240.92	240.92
	3%~10%（2级）	0	4.5253	228.5	239.33
		10	4.5927	233.66	234.17
	3%~20%（3级）	0	4.5137	218.94	234.54
		14	4.6081	226.37	227.29
	3%~25%（4级）	0	4.5117	216.43	232.87
		15	4.6128	224.47	225.12
	3%~30%（5级）	0	4.5117	216.29	232.74
		15	4.6128	224.33	225
	3%~35%（6级）	0	4.5117	216.27	232.71
		15	4.6128	224.31	224.97
	3%~45%（7级）	0	4.5117	216.27	232.71
		15	4.6128	224.31	224.97
2018年改革之后	3%~45%（7级）	0	4.5285	226.44	236.94
		10	4.5958	231.65	231.84

三、分类所得部分（资本所得）设计

（一）资本所得课税范围、免征额及税率设计

众所周知，资本所得是“劳动所得”的对称。资本所得的税负轻重也取决于课税

范围、免税额及税率结构设计等税制要素的综合作用。

1. 资本所得的课税范围

资本所得的覆盖面广，既涉及利息、股息和红利等资本所得，也涉及出售或转让股票、债券和房产等得到的资本利得。目前，只有英国等少数国家对资本所得或资本利得单独设置税种课征①，而大多数国家将资本所得纳入个人所得课税的范畴。在不同的个人所得税制模式中，资本利得如何有效地、适当地课税仍是一个困难的、很大程度上没有解决的问题，这实际上也影响了资本所得的课税范围。

2. 资本所得的免征额

政策制定者也会考虑是否赋予资本所得免征额。对小额投资者提供免税额可能不仅具有政治的合理性，也具有税收公平的合理性。当然，这样做可能也会带来税收征管方面的挑战。整体上来说，发展中国家看起来更明智的选择是，对全部资本所得课以相同的税率。免征额的选择也会影响纳税人的规模和税制的累进性。

3. 资本所得的税率水平

北欧四国最初二元所得税设计的重要特征是，对所有资本所得征收比例税，其等于或接近劳动所得最低边际税率。在实践中，该设计也会产生问题。例如，积极业主将劳动所得伪装为资本所得的现象较为普遍。此外，伴随着收入分配和财富分配差距的日益扩大，倡导对资本所得课以重税的呼声也日益高涨。因而，北欧国家对资本所得课征比例税的政策也发生了明显偏离。例如，丹麦和芬兰都对资本所得课征累进税。在一些发展中国家，对诸如股息、利息和特许权使用费分类课以不同的税率，通常极大地低于劳动所得税率（Barreix & roca，2007）。

如果某国有合理的税收遵从度，对资本所得适用的税率等于劳动所得的最高边际税率，可能会鼓励纳税人将资本所得转化为劳动所得；如果税收遵从度较低，正如许多发展中国家一样，许多潜在的逃税者不需要进行这样的税收套利。如果他们想逃税的话，可以通过更简单的低申报纳税方式做到（被抓住的风险概率更小）；如果资本所得的税率等于劳动所得的中等边际税率，也将产生有趣的激励。或才相反，如果资本所得的税率低于劳动所得的税率，则会激励纳税人将部分劳动所得转化为资本所得。如果资本所得的税率高于劳动所得的税率，则纳税人可能试图将部分资本所得转化为劳动所得，只要不将劳动所得推向更高边际税率。但是，任何这样的行为都是高成本和扭曲的（Bird & Zolt，2014）。

一旦个人所得税率设定，下一个问题就是个人所得税与企业所得税的关系。当混合个人所得税与古典企业所得税（导致企业分配所得存在潜在的重复课征）结合在一

① 在英国，如果个人所得税适用高税率或者加成税率，（除住宅地产之外的）其他资产获得的资本利得适用税率为20%；如果个人所得税适用基准税率，（除住宅地产之外的）其他资产获得的资本利得适用税率为10%。

起时，不可避免地产生与企业组织形式选择相关的税收扭曲问题：获取所得的形式是劳动所得还是资本所得？所得源自积极经营所得还是受控公司的消极股息或利息所得？如果公司未分配利润适用税率与股息适用税率之间存在较大差异，将诱导人为地扩大留存利润的动机。

4. 其他方面

除了资本所得课税范围、免征额和税率结构外，接下来对税收征管和资本亏损的处理进行简单的阐述。

通常对源自税后利润分配的股息课征预提税，在分类所得税制下，这种预提税将作为最终税收。此时，对企业股票资本利得是否课税和怎样课税的问题仍然存在。简单的替代方法是对资本利得免税。Sorensen & Johnson（2010）提出可替代的方法是在权责发生制下对金融资产的资本利得课税。但是，在大多数发展中国家，成功地执行任何这些方法看起来不可能。另一个可替代的方法是，在个人层面对资本利得征税，允许以成本为基础进行一些调整，以减轻没有分配的利得在企业层面的税收负担。但是，这个方法可能要过度运用国家的管理能力。还有一个可替代的方法是，只对不满足持股时间规定的资本利得征税，例如 1 年。遗憾的是，没有方案是完美的、可简单执行的。

许多国家将小额资本所得排除在正规税收体系之外，对非正式部门适用估算税，以减少管理和遵从成本（Engelschalk，2004）。理想的估算税（税负通常低且长时间固定）应随时间变化成长为正规税收体系内容。不幸的是，在许多估算体系中，企业一旦进入，就很可能再也不会出现在真实的税收世界中（bird & Wallace，2004）。通常门槛的设立水平是关键的，如果水平太高，大公司也可能被纳入估算体系中而成功避税。

即使在综合所得税制下，资本利得与资本损失通常是单独联系在一起的。为了更好地说明这个问题，将亏损区分为横向弥补和纵向弥补。横向弥补是指某一所得类别的亏损（通常是经营所得）可以用其他类别的所得来弥补。即所得类别间的亏损弥补。纵向弥补是指某一类所得亏损只可结转弥补，在经营单位之前或之后的若干年度的利润中弥补（或无限结转弥补，通常是向后结转）。横向弥补是综合所得税制的基本要素之一，同时也可能采用纵向亏损弥补，而分类所得税制不能也不应该采用所得类别间的弥补，即采用横向弥补。

（二）我国资本所得的课税选择

实证分析结果表明：我国资本所得税正向再分配效应的贡献非常小，占比不足5%。主要原因在于对资本所得课征比例税，累进性仅来源于对资本所得的税前扣除，资本所得的份额也太小（资本所得数据不充分也是原因之一）。

与劳动所得税相比，我国的资本所得税率为 20%，介于 3% ~45% 边际税率之间。一方面，对拥有劳动所得和资本所得的纳税人来说，低收入者存在将资本所得转化为劳动所得的内在动机。而高收入者恰好相反，存在将劳动所得转化为资本所得的内在动机。从经验来看，越是高收入人群越是收入多元化的群体，他们通过应税收入的转换进行避税的机会也更多。另一方面，对仅有劳动所得或资本所得的纳税人来说，存在极大的税负横向不公平，尤其是较低资本所得者的税收负担远远高于较低劳动所得者的税收负担。因为资本所得税率远高于最低劳动所得边际税率，也不能享受基本宽免、专项扣除和附加专项扣除等政策。此外，对资本所得分类征收比例税，在不同资本所得之间也产生了横向不公平。因此，我国今后应扩大资本所得的课税范围，对诸如股息利息等资本所得引入一定的免税门槛，形成具有一定累进程度的资本所得税。

四、现代税收征管能力的优化设计

我国个人所得税没有发挥有效的再分配作用，与税收征管体系薄弱也密切相关，这导致了税收收入的大量流失。结合跨国资本流动的日益频繁，今后可以从以下几个方面进行改进。

1. 提升税收征管效率

2015 年，国家税务总局制定了《“互联网＋税务”行动计划》，各省级税务部门也建立的“电子税务局”。表明在信息化大数据时代，利用网络办税已经成为税务机构提高征收效率的重要手段和途径。例如，针对自然人纳税人推出的“个税 APP”。应进一步推进数字服务改革，这可减少纳税人缴税的货币成本和时间成本，也能减轻纳税人现场缴税的心理负担，降低了纳税人的遵从成本，还能减轻税务机关的征税成本，提升税收征管效率。

2. 强化收入监控体系

随着我国社会主义市场经济的快速发展，高净值财富群体和多元收入来源群体不断扩大，个人收入隐性化现象突显。无论是实现收入分配的合理性，还是减少收入分配的差异性，都需要真实、可靠和完整的信息基础。这是所有税种征管中遇到的难题。因此，如何精准地掌握自然人乃至关联方的收入、财富涉税信息状况，是税收调节收入分配，实现共同富裕的基础性工作。2021 年 3 月，中共中央办公厅、国务院办公厅发布《关于进一步深化税收征管改革的意见》，要求各地区各部门结合实际认真贯彻落实。

建议在现有税收机关自然人收入与财产信息管理基础上，国家层面建立健全相对独立、共享开放的自然人信息专管机构，不仅包括涉税信息，还囊括纳税人与经济相关的各种综合信息。例如，房产、股票、基金、户籍、社会保障、教育、保险、车辆等信息。税务部门能够从该机构获取涉税信息，其他部门有需要时也可从该机构共享相关信息，才能够真正增强税收对收入分配的调节力度并提高精准性。

此外，无论是哪种收入来源，如果能够通过银行转账支付，而不是直接使用现金支付，则能够最大程度上控制税源，这在一定程度上能够克服和解决税源不透明、不公开和不规范等相关问题。在收入足够显性化的情况下，偷逃税行为也可以极大地减少。因此，要强化银行对个人收支的电子化结算体系，大力推进居民固定账号信用卡或支票结算制度，实现对多样化收入来源的有效监控。

3. 加强代扣代缴制度

2018 年 8 月，经升级的金税三期系统已升级为“自然人税收管理系统扣缴客户端”，功能更加强大。在税务部门的申报系统中，纳税人取得的任何收入，如果代扣代缴单位都能按照纳税人的基本信息进行扣缴申报。即便纳税人自己没有申报，在税务征管系统中也能获得纳税人的代扣代缴信息。目前，除了工资薪金所得之外，我国其他所得的支付单位或个人往往履行代扣代缴义务还不到位，需要在全国范围内进一步健全税务部门对个人所得信息收集和交叉稽核功能。

4. 建立健全税收激励机制

一方面，税收机关应充分利用电子信息技术，建立起诚信纳税档案数据库，为逐步建立健全社会信用体系提供参考。另一方面，为纳税人邮寄纸质的完税凭证，这样既可方便纳税人保管和使用，也可作为一种纳税光荣、偷税可耻的精神激励。同时，税务机关应通过税收宣传月、各类宣传媒体、办税服务厅为平台，宣传纳税人诚信纳税的模范事迹，充分彰显纳税人的纳税示范带头作用，增强纳税意识。

第三节　建立全面的财税政策调控机制

改革开放 40 多年以来，中国经济快速增长，取得了举世瞩目的成就。1978 年到 2020 年，国内人均生产总值（人均 GDP）由 385 元上升到 72447 元，城镇居民人均可支配收入从 332 元上升到 43834 元，农村居民人均纯收入由 165 元上升到 17131 元。但不可忽视的是，收入和财产差距扩大问题日益突出。居民可支配收入的基尼系数从 1981 年的 0.288 上升到了 2020 年的 0.474，超过了国际警戒线 0.4。2021 年，《中华人民共和国国民经济和社会发展第十四个五年规划和 2035 年远景目标纲要》中指出要完善再分配机制。加大税收、社会保障、转移支付等调节力度和精准性，发挥慈善等第三次分配作用，改善收入和财富分配格局。税制改革是一项系统工程，需要考虑方方面面的目标。税制改革并不是万能的，需要有超越税制改革的补救思路（杨志勇，2022）。因此，构建多层次、多环节的收入分配财税收调节体系，具有极其重要的理论价值和现实意义（见图 6－3）。

一、进一步完善社会保障体系

收入分配公平是社会公平的基本内容，而税收制度和社会保障支出是政府实现收入公平分配的两大政策手段。在税收调节能力极其有限的情况下，社会保障体系尤为重要。例如，在第五章第六节模拟的税收社会保障一体化体系。

一方面，建立“广覆盖，低水平”的社会保险制度，提高个人缴费率。建立覆盖城镇所有用人单位和职工，不论是国有单位，还是非国有单位，不论是效益好的企业，还是效益差的企业，都要参加社会保险。凡未按时完成申报、办理参保手续的单位，将通过劳动保障监察部门按有关规定实施监控和处罚，促其参保。同时，要注重社会保障关键指标点的设计，以实现社会保障效用的最大化；另一方面，加大社会救济力度。应在完善城市居民最低生活保障制度基础上，积极推进医疗救助、教育救助、住房救助和法律援助等专项救助制度。社会救助由单项制度向制度体系发展，进入制度体系建设新阶段。当然，加强政府间财政转移支付力度也是重要的前提基础。

二、建立多层次、多环节的税收调节体系

个人所得税再分配效应的发挥需要其他税种的密切配合。由于我国个人所得税的基础相对比较薄弱，个人所得税制的建设与经济体制改革也交织在一起。因此，相当数量的所得并没有通过个人所得税进行调节和控制，应建立多层次、多环节的税收再分配调节体系。

1. 择机开征社会保险税

与个人所得税制不同的是，社会保险税通常以工资总额为课税对象，同时结合比例税率，因而就其本身来说是累退的。但从全社会的角度来看，社会保险税为政府筹集到大量的社会保障资金，并通过转移支付直接增加低收入者的收入，因而一定程度调节收入分配差距。应统筹做好税费管理工作，逐步推动社会保险费改税。

2018 年 7 月，《国税地税征管体制改革方案》中明确：从 2019 年 1 月 1 日起，将 5 种基本保险的缴费交由税务部门统一征收。从各地政策实施的时间来看，企业职工各项社会保险费交由税务部门统一征收的时间，均为 2020 年 11 月 1 日起（天津为 11 月 21 日除外），这无疑为我国将来开征社会保障税奠定良好的前期基础。此外，基本养老保险费、基本医疗保险费、失业保险费、工伤保险费、生育保险费等各项社会保险费征收管理工作已全部划转税务部门，税务部门成为社会保障工作的重要职能部门。

2. 调整消费税征收范围

可支配收入与消费是紧密相关的，消费不公某种程度上是分配不公的最终表现形

式。因此，将高收入者的高消费行为纳入消费税征税范围，将有利于缩小收入分配差距。例如，在发达国家，购置豪华住宅、名牌轿车、奢侈品、化妆品、享用高档宴会、高档休闲娱乐以及饲养宠物等都算作高消费，要征收高额的特别消费税。在我国现阶段，可进一步将高耗能、高污染产品和部分高档消费品及服务纳入消费税的征税范围，体现高收入者多纳税的原则和保护环境的作用。

3. 完善一般财产税体系

财产是衡量居民纳税能力的重要标准之一，拥有财产的数量表明了纳税能力的大小。目前，我国没有完善的财产税体系，经过住房制度的改革，房产构成个人财产的主要组成部分，可建立以房产税为主体税种，土地使用税和车船使用税为辅的财产税体系。由中介机构根据房价和车价的市场评估价为计税依据，适用低税率从价计征。2021 年 10 月 23 日，我国通过了《全国人大常委会关于授权国务院在部分地区开展房地产税改革试点工作的决定》，以更积极稳妥地推进我国房产税的立法与改革，引导居民合理消费住房和利用土地资源，保障房地产市场的平稳健康发展。

4. 开征遗产与赠与税

遗产税是个人所得税的补充，其税负转嫁很难，具有缩小收入分配差距的效应。我国应创造条件，及时开征遗产与赠与税，可以调节因遗产和赠与而获得大量财产的现象。例如，日本根据遗产规模（起征点以上部分）采用 10% ~55% 的超额累进税率。我国可采用宽泛的税基，尽可能涵盖各类财产或遗产。

三、丰富社会捐助形式，加大慈善捐赠税收激励

慈善事业是一种社会再分配的实现形式，是对社会保障体系的必要补充。党的十九届五中全会作出了发挥第三次分配作用，发展慈善事业，改善收入和财富分配格局的决策部署。中央财经委员会第十次会议也提出“在高质量发展中促进共同富裕”，“构建初次分配、再分配、三次分配协调配套的基础性制度安排”的明确要求。

一方面，应建设好各个地区的社会捐助站，推广“慈善超市”等各类社会互助形式，广泛开展各种扶贫帮困的送温暖活动；大力推进各种福利彩票事业和慈善捐助事业。通过动员越来越多的社会各界人士进行慈善捐助，保证社会捐助渠道的畅通运行和慈善资金的充裕。另一方面，应加大对慈善捐赠的税收优惠政策。第三次分配是在自愿基础上的，不是强制的，国家税收政策应给予适当激励，通过慈善捐赠等方式，起到改善分配结构的补充作用。企业调研反馈信息表明，多数企业家希望加大对企业家个人慈善捐赠的税收支持力度。欧美企业家乐于个人慈善捐赠，源于相关税收优惠多和有些国家有遗产税“倒逼”。除了通过税收优惠等给予激励外，还应发挥中国人固有的家国情怀的荣誉感，给予慈善捐赠者一定的精神激励。

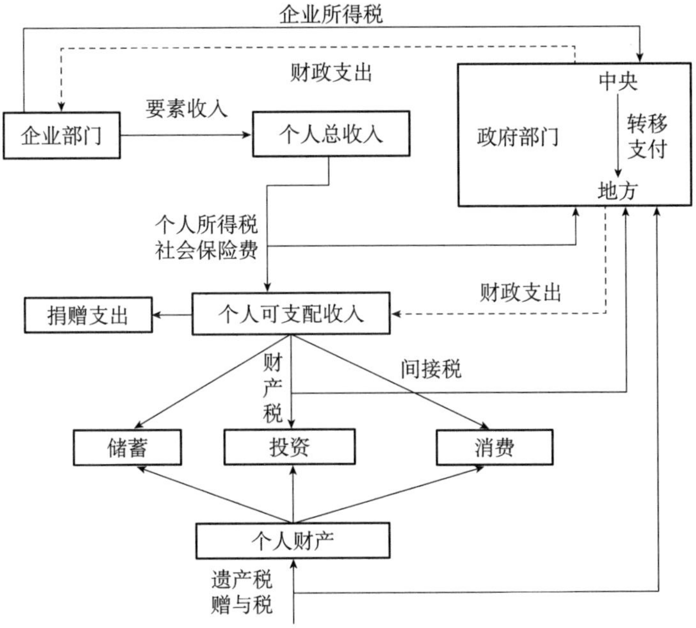

图 6－3　财税调节居民收入分配的作用机制

第四节　我国综合与分类相结合个人所得税制发展的展望

新中国成立以来，根源于政治、经济、社会等多个方面的因素，个人所得税制发展的各个阶段都呈现出不同的特征。我国个人所得税制经历了从无到有、日渐成熟的过程，占税收收入总额的比重也稳步提升，展示出巨大的收入潜力。但是，我国综合与分类相结合个人所得税的再分配效应非常有限，仍存在较大的改进空间。

当前，收入分配差距依旧较大（见表 6－3）。除了关注低收入群体的平等外，也关注高收入群体的不平等性。对于拥有资本所得和劳动所得的高收入者来说，边际税率的极大差异正是歧视的表现。在实践中，私营厂主、企业老板往往只是象征性地支付自己工资，甚至存在完全不开薪酬的现象。如果逐步过渡到对大部分应税所得综合课征，意味着适用超额累进税率的征税所得规模也会相应扩大。完美地衡量所得纳税能力标准应符合两个要求：一是全面性要求，即所有的财富增量都应包括在税基中；二是综合性要求，无差别地合并一切来源的收入适用累进税率（贾康，2018）。

表 6－3　　中国历年收入分配基尼系数

时间	1981	1982	1983	1984	1985	1986	1987	1988	1989	1990
基尼系数	0. 288	0. 2494	0. 2641	0. 297	0. 2656	0. 2968	0. 3052	0. 382	0. 349	0. 343

续表

时间	1991	1992	1993	1994	1995	1996	1997	1998	1999	2000
基尼系数	0.324	0.376	0.3592	0.436	0.445	0.458	0.403	0.403	0.397	0.417
时间	2001	2002	2003	2004	2005	2006	2007	2008	2009	2010
基尼系数	0.49	0.454	0.479	0.473	0.485	0.487	0.484	0.491	0.490	0.481
时间	2011	2012	2013	2014	2015	2016	2017	2018	2019	2020
基尼系数	0.477	0.474	0.473	0.469	0.462	0.465	0.467	0.468	0.465	0.474

数据来源：2003 年到 2019 年数据源自《中国住户调查年鉴》，其他数据主要源自向书坚（1998）、曾国安（2001）、韩文秀、尹艳林（2003）、李春林（2004）和国家统计局。

党在“十三五”时期取得脱贫攻坚胜利，全面建成小康社会，着力乡村振兴，朝着全面建成社会主义现代化强国奋进。我国将在推进高质量发展的过程中，促进社会公平正义，促进人的全面发展，使全体人民朝着共同富裕目标扎实迈进。当前，我国是世界上经济发展速度最快的经济体之一，产业结构和城乡结构调整都较为迅速（见表 6－4）。同时，随着互联网技术、统计方法与技术的发展，个人生活支出的精准数据可获得性质量会越来越高。因而以社会平均生活支出水平为基础，同时综合考虑通货膨胀等因素，建立个人所得税减除费用动态调整机制更具有现实可行性（李凌、王婷，2020）。

表 6－4　　中国社会发展主要指标占比　　单位（%）

指标类型 \ 时间		1978	1985	1990	1995	2000	2005	2010	2015	2019
城乡人口占比	城镇	17.9	23.7	26.4	29.0	36.2	43.0	49.9	56.1	60.6
	乡村	82.1	76.3	73.6	71.0	63.8	57.0	50.1	43.9	39.4
各产业占 GDP 比重（生产法）	第一产业	27.7	28.4	26.6	20.5	14.7	12.6	10.1	8.9	7.1
	第二产业	47.7	43.1	41.0	48.8	45.5	47.5	46.8	40.9	39.0
	第三产业	24.6	28.5	32.4	30.7	39.8	39.9	43.1	50.2	53.9
各产业就业人口占比	第一产业	70.5	62.4	60.1	52.2	50.0	44.8	36.7	28.3	25.1
	第二产业	17.3	20.9	21.4	23.0	22.5	23.8	28.7	29.3	27.5
	第三产业	12.2	16.7	18.5	24.8	27.5	31.4	34.6	42.4	47.4

数据来源：《中国统计年鉴》各年份数据。

从发展的过程来看，各国选择哪个课征制度，在不同时期的确是由多种因素（技术要求、不同历史发展时期、非经济因素）促成的（徐进，1996）。权衡税收公平和效率两大目标，政府势必要对其中一个目标做出折衷和牺牲。目前，综合与分类相结合个人所得税制也许是世界上使用最为广泛的课税模式，通过灵活的组合方式能更好地适应国情。现实中，并不存在一种最优的和普适性的所得税制度模式，均需根据各国自身的宏观形势进行判断并加以选择。“时代是思想之母，实践是理论之源。”波澜壮阔的财税改革实践为财税法理论研究提供了丰富的素材，而其所形成的理论成果又及时用于指导实践，并在实践中得到检验和进一步完善（施正文，2018）。要在现代税收制度的框架内将个人所得税的传统经济功能向社会功能转变、向国际化的发展路径靠近，这是我国治理现代化目标的应有之义。

总之，对我国综合与分类个人所得税的进一步改革与完善，要基于税收公平与效率等多重因素的思考。政策目标不同，选择的具体税制模式不同，在实践中具体实施方案也会存在差异。税制模式的选择也受到多种因素的影响，诸如一国的经济发展水平和科学技术水平，也不排除国家政治和社会文化的外在作用。但是，经济和技术水平仍占主流地位。在公平税负理念指引下，我国的综合与分类相结合个人所得税制应是一个不断完善、循序渐进的过程。

主要参考文献

［1］ 白彦锋．按照综合与分类相结合的原则来认识新个税［J］．财政监督，2018（19）：31－34。

［2］ 曹桂全，任国强．个人所得税再分配效应及累进性的分解分析——以天津市2008年城镇住户为样本［J］．南开经济研究，2014（4）：123－140。

［3］ 陈丰．拜登政府财政政策初探［J］．财政科学，2021（6）：110－124。

［4］ 陈子叶．我国综合与分类相结合的个人所得税制模式设计［D］．首都经济贸易大学，2016。

［5］ 崔志坤．中国个人所得税制度改革研究［D］．财政部财政科学研究所，2011。

［6］ 崔志坤．综合与分类混合型个人所得税模式设计的不同取向［J］．税务研究，2010（9）：41－43。

［7］ 戴佳玲，王心怡，朱雨萱．OECD国家资本利得课税制度比较［J］．交通财会，2021（2）：38－42。

［8］ 邓子基，李永刚．最优所得税理论与我国个人所得税的实践［J］．国际税收，2010（2）：23－26。

［9］ 丁宏．增加政府转移支付是否会有助于改善生育率——基于OECD国家的门槛回归模型检验［J］．南开经济研究，2017（4）：61－74。

［10］ 杜莉．论个人所得税的二元课税模式［J］．税务与经济，2007（5）：81－81。

［11］ 杜爽，孙琳．资本所得课税的模式选择：国际比较与经验借鉴［J］．涉外税务，2019（3）：66－71。

［12］ 方重，梅玉华．论劳动所得税收抵免对社会救助的激励效应［J］．当代经济管理，2008（7）：62－64。

［13］ 冯兴元．单一税的理论基础［J］．学海，2017（1）：168－175。

［14］ 冯兴元．国际单一税改革发展现状与启示［J］．财经问题研究，2017（6）：66－71。

［15］ 付伯颖．外国税制教程［M］．北京：北京大学出版社，2010。

［16］ 高培勇．个人所得税：迈出走向综合与分类相结合的脚步——中国财政政策报告2011/2012［M］．北京：中国财政经济出版社，2011。

［17］ 郭庆旺，赵志耘．财政学［M］．北京：中国人民大学出版社，2002。

［18］韩文秀，尹艳林，冯建林．中国居民收入差距研究综述［J］．经济研究参考，2003（83）：13－29。

［19］何代欣．综合与分类相结合的个人所得税研究：以法国为例［J］．法国研究，2013（1）：1－7。

［20］胡怡建，马伟，田志伟，杨志银．个人所得税税制国际比较［M］．北京：中国税务出版社，2017。

［21］黄伟展．我国综合分类个人所得税制改革比较研究［D］．上海海关学院，2015。

［22］黄媛媛，陈荣卓．美国 EITC 反贫困的特点、效应及经验［J］．当代世界社会主义问题，2018（3）：113－122。

［23］霍尔·罗伯特，阿尔文·拉布什卡．单一税［M］．北京：中国财政经济出版社，2003。

［24］贾康，梁季．我国地方税体系的现实选择：一个总体架构［J］．改革，2014（7）：57－65。

［25］贾康，梁季．我国个人所得税改革的回顾与展望［J］．中国财政，2011（20）：39－41。

［26］贾康．个税改革面面观［J］．中国经济报告，2018（8）：17－23。

［27］焦建国．中国个人所得税制度变迁分析［J］．现代财经－天津财经大学学报，2001（4）：8－12。

［28］解垩．税收和转移支付对收入再分配的贡献［J］．经济研究，2018，53（8）：116－131.

［29］金鑫，刘志诚，王绍飞主编．中国税务百科全书［M］．北京：经济管理出版社，1991。

［30］蓝相洁．个人所得税税制模式辨析与选择路径［J］．地方财政研究，2016（12）：51－56。

［31］李波．公平分配视角下的个人所得税模式选择［J］．税务研究，2009（3）：35－39。

［32］李华，朱洁．建立综合和分类相结合的个人所得税征管制度研究［J］．国际税收，2011（2）：18－23。

［33］李林木，薛迎迎，高光明．发展中国家综合与分类相结合的个人所得税模式选择——基于巴西、印度和印度尼西亚的比较［J］．税务研究，2015（3）：118－124。

［34］李林木．综合与分类相结合的个税改革：半二元模式的选择与征管［J］．财贸经济，2012（7）：13－20。

［35］李倩．我国综合与分类相结合的个人所得税税制模式设计［D］．天津大学，2013。

［36］李实，朱梦冰，詹鹏．中国社会保障制度的收入再分配效应［J］．社会保

障评论，2017（4）：3－20。

［37］连洪泉，高庆辉，周业安．个人所得税缩减贫富差距的效应有多大？——基于CHNS调查数据和刀切法的动态评估［J］．经济学报，2018（3）：142－168。

［38］刘柏惠，寇恩惠．政府各项转移收支对城镇居民收入再分配的影响［J］．财贸经济，2014（9）：36－50。

［39］刘剑文，胡翔．《个人所得税法》修改的变迁评介与当代进路［J］．法学，2018（9）：135－148。

［40］刘娟．税收公平视域下我国个人所得税课税模式改革研究［D］．华南理工大学，2019。

［41］刘鹏．“一带一路”国家个人所得税制度辨析［J］．经济体制改革，2017（2）：138－143。

［42］刘生旺．从欧盟国家的单一税改革看税收政策的有效性［J］．中央财经大学学报，2010（2）：11－15。

［43］刘延芳．北欧福利国家模式的观察与思考［J］．劳动保障世界，2017（26）：21－24。

［44］刘佐．中国个人所得税发展的回顾与展望［J］．经济研究参考，1999（9）：17－23。

［45］刘佐．中国企业所得税制发展史［N］．中国财经报，2007年3月13日。

［46］龙云飞．爱沙尼亚经济转型的经验与启示［J］．俄罗斯东欧中亚研究，2010（4）：67－72。

［47］卢洪友，杜亦譞．中国财政再分配与减贫效应的数量测度［J］．经济研究，2019，54（2）：4－20。

［48］卢洪友，许文立．北欧经济“深绿色”革命的经验及启示［J］．人民论坛·学术前沿，2015（3）：84－94。

［49］罗妙成．交叉型综合分类个人所得税制的构建——基于公平的视角［J］．福建农林大学学报（哲学社会科学版），2010（2）：52－56。

［50］罗秦．OECD 2019税制改革报告评析及展望［J］．国际税收，2020（8）：50－56。

［51］马国强．个人应税所得的性质、类型与税收型式［J］．税务研究，2018（01）：42－52。

［52］马国强．论个人所得税基本模式［J］．税务研究，2013（9）：3－9。

［53］马海涛，任强．个人所得税改革对各收入群组税负的影响［J］．税务研究，2016（4）：8－13。

［54］马逸君．个人所得税专项附加扣除的收入再分配效应分析——基于中国家庭追踪调查数据的微观模拟［D］．苏州大学，2020。

［55］聂佃忠，李庆梅，雎国余．含有负所得税的最优所得税再研究［J］．财经

研究，2011（5）：4－14。

［56］彭海艳，程北南．生育激励与个人所得税—理论逻辑与经验论据［J］．人口与经济，2021（2）：1－12。

［57］彭海艳，罗秦．OECD成员国股息所得税最新发展及启示［J］．涉外税务，2019（1）：59－63。

［58］彭海艳，罗秦．个人资本利得课税的理论逻辑国际经验及对中国的启示［J］．国际税收，2022（5）：68－76。

［59］彭海艳，伍晓榕．“单一税”是世界性个人所得税改革的蓝图吗［J］．税收经济研究，2022，27（1）：7－15。

［60］彭海艳，伍晓榕．税收累进性测量方法之比较［J］．统计与决策，2008a（20）：48－50。

［61］彭海艳．个人所得税的再分配效应及机制重塑研究［M］．北京：中国财政经济出版社，2012。

［62］彭海艳．个人所得税收入分配效应的因素分解［J］．统计与决策，2007（23）：48－50。

［63］彭海艳．国外税收累进性及再分配效应研究综述［J］．南京社会科学，2008b（3）：12－20。

［64］彭海艳．我国个人所得税弹性的实证分析：1980—2011［J］．财贸研究，2014a，25（1）：93－98。

［65］彭海艳．我国个人所得税的再分配效应分解分析——以我国中部某地区为样本［J］．经济经纬，2008c（3）：125－128。

［66］彭海艳．我国个人所得税累进性的实证分析：1995—2006［J］．财经论丛，2008（3）：28－33。

［67］彭海艳．我国个人所得税累进性分解的实证分析［J］．上海经济研究，2010（10）：66－73。

［68］彭海艳．我国个人所得税再分配效应及累进性的实证分析［J］．财贸经济，2011（3）：11－17，136。

［69］彭海艳．最优非线性所得税率结构影响因素：论争焦点及评析［J］．财经论丛，2014b（4）：18－25。

［70］普拉斯切特．对所得的分类、综合及二元课税模式［M］．北京：中国财政经济出版社，1993。

［71］齐海鹏，付伯颖．勤劳所得税收抵免的运用及经济影响［J］．东北财经大学学报，2000（2）：26－30。

［72］乔梁．我国个人所得税制改革模式设计——基于二元所得税制的研究［D］．复旦大学，2009。

［73］施正文．迈向繁荣成熟的财税法：四十年的回顾与前瞻［J］．税务研究，

2018（10）：24－32。

［74］石坚，陈文东．混合税制模式下个人所得税征管制度研究［J］．财政经济评论，2013（1）：137－157。

［75］石坚，陈文东．中国个人所得税混合模式研究［M］．北京：中国财政经济出版社，2012。

［76］史祖峰．综合分类个人所得税模式下的国际观察与制度设计［D］．安徽财经大学，2018。

［77］宋凤轩．所得税国际化与中国所得税改革研究［D］．河北大学，2007。

［78］覃盈盈．综合和分类相结合的个人所得税制模式选择［D］．南京财经大学，2012。

［79］田志伟，胡怡建，宫映华．免征额与个人所得税的收入再分配效应［J］．经济研究，2017（10）：115－129。

［80］万莹，熊惠君．2018 年我国个人所得税改革的收入再分配效应［J］．税务研究，2019（6）：52－56。

［81］王红晓．交叉型分类综合个人所得税税制设计［J］．税务与经济，2009（4）：84－89。

［82］王首元，孔淑红．新最优所得税模型探索：基于比例效用理论视角［J］．财经研究，2013（5）：86－98。

［83］王颖，孙梦珍．鼓励生育的政策及其效果：国际经验、回顾和展望［J］．浙江大学学报（人文社会科学版），2017（5）：19－29。

［84］王勇．公平与效率视角下我国个人所得税研究［D］．西南财经大学，2008。

［85］吴帆．欧洲家庭政策与生育率变化—兼论中国低生育率陷阱的风险［J］．社会学研究，2016（1）：49－72。

［86］吴俊豪．分类综合所得税制下个税征管制度研究［D］．中国政法大学，2018。

［87］席卫群．并立型分类综合个人所得税制设计［J］．国际税收，2009（1）：42－46。

［88］邢会强．个人所得的分类规制与综合规制［J］．华东政法大学学报，2019（1）：17－26。

［89］徐建斌．美国劳动所得抵免政策及其对我国反贫困的启示［J］．税务研究，2016（11）：64－67。

［90］徐进．个人所得税课征制度的选择［J］．税务研究，1996（10）：30－33。

［91］杨东莹．综合与分类相结合模式下个人所得税制度研究［D］．黑龙江大学，2020。

［92］杨帆，刘怡．美国劳动所得税抵免制度及其借鉴［J］．涉外税务，2011

(7)：33－37。

［93］杨孟谦．从收入分配视角研究我国个人所得税课征模式［D］．首都经济贸易大学，2016。

［94］杨志勇．现代税收制度建设：四十年个人所得税发展的思考［J］．经济纵横，2018（6）：2，57－65。

［95］杨志勇．面向共同富裕的中国税制改革［J］．改革，2022（3）：1－9。

［96］姚楠．论个人所得税的税制模式与我国的现实选择［D］．苏州大学，2009。

［97］叶庆丰，赵虎吉．“北欧模式”的特点和启示［J］．科学社会主义，2007（6）：140－144。

［98］岳希明，徐静．我国个人所得税的居民收入分配效应［J］．经济学动态，2012（6）：16－25。

［99］岳希明，徐静，刘谦，等．2011年个人所得税改革的收入再分配效应［J］．经济研究，2012（9）：113－124。

［100］岳希明，周慧，徐静．政府对居民转移支付的再分配效率研究［J］．经济研究，2021，56（9）：4－20。

［101］张春龙．北欧国家高福利的背后支撑［J］．群众，2019（22）：68－69。

［102］张天姣．个人所得税制模式的比较分析［J］．财贸研究，2017（4）：80－86。

［103］张天姣．中国个人所得税制模式研究［D］．东北财经大学，2018。

［104］张文春，帅杰．全球单一税改革的比较分析［J］．经济与管理评论，2012（4）：5－12。

［105］张玄，岳希明，邵桂根．个人所得税收入再分配效应的国际比较［J］．国际税收，2020（7）：18－24。

［106］张玄，岳希明．新一轮个人所得税改革的收入再分配效应研究——基于CHIP 2018的测算分析［J］．财贸经济，2021，42（11）：5－19。

［107］赵端．二元所得税制：理论，制度与效应［D］．山东大学，2008。

［108］赵志君．收入分配与社会福利函数［J］．数量经济技术经济研究，2011（9）：61－74。

［109］郑春荣．个人所得税纳税单位选择——基于婚姻中性的视角［J］．社会科学家，2008（2）：55－58。

［110］郑新业，张力，张阳阳．全球税收竞争与中国的政策选择［J］．经济学动态，2019（2）：31－46。

［111］周伟，武康平．个人所得税、政府转移支付与个体行为激励——基于拉弗曲线的统一讨论［J］．南开经济研究，2011（5）：98－112。

［112］朱为群，陶瑞翠．当代世界各国单一税改革的特征分析［J］．审计与经济

研究，2016（3）：92－100。

[113] Adhikari B. The Economic Effects of Broad－Based and Flat－Rate Tax Systems [D]. Tulane University, 2016.

[114] Alstadsaeter A. The Achilles Heel of the Dual Income Tax: The Norwegian Case [J]. Finnish Economic Papers 2007, 20 (1): 5－22.

[115] Apps P, Rees R. Optimal Dual Income Taxation [C]. 9th Norwegian－German seminar on public economics, 2015.

[116] Aronson J R, Johnson P, Lambert P J. Redistributive Effect and Unequal Tax Treatment [J]. Economic Journal, 1994 (104): 262－270.

[117] Aronson J R, Lambert P J. Decomposing the Gini Coefficient to Reveal the Vertical, Horizontal and Reranking Effects of Income Taxation [J]. National Tax Journal, 1994, 47 (2): 273－294.

[118] Åslund A. How Capitalism Was Built: the Transformation of Central and Eastern Europe, Russia and Central Asia [M]. Cambridge: Cambridge University Press, 2007.

[119] Azmat G, Gonzǘlez L. Targeting fertility and female participation through the income tax [J]. labour economics, 2010, 17 (3): 487－50.

[120] Barmby T, Cigno A. A Sequential Probability Model of Fertility Patterns [J]. Journal of Population Economics, 1990, 3 (1): 31－51.

[121] Baturo A, Grey J. Flatliners: Ideology and Rational Learning in the Diffusion of the Flat Tax [J]. European Journal of Political Research, 2009, 48 (1): 130－159.

[122] Baughman R, Dickert－Conlin S. Did Expanding the EITC Promote Motherhood? [J]. American Economic Review Papers and Proceedings, 2003, 93 (2): 247－250.

[123] Baughman R, Dickert－Conlin S. The Earned Income Tax Credit and Fertility [J]. Population Economics, 2009, 22 (3): 537－563.

[124] Becker G S, Lewis H G. On the Interaction Between the Quantity and Quality of Children [J]. Journal of Political Economy, 1973, 81 (1－2): 279－285.

[125] Bird R M, Zolt E M. Dual Income Taxation: A Promising Path to Tax Reform for Developing Countries [J]. World Development, 2011, 39 (10): 1691－1703.

[126] Brewer M, Hoynes H. In－Work Credits in the UK and the US [J]. Fiscal Studies, 2019, 40 (4): 519－560.

[127] Cohen A, Dehejia R, Romanov D. Financial incentives and fertility [J]. Review of Economics & Statistics, 2013, 95 (1): 1－20.

[128] Coleman A. Housing, the 'Great Income Tax Experiment'and the intergenerational consequences of the lease. University of Otago Economics Discussion Papers 2017, No. 1709.

[129] Crandall－Hollick M L. The Earned Income Tax Credit: Administrative and

Compliance Challenges [R]. Congressional Research Service Reports, 2015.

[130] Crump R, Goda G S, Mumford K J. Fertility and the Personal Exemption: Comment [J]. American Economic Review, 2011, 101 (4): 1616 - 1628.

[131] D'Addio A C, D'Ercole M M. Policies, Institutions and Fertility Rates: a Panel Data Analysis for OECD Countries [J]. OECD Economic Studies, 2006 (2): 7 - 43.

[132] Davies J B, Hoy M. Flat Rate Taxes and Inequality Measurement [J]. Journal of Public Economics, 2002, 84 (1): 33 - 46.

[133] Decoster A, Swerdt K D, Orsini K. A Belgian Flat Income Tax: Effects on Labour Supply and Income Distribution [R]. Working Papers of Department of Economics, Leuven, 2008.

[134] Diamond P A. Optimal Income Taxation: An Example with a U - Shaped Pattern of Optimal Marginal Tax Rates [J]. American Economic Review, 1994, 88 (1): 83 - 95.

[135] Duchovny N J. The Earned Income Tax Credit and Fertility [D]. University of Maryland, 2001.

[136] Ellwood D T. The Impact of the Earned Income Tax Credit and Social Policy Reforms on Work, Marriage and Living Arrangements [J]. National Tax Journal, 2000, 53 (4): 1063 - 1106.

[137] Fuest C, Schaefer P T. Is a Flat Tax Reform Feasible in a Grown - up Democracy of Western Europe? A Simulation Study for Germany [J]. International Tax & Public Finance, 2008.

[138] Genser B, Reutter A. Moving Towards Dual Income Taxation in Europe [J]. Finanzarchiv Public Finance Analysis, 2007, 63 (3): 436 - 456.

[139] Georgellis Y, Wall H J. The Fertility Effect of Dependent Tax Exemptions: Estimates for the United States [J]. Applied Economics, 1992, 24 (10): 1139 - 1145.

[140] Gohmann S F, Ohsfeldt R L. The Dependent Tax Exemption, Abortion Availability, and U. S. Fertility Rates [J]. Population Research and Policy Review, 1994, 13 (4): 367 - 381.

[141] Gorodnichenko Y, Martinez - Vazquez J, Peter K S. Myth and Reality of Flat Tax Reform: Micro Estimates of Tax Evasion Response and Welfare Effects in Russia [J]. Journal of Political Economy, 2009, 117 (3): 504 - 554.

[142] Greenstein R, Wancheck J, Marr C. Reducing Overpayments in the Earned Income Tax Credit [EB/OL]. www. cbpp. org/, 2019.

[143] Harding M. Taxation of Dividends, Interest and Capital Gain Income [DB]. OECD Tax Working Paper Series, 2013, No. 19.

[144] Harju J, Matikka T. Business Owners and Income - Shifting: Evidence from Finland [J]. Small Business Economics, 2016, 46 (1): 1 - 22.

[145] Hettich W, Winer S L. Democratic Choice and Taxation: A Theoretical and Empirical Analysis [M]. Cambridge: Cambridge University Press, 1999.

[146] Zee H H. Personal Income Tax Reform; Concepts, Issuesand Comparative Country Developments [J]. IMF Working Papers, 2005.

[147] Huang J T. Personal Tax Exemption: The Effect on Fertility in Taiwan [J]. The Developing Economies, 2002, 40 (1): 32 – 48.

[148] Immervoll H, Pearson M. A Good Time for Making Work Pay? Taking Stock of In – Work Benefits and Related Measures Across the OECD [R]. IZA Policy Papers, 2009.

[149] Ivanova A, Keen M, Klemm A. The Russian flat tax reform [J]. Economic Policy, 2005, 20 (43): 397 – 444.

[150] Jacobs B. A Proposed Flexible Personal Exemption for the Federal Income Tax [J]. Stanford Law Review, 1966, 18 (6): 1162 – 1183.

[151] Kakwani N. C. Measurement of Tax Progressivity: An Internationa Comparison [J]. Economic Journal, 1977 (8): 71 – 80.

[152] Kakwani N. C. On the Measurement of Tax Progressivity and Redistributive Effect of Taxes with Applications to Horizontal and Vertical Equity [J]. Advances in Econometrics, 1984 (3): 149 – 168.

[153] Kakwani N. C. Analyzing Redistribution Policies [M]. Cambridge: University Press, 1986.

[154] Kaplow L. Human Capital and the Income Tax. National Bureau of Economic Research, Working Paper, 1993, No. 4299.

[155] Keen M, Konrad K A. The Theory of International Tax Competition and Coordination [J]. Handbook of Public Economics, 2015, 5: 257 – 328.

[156] Kay J. Consumption and Income Taxation: Horizontal Equity and Life Cycle Issues [J]. Springer Berlin Heidelberg, 1990, 85 – 115.

[157] Keen M, Kim Y, Varsano R. The "Flat Tax (es)": Principles and Experience [J]. International Tax and Public Finance, 2008, 15 (6): 712 – 751.

[158] King M A, Fullerton D. The Taxation of Income from Capital: A Comparative Study of the United States, the United Kingdom, Sweden, and Germany [J]. NBER Books, 1984, 278 (2).

[159] Kristjánsson, A. S. Redistributive Effects of Taxation in a Dual Income Tax System [DB]. Mimeo, University of Iceland, 2010.

[160] Kristjánsson A S, Lambert P J. Structural Progression Measures for Dual Income Tax Systems [J]. The Journal of Economic Inequality, 2015, 13 (1): 1 – 15.

[161] Lambert P J, Thoresen T O. The Inequality Effects of a Dual Income Tax System [J]. The B E Journal of Economic Analysis & Policy, 2011, 12 (1): 1 – 17.

[162] Laroque G, Salanie B. Does Fertility Respond to Financial Incentives?" [EB/OL]. CESifo Working Paper, No. 233, 2008.

[163] Li J, Lin S, Zhang C. SkillDistribution and the Optimal Marginal Income Tax Rate [J]. Economics Letters, 2013, 118 (3): 515 -518.

[164] Liebman J B. The Impact of the Earned Income Tax Credit on Incentives and Income Distribution [J]. Tax Policy and the Economy, 1998 (12): 83 -120.

[165] Lindencrona G. The Taxation of Financial Capital and the Prevention of Tax Avoidance. In Tax Reforms in the Nordic Countries, 1973 - 1993 Jubilee Publication. Nordic Council for Tax Research, Uppsala, 1993.

[166] Meier V, Wrede M. Reducing the Excess Burden of Subsidizing the Stork: Joint Taxation, Individual Taxation and Family Tax Splitting [J]. Journal of Population Economics, 2013, 26 (3): 1195 -1207.

[167] Mirrlees J A. An Exploration in the Theory of Optimal Income Taxation [J]. Review of Economic Studies, 1971, (38): 175 -208.

[168] Mitchell D J. Eastern Europe's Flat Tax Revolution [J]. Tax Notes International, 2005, 14: 989 -990.

[169] Moffitt R A. The Deserving Poor, the Famil and the U. S. Welfare System [J]. Demography, 2015, 52 (3): 729 -749.

[170] Mumford K J, Thomas P. Fertility Response to the Tax Treatment of Children [J]. Annual Conference on Taxation and Minutes of the Annual Meeting of the National Tax Association, 2017, 110: 1 -18.

[171] Nicodeme G. Flat tax: DoesOne Rate Fit All? [J]. Intereconomics, 2007, 42 (3): 138 -142.

[172] Nielsen S B, Sørensen P B. On the optimality of the Nordic System of Dual Iincome Taxation [J]. Journal of Public Economics, 1997, 63 (3): 311 -329.

[173] O'Donoghue C, Sutherland H. Accounting for the Family the Treatment of Marriage and Children in European Income Tax Systems [EB/OL]. UNICEF Innocenti Research Centre, Firenze, 1998.

[174] OECD. Taxing Wages 2016 [DB]. OECD Publishing, 2016.

[175] OECD. Tax Policy Reforms 2019 [DB]. OECD Publishing, 2019b.

[176] OECD. Fundamental Reform of Personal Income Tax [DB]. OECD Publishing, 2006.

[177] OECD. Taxation and Household Saving [DB]. OECD Publishing, 1994.

[178] OECD. Taxation in OECD Countries [DB]. OECD Publishing, 1993.

[179] OECD. Taxation of Household Savings [DB]. OECD Publishing, 2018.

[180] OECD. Taxing Wages 2019 [DB]. OECD Publishing, 2019a.

[181] Oers F M V, Mooij R A D, Graafland J J, Boone J. An Earned IncomeTax Credit in the Netherlands: Simulations with the mimic model [J]. De Economist, 2000, 148 (1): 19 - 43.

[182] Park E J, Washington B A. The Effect of Government Tax Policies on Fertility Rates of Dducated Women [EB/OL]. http: //repository. library. georgetown. edu/, 2009.

[183] Pfähler W. Redistributive Effect on Income Taxation: Decomposing Tax Base and Tax Rates Effects [J]. Bulletin of Economic Research, 1990, 42 (2): 121 - 129.

[184] Peichl A. Flat - Rate Tax Systems and Their Effect on Labor Markets [J]. IZA World of Labor, 2014, 52 (2): 1 - 10.

[185] Peter K S, Buttrick S, Duncan D. Global Reform of Personal Income Taxation, 1981 - 2005: Evidence from 189 Countries [R]. National Tax Journal, 2010, 63 (3): 447 - 478.

[186] Piketty T. Capital in the Twenty - First Century [M]. The Belknap Press of Harvard University Press, 2014.

[187] Piketty T, Saez E, Zucman G. Inequality World Report 2018 [R]. https: // wir2018. wid. world, 2018.

[188] Pirttilä J, Selin H. Income ShiftingWithin a Dual Income Tax System: Evidence from the Finnish Tax Reform of 1993 [J]. The Scandinavian Journal of Economics, 2011, 113 (1): 120 - 144.

[189] Plasschaert S R F. Schedular, Global and Dualistic patterns of income taxation [M]. International Burean of Fiscal Documentation, 1988.

[190] Popescu D. Flat Tax Sustainability in the Euro Zone [R]. Bulletin of the Transilvania University of Brasov, 2013, 6 (55): 149 - 155.

[191] Rädulescu M. The Fiscal Reforms and Flat Tax in Europe and CEE Countries [J]. Scientific Bulletin - Economic Sciences, 2011, 10 (2): 24 - 33.

[192] Razin A, Sadka E. International Tax Competition and Gains from Tax Harmonization [J]. NBER Working Papers, 1989, 37 (1): 69 - 76.

[193] Saavedra P, Marcicin A, Valachy J. Flat Income Tax Reforms, 2007, 253 - 280, in Gray C, Lane T and Varoudakis A (eds), Fiscal Policy and Economic Growth: Lessons for Eastern Europe and Central Asia, The World Bank Publication, 2007.

[194] Sleebos J. Low Fertility Rates in OECD countries: Facts and Policy Responses [EB/OL]. OECD Social, Employment and Migration Working Papers, No. 15, 2003.

[195] Sørensen P B. Dual Income Tax: Why and How? [J]. Finanzarchiv Public Finance Analysis, 2005a, 61 (4): 559 - 586.

[196] Sørensen P B. From the Global Income Tax to the Dual Income Tax: Recent Tax Reforms in the Nordic Countries [J]. International Tax and Public Finance, 1994, 1 (1):

57 – 79.

[197] Sørensen P B. The Nordic Dual Income Tax – In or Out? [C]. Speech given at the meeting of Working Party 2 on Fiscal Affairs, OECD, 14 June, 2001.

[198] Sørensen P B. Neutral Taxation of Shareholder Income [J]. International Tax & Public Finance. 2005b, 12 (6): 777 – 801.

[199] Sørensen P B. Dual Income Tax: Why and How? [J]. Finanzarchiv Public Finance Analysis, 2005b, 61 (4): 559 – 586.

[200] Sørensen P B. The Nordic Dual Income Tax Principles, Practices, and Relevance for Canada [M]. Social Science Electronic Publishing, 2008.

[201] Spengel C, Wiegard W. Dual Income Tax: A Pragmatic Tax Reform Alternative for Germany [J]. IFO DICE Report, 2004 (3): 15 – 22.

[202] Stern N H. On the Specification of Models of Optimum Income Taxation [J]. Journal of Public Economics, 1976, 6 (1 – 2): 123 – 162.

[203] Surrey S. Pathways to Tax Reform: The Concept of Tax Expenditures [M]. Harvard University Press, 1973.

[204] Surrey S. Pathways to Tax Reform: the Concept of Tax Expenditures [M]. Harvard University Press, 1973.

[205] Tachibanaki T. Capital Income Taxation and the Cost of Capital [M]. Public Policies and the Japanese Economy. Palgrave Macmillan UK, 1996.

[206] Tuomala M. On the Optimal Income Taxation: Some Further Numerical Results [J]. Journal of Public Economics, 1984, (23): 351 – 366.

[207] Vickrey W. A Genda for Progressive Taxation [M]. Ronald Press, 1947.

[208] TanziV, Zee H H. Taxation and the Household Saving Rate: Evidence from OECD Countries [DB]. BNL Quarterly Review, Banca Nazionale del Lavoro, 2000, 53 (212).

[209] Wagstaff A et al. Redistributive Effect, Progressivity and Differential Tax Treatment: Personal IncomeTaxes in Twelve OECD Countries [J]. Journal of Public Economics, 1999 (72): 73 – 98.

[210] Wennemo I. The Development of Family Policy: A Comparison of Family Benefits and Tax Reductions for Families in 18 OECD Countries [J]. Acta Sociologica, 1992, 35 (3): 201 – 217.

[211] Whiteford P, Mendelson M, Millar J. Timing it right? Tax Credits and responding to income changes [R]. Joseph Rowntree Foundation, 2003.

[212] Whittington L A, Alm J, Peters H E. Fertility and the Personal Exemption: Implicit Pronatalist Policy in the United States [J]. American Economic Review, 1990, 80 (3): 545 – 556.

[213] Whittington L A. Taxes and the Family: The Impact of the Tax Exemption for Dependents on Marital Fertility [J]. Demography, 1992, 29 (2): 215 -226.

[214] Zee H H. Personal Income Tax Reform: Concepts, Issues and Comparative Country Developments [EB/OL]. IMF Working Papers, No. 87, 2005.

[215] Zhang J, Quan J, Meerbergen P V. The Effect of Tax - Transfer Policies on Fertility in Canada, 1921 - 88 [J]. The Journal of Human Resources, 1994, 29 (1): 181 -201.

[216] Zimmer F. The Development of the Concept of Income in Nordic Income Tax Law [EB/OL]. http: //www. scandinavianlaw. se/pdf/44 -24. pdf, 2002.

后　记

本专著是作者主持的国家社会科学基金项目《综合与分类相结合个人所得税的作用机理、国际观察及优化设计研究》（编号：17BJY178）的主要研究成果。这也是以作者主持完成的国家社会科学基金《个人所得税的再分配效应及机制重塑研究》为基础的全新选题。项目的顺利开展和完成得到许多人的帮助，感恩感谢。

感谢中国社会科学院的杨志勇研究员。杨老师是本人博士后期间的合作导师。杨老师视野高远、学识渊博、治学严谨、平易近人。在中国社会科学院做博士后期间，得到杨老师的精心指导和帮助，主要从事与最优税制相关的研究，这为本课题奠定了较好的研究基础。无论是在课题的申请过程中，还是课题立项后的研究过程中，杨老师都给予创建性的意见和建议。

感谢五位匿名评审专家在结项时提出的宝贵修改意见。无论是在设计思路、逻辑框架构建，还是在概念的清晰界定、词句斟酌等方面，他们都给出了宝贵的修改意见。在此表示真挚的感谢，当然文责自负。

感谢课题组成员申燕老师、程北南老师、唐善永老师和李佳坤老师。他们在课题研究过程中，对课题的框架搭建、资料收集、调研服务、数据统计及论文撰写等方面的基础性工作。

感谢上海立信会计金融学院的领导和同事们在工作和生活中给予的关爱和帮助。财税与公共管理学院是一个温馨的大家庭，老师们兢兢业业、平易近人，无不感染和激励了我。他们的理解和帮助，让我能够抽出更多的时间和精力顺利地完成项目研究。

感谢父母和公婆长期以来对我的关心和支持。感谢爱人一直以来对我的爱护、鼓励和支持。感谢可爱的“小老鼠”，她的乖巧和独立是对妈妈最大的支持。

感谢所有关心我、帮助我、支持我的人们！

2022 年 8 月于上海